国家社科基金
重大项目成果

对外汉语教学语法丛书

◎**总主编** 齐沪扬

动词重叠与相关格式

邵洪亮 ◎主编 | 单宝顺 ◎著

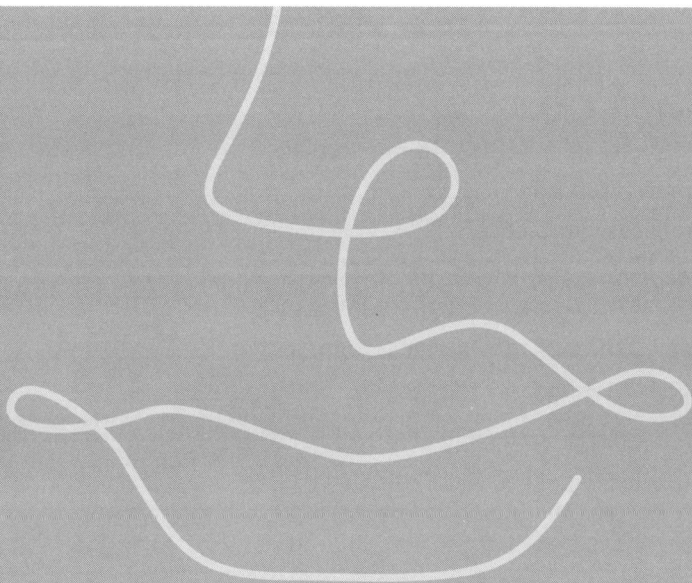

北京语言大学出版社
BEIJING LANGUAGE AND CULTURE
UNIVERSITY PRESS

© 2024 北京语言大学出版社，社图号 23274

图书在版编目（CIP）数据

动词重叠与相关格式 / 邵洪亮主编 ；单宝顺著. --
北京 ：北京语言大学出版社，2024.3
　（对外汉语教学语法丛书 / 齐沪扬总主编）
　ISBN 978-7-5619-6487-3

　Ⅰ．①动… Ⅱ．①邵… ②单… Ⅲ．①汉语－动词－
对外汉语教学－教学研究 Ⅳ．①H195.3

中国国家版本馆CIP数据核字(2024)第034431号

动词重叠与相关格式
DONGCI CHONGDIE YU XIANGGUAN GESHI

排版制作：北京光大印艺文化发展有限公司
责任印制：周　燚

出版发行：北京语言大学出版社
社　　址：北京市海淀区学院路 15 号，100083
网　　址：www.blcup.com
电子信箱：service@blcup.com
电　　话：编 辑 部　8610-82303647/3592/3395
　　　　　国内发行　8610-82303650/3591/3648
　　　　　海外发行　8610-82303365/3080/3668
　　　　　北语书店　8610-82303653
　　　　　网购咨询　8610-82303908
印　　刷：北京联兴盛业印刷股份有限公司

版　　次：2024 年 3 月第 1 版　　　印　次：2024 年 3 月第 1 次印刷
开　　本：787 毫米 × 1092 毫米　1/16　印　张：21.5
字　　数：350 千字
定　　价：98.00 元

总　序

摆在读者面前的，是国家社科基金重大项目"对外汉语教学语法大纲研制和教学参考语法书系（多卷本）"（17ZDA307）的所有成果。这些成果包括大纲系列 4 册、书系系列 26 册、综述系列 8 册，以及选取研究过程中发表的一部分优秀学术论文集辑而成的论文集 1 册，共计 39 本著作，约 700 万字。这个项目的研制，历时 5 年有余，参加的研究人员多达 50 余人，来自国内和海外近 30 所高校。

2017 年 11 月，全国哲学社会科学工作办公室正式公布"2017 年度国家社科基金重大项目立项名单"。2018 年 4 月 14 日，国家社科基金重大项目"对外汉语教学语法大纲研制和教学参考语法书系（多卷本）"的开题报告会举行。2019 年 8 月，2017 年度国家社科基金重大项目中期检查评估报告提交，2023 年 1 月召开课题结项鉴定会。

根据专家组意见，特别是专家组组长赵金铭教授两次谈话的意见，按照全国哲学社会科学工作办公室立项通知书上的要求，本项研究牢固树立问题意识、创新意识和精品意识，立足学术前沿，体现有限目标，突出研究重点，注重研究方法，符合学术规范。项目的执行情况、所解决的问题和最终成果如下：

大纲、书系和综述是主要的研究成果。三类不同的成果面对的读者是不一样的：大纲是给教师教学与科研使用的，同时也顾及学习汉语、研究汉语的一些国际学生；书系主要是给在一线教学的对外汉语教师看的，以解决这些教师在教学过程中的实际问题为目的；综述是对大纲和书系的补充，主要面向对外汉语教师、汉语国际教育专业研究生和本科生，以及需要进一步了解、研究相关领域的群体，为这些人继续研究相关问题提供材料和方法。三种不同的读者群体决定了三类成果的不同写法。

1. 大纲研制

大纲研制的最终成果是两套大纲：分级大纲（初级大纲和中级大纲）和分类大纲（书面语大纲和口语大纲），共 4 册。语法大纲不局限于语法知识本身，而是以学习者语言能力的培养为目标。凡是能促进学习者语言能力的语法项目都应析出为大纲的项目。语法项目的编排依据的是语法形式，使用条件式来描述细目的功能。使用条件式有利于促进语法知识转化为语言能力。

分级大纲中语法项目的等级不宜简单理解为语言本身的难度区分，更应理解为习得过程性的内在要求。以促进学习者生成语言能力为目标，支持学习者语言能力生成的语法项目都应列目，项目编排以语法结构为基础，细目的描写以促进语言能力生成为重。大纲体现习得的过程性，总体上为螺旋形呈现。

目前对外汉语教学和科研依据的都是通用语体的语法大纲，至今尚没有分语体的大纲问世，这种状况显然与发展迅速的第二语言教学事业不相适应。书面语语法大纲和口语语法大纲的研制，填补了大纲研究的空白，在今后的教学指导、教材编撰、汉语水平测试等方面，都能发挥很大的作用。

2. 书系研发

我们在全国范围内分三批次遴选和推荐了撰稿人，这些撰稿人都有长期从事对外汉语教学的经历，且都是语法专业背景出身。从目前情况看，学术界和教学界都需要这一类书，这套书也具有填补空白的作用。而且，这套书是开放性的，条件成熟了可以再继续做下去，达到 30 本到 50 本的规模，甚至再多一些都是可能的。

书系的研发应以"语法项目"作为书名，不求体系完整，成熟一本撰写一本；专业性不能太强，要考虑到书系的读者需求，他们阅读这本书是为了解决教学上的问题，除了必要的理论阐述和说明之外，要尽量早一点儿切入到教学中去；提出的问题要切合教学实际，60~80 个问题，其实就是这本书的目录，有人来查，很快就能对症下药，找到自己想要的东西；提的问题要有针对性，要有实用性，针对学生的水平等级，围绕这个语法项目，把教学上可能遇到的问题按等级排序。总之，这是一套深入浅出的普及性小册子，一定会受到广大对外汉语教师的欢迎。

3. 综述编著

按照标书要求，阶段性成果包括两套综述汇编。编著这两套综述汇编，首先是项目研制的需要，是和大纲研制、书系研发互相支撑、互相配合的；其次是近20 年的综述汇编，学术界和出版界均尚无相关成果问世，很多研究者迫切需要这方面的资料；最后是这套综述汇编的写法与其他综述成果不同，两套综述不仅仅是"资料汇编"，里面更有很多作者的评议和引导，是"编著"类的"综述"，这类"综述"其实是不多的。这样的写法比目前在做的或者已经出版的"综述"要科学得多，实用得多。

综述分为两套：《近20 年对外汉语语法教学研究》和《近20 年汉语作为第二语言语法习得研究》。综述的主要读者应该是研究者，是关心该领域的研究者，作者收集的材料要尽可能齐全，作者所做的分析要有依据，作者做出的解释要能让研究者信服。两套综述都能做到对相关问题做出梳理，述评结合，突出评价的学术性、原创性和实用性，力图使读者对相关论题有一个全面的认识和深刻的思考，并为进一步的研究提供方向。

对上述这些成果的介绍只能点到为止，事实上，具体到每一本著述，都是有必要重点介绍的。好在每套书都另有主编，请读者自行阅读每套书的主编写的"序"吧。我这里还想向读者介绍的是这些著述的作者们，没有他们，这些成果难以问世。

本项课题涉及面广，研究人员多，在最初填写招标书时我们已经意识到了："本项研究工程浩大，……大纲和书系非一校之力可完成，将集中全国不同高校共同承担。"本课题前后参加研究的人员有 50 多人，分布在国内及海外近 30 所高校。如何将这些研究人员组织起来，集思广益，凝神聚力？课题组在"集全国高校之力"上，下了大力气。

原先设想由某个高校具体负责某块项目研究，但该想法在实际操作中遇到了问题。开题报告会后，课题组调整后的组织方式体现出优势来。四个研发小组的组长取代了原来子课题负责人的职位和功能，优势体现在：他们面对的是具体的项目，而不是具体的研究人员；他们针对项目选取研究人员，而不是为已有的研究人员配备研究内容；他们可以从全国高校选择自己相中的研究人员，而不需采取先满足校内再满足校外的程序和方式。人尽其才，物尽其用，效率提高，质量保证，自然是意料之中的结果。例如，书系组的 20 多位作者来自 15 所高校，综述组的作者来自 12 所高校。这是第一个方面。

第二个方面，就是充分利用会议的机会，将会议定位于有目标的会议、有任务的会议，让会议开出成效来。自课题立项之后，围绕着课题的研究进展，课题组已经开过多次会议。一是一年一度的"教学语法学术讨论会"，课题组所有人员都参加，至今已经开过多届：淮北（2017）、扬州（2018）、南宁（2019）、黄山（2020），等等。二是一年多次的课题专项讨论会，有需要就开。如在杭州，就分别开过综述组、数据平台组、书系组的专项讨论会；在南京、上海都开过大纲组的专项讨论会；2020 年 7 月，在腾讯会议上开过两次大纲组的专项讨论会；等等。这些会议目标明确，交流便捷，解决问题能力强，时间跨度短，是联络不同高校研究人员的好方式。

这套书的所有主编和作者都十分尽力。对外汉语教师的工作量很大，大多数人都有每周 10 节以上的课时量；况且，大多数人的手上还有自己的科研项目要做，还有自己指导的研究生的论文要看，还有各自的不同研究论文要写。种种忙碌和辛苦之中，要挤出这么多时间和精力，去从事另外一块研究任务，还是高标准、有要求、无报酬的研究任务，如果没有一种对对外汉语教师这个职业的由衷热爱，没有一种为对外汉语教学事业做点儿贡献的精神支撑，他们是断然不可能接受这样的研究任务的。更何况有些作者接受了两项不同的研究任务，研究强度和研究压力可想而知。因此可以这么说，这些成果渗透着作者们的辛劳，饱含着作者们的心血，每一本都是"呕心之作"，这样的赞誉是得当的。

北京语言大学出版社是这个项目的合作者和推动者。项目立项不久，出版社和课题组就有过接触。出版社前后两任社长和总编辑都向课题组表过态，希望这个课题的所有成果能在北京语言大学出版社出版，出版社愿意为课题的宣传、推广、出版尽责任，做贡献。2020年1月，课题组和出版社有过进一步的密切联系，敲定了详细的合作计划。2022年3月，出版社申报的"对外汉语教学语法丛书"成功入选2022年度国家出版基金资助项目。这些成果的出版，没有出版社的支持是做不到的。

再次感谢在漫长的研究过程中给予我们支持、帮助的所有老师和朋友。

对于这套教学参考语法书系，这里想重点介绍下这套书系的编撰特点和编撰原则。编撰特点可以归纳为以下四点："设计理念要接受多元的语言学理论指导""编撰方针是两种语法分析方法的结合""结构框架要考虑本体研究和教学研究的需要""问题设计要以'碎片化'语法为主"。关于这四点的具体阐述就不再展开了，事实上读者通过这四点已经可以大致了解这套书系的编撰理念了。入选的26本专著选取了不同的语法项目作为书名，面对不同的主题，每本书都会在不同层面、不同角度、不同对象上反映出这套书系的整体面貌和阐述形式，以及结构框架和问题设计，值得一读。

这套教学参考语法书系两个必须遵守的编撰原则是普及性和实践性。普及性原则体现在要做到对读者进行语法知识的普及。语法知识普及要考虑两个方面的问题：一是理论知识的普及，一是语法术语的普及。书系的编写还要遵守实践性的原则，这个原则体现在三个方面：一是面向教学实践，二是面向教师群体，三是面向教学语法。这套书系不以学术高度与理论深度为目标，而以是否能够解决实际问题为标准。出版这样的系列丛书尚属首次，相信普及性原则和实践性原则会使这套书系更接地气，更受欢迎。

教学参考语法书系研发是和汉语教学语法大纲研制平行的、互相支撑的一项研究，书系是以大纲为参照编写的，作为本体研究和教学研究的重要工具书，是对大纲的深化和阐述。书系书目的确定，编写方式的确定，以至于作者队伍的确定，都尽量做到和大纲的研制同质同步。当然，由于书系服务的目标人群和大纲不完全一样，作者会更多地关注语法教学的实效性，对具体问题的一些处理，可能会有与大纲不同的地方，这一点也是需要说明的。

　　谨以此作为总序。

齐沪扬

初稿于 2020 年 7 月

二稿于 2022 年 5 月

三稿于 2022 年 12 月

序

    我受国家社科基金重大项目"对外汉语教学语法大纲研制和教学参考语法书系（多卷本）"（17ZDA307）总负责人兼首席专家齐沪扬教授嘱托，担任书系第六辑的主编，深感荣幸。目前，该辑的四册成果已完成并即将付梓。

    根据项目组的要求，书系的编写不求体系完整，但求能够真正满足教学中的实际需求。因此，各辑的编写均以"一点一书"的形式呈现，将汉语语法系统中占有重要地位的、相对复杂的、具有一定学习难度且在教学中存在较多问题的一个或一类语法项目编写成一本语法教学参考书，以教学应用和学习需求为导向，力求对该语法项目进行充分描写、充分解释，尽可能穷尽该语法项目在教学中所遇到的问题并予以详细的解答、说明和指导。教学上问题较多的项目，下沉到小类或个案加以精耕细作；教学上问题相对较少的项目，则以语法大类的形式讨论其中的常见问题。我们多年的二语教学经验是，打破理论语法体系的禁锢，以碎片化的方式对某些重要的或难以掌握的语法项目分时段推进、立体化呈现、累进式教学，更有利于攻坚克难，真正解决二语学习者面临的问题。碎片化处理，实际上就是强调语法教学的适时性、适度性和针对性，以符合学习者的学习需求。

    入选书系第六辑的四本著作包括《语素》《反问句》《动词重叠与相关格式》《并列词组与并列复句》，涉及的都是颇具汉语特点或使用频率高、学习者易出现偏误、值得教师在教学过程中积极处理的语法项目。其中，汉语"语素"的研究范围十分广泛，其与音节、汉字互融，既是最小的音义、形义结合体，也是最小的语法单位，在汉字、词汇、语法甚至文化教学中，语素是重要的衔接点，具有基础性作用。重点语素的教学与习得，既需要一个一个地具体落实，也需要内部的细致分类以挖掘共性规律。"反句句"不是基于形式而是基于语气和功能分出来的一种"无疑而问"的疑问句，其形式多样，是非、特指、选择、正反等疑问形式均可用来表示反问。除了一些特定的反问标记或明显的反诘语气之外，同样的疑问方式到底表达"有疑"还是"无疑"，很多时候需要结合语境才能做出判断。"动词重叠"是汉语少有的构形手段之一，受汉语特点的影响，它又带有动补结构的特征。在不同语境中，动词重叠所传递的意义十分丰富，故学界对其语法意义的说明也产生了较多的分歧。动词重叠在日常会话中的使用频率虽然很高，但其使用却有一定的条件限制，二语学习者经常会出现该用而不用、不该用而用的偏误情况。汉语中的"并列关系"看似简单，实则十分复杂，从词组到复句再到语段，涉及并列连接成分和并列结构体的性质、形式、意义特征及表达功能。

书系第六辑的这四本著作分别由四所高校的一线中青年教师编写完成，他们是上海外国语大学黄健秦老师、黑龙江大学白少辉老师、杭州师范大学单宝顺老师、上海师范大学的刘慧清老师和刘春光老师。他们不仅有丰富的汉语二语教学实践经验，更有深厚的汉语语法学理论素养，在相关领域有很多的教学心得和研究积累。

这四本著作有四点共性。第一，都明确以教学应用为导向，具有很强的问题意识。每本书均设计了几十个问题，以一问一答的形式展开论述。对这些问题的回答，合而是一个有机的整体，前后关联；分而又自成体系，直击各个问题的关键点，使读者一读便懂。第二，几乎囊括了学习者在学习相关语法项目时的所有偏误问题，并针对这些偏误问题进行分析，以帮助学习者更加透彻地理解该语法项目的功能和使用规则。第三，说明性语言、分析用语和表达形式简明扼要，不追求理论上的标新立异，也较少使用语言学术语，方便学习者学习和记忆。第四，对相关语言现象的描写和解释充分而细致，能够做到明确条件、凸显规则、厘清动因。

当然，这四本著作又各具特色和独创性，令人耳目一新。《语素》一书的理论部分跳出了以往只在语素构词（词法）层面讨论语素的局限，挖掘了语素在语素构语（句法）层面的规律；教学部分针对高频语素的构词、构语现象做了描写与辨析，并梳理了语素教学法的一些技巧，以期加强学习者的语素意识及通过语素推测新词词义的能力。《反问句》一书既重视区分不同形式反问句之间在意义和语用上的微殊，又重视分析在特定语境下运用反问句的认识立场、社会地位、交际意图和交际效果，在语用层面和交际层面挖掘反问句的功能，以利于学习者学以致用。《动词重叠与相关格式》在界定动词重叠式的基础上，认为以往学界所谓的"尝试""委婉""轻松随意""短时"等动词重叠的语法意义其实均是语境意义，将动词重叠的语法意义统一抽象为"主观动势小量"，其统摄力、解释力更强，也更加利于二语学习者学习、记忆和应用。《并列词组与并列复句》一书既注重并列关系系统框架的构建，同时又注重并列关系内部层级和特征差异的比较分析。选取典型的并列连接成分、近义结构及相关构式、复句等进行比较辨析，勾勒出二语教学中值得关注的问题，尤其强调语境信息和背景信息在并列结构体教学中的重要作用。

　　总之，这四本著作都能够从宏观架构，在细部着力，表述浅显易懂，用例丰富自然，都尽可能地做到了使广大师生"用得上、看得懂、信得过"。

邵洪亮

2023 年 5 月 31 日

目　录

第三部分　动词重叠的句法功能　/ 112

第四部分　动词重叠的类型差异　/ 135

引 言

　　"对外汉语教学语法大纲研制和教学参考语法书系（多卷本）"（17ZDA307）
是齐沪扬教授主持的国家社科基金重大项目。其主要研究工作有两项，一是对外
汉语教学语法大纲的研制，二是教学参考语法书系的编写。前者拟在宏观上制订
科学的、符合对外汉语教学规律的语法大纲；后者则是在前者的指导下，按照
"一点一书"的原则，即一个知识点一本书，编写相应的教学语法参考书。"动词
重叠与相关格式"是语法大纲中的一个知识点，本书即是在对外汉语教学语法的
视角下，对该知识点的阐述和呈现，是一本面向一线对外汉语教师编写的通用型
教学语法参考用书。

1. 为什么选择动词重叠问题

　　重叠是汉语语法研究的热点问题之一，其中动词重叠在形式、意义和用法上
都是较为复杂的一类，相关的研究成果数量众多。从另一个方面看，动词重叠又
是汉语语法中的一个基础性语法现象，使用频率较高，是对外汉语教学中的一个
基本知识点，在初级教学阶段就会涉及。《汉语水平等级标准与语法等级大纲》
中将动词重叠定为甲级语法项，而在教育部和国家语委 2021 年发布的《国际中
文教育中文水平等级标准》中，动词重叠则是作为二级语法点出现。由此可见，
动词重叠在对外汉语教学中是一个基本、重要而又复杂的语法项目，是一个值得
深入研究的知识点。

　　动词重叠的复杂性表现在结构形式、语法意义、语用意义等多个方面。在结构
形式上，动词的重叠形式就有"AA""A 一 A""AAB""ABAB""AABB"五种，

如果带上动态助词"了",则结构更为复杂。这些结构哪些属于动词重叠的范畴,哪些又应排除在外,哪些动词可以有哪种重叠形式等,都是存在争议的问题。在语法意义上,比较普遍的观点是认为动词重叠表达的是体范畴的意义,和量范畴有关。但动词重叠的基本语义到底是什么,还没有一个准确的概括,其表达的是时量还是动量、大量还是小量、确定量还是不确定量等,都存在不同的观点。在语用意义上,一般认为动词重叠具有缓和语气、委婉表达的作用,但这一意义的覆盖面有多大,有何语法、语义、语用上的要求,都还不够明确。此外,意义相近的"V一下"和动词重叠又是什么样的关系,有何异同,也尚无定论。

本体研究的不充分在对外汉语教学领域也有所体现。在大多数对外汉语语法大纲及教材中,动词重叠只作为一个语法点来体现,在《汉语水平等级标准与语法等级大纲》《国际中文教育中文水平等级标准》中都是如此(这里不考虑动词重叠与其他语法点混合的情况,如"'把'字句中的动词重叠"等不算在内)。把具有复杂语法和语用意义的动词重叠仅作为一个语法点,显然是难以讲授清楚的。大纲、教材对动词重叠语法点的简化处理,也导致了教师在讲解时的照本宣科,学习者则倾向采用回避策略。

本书希望梳理、借鉴动词重叠与相关格式的本体语法研究成果,厘清现有的问题,并根据留学生的习得和偏误情况,构建动词重叠与相关格式的教学语法体系,从教学语法的角度为动词重叠与相关格式的教学提供参考性的建议。

2. 动词重叠的本体研究

动词重叠是现代汉语语法研究的热点之一,研究成果丰硕。从 20 世纪 50 年代起,学界开始关注动词重叠问题,范方莲(1964)提出"(动词重叠)只是动量组合的一种形式,不是另外一种语法格式"后,学界对动词重叠展开了讨论。随着研究深度和广度的增加,动词重叠研究在历时、共时及语言习得、语言教学等方面都取得了丰硕的成果,但对于其中一些问题的认识尚未取得一致。

2.1 历时研究

从历时的角度,主要是考察汉语动词重叠的来源和发展,但受语料的限制,历时考察多在典型作品中进行，尽管描写较为详尽，但在发展和演变上缺少清晰的线索和有力的证据，难以从源和流上揭示动词重叠发展变化的清晰脉络及不同重叠形式之间的关联。

从"源"上看，学界多认为动词重叠"AA"式来源于"A一A"式，是"一"在形式和意义上脱落形成的。从"流"上看，一般认为动词重叠萌芽于唐，发展于宋元明，成熟于清。但动词重叠在唐之前是如何形成的，其来源究竟如何，与之并行的结构有哪些，诸多问题还未有一致的观点。

从数量和质量上看，和共时研究相比，汉语动词重叠的历时研究还相对较为薄弱，尤其是对近古与近代汉语动词重叠的研究，还有待加强和深入。近古时期是汉语动词重叠的变化发展期，近代汉语中的动词重叠也和现代汉语中的有所差别。厘清并深入研究汉语动词重叠的发展变化脉络，可以为现代汉语动词重叠现象的研究提供佐证与新的研究视角，从而更加准确地认识、解释丰富多样的汉语动词重叠现象。

2.2 共时研究

共时研究主要从形式、语法意义、句法功能及制约因素等方面对动词重叠进行探讨，在很多方面缺少定论，分歧争论较多。

2.2.1 动词重叠的形式

动词重叠包括哪些形式，有何形式上的特征和标准，学界仍没有达成统一的认识。从形式上判断，最为宽松的标准是将动词的重复出现均看作动词重叠，包括"A啊A啊""A着A着"等形式；而最为严苛的标准则是不允许重复的动词中插入任何成分，连"A一A"和"A了A"等也不属于动词重叠。比较普遍的观点是将动词的复现分为"重叠"和"重复"两种类型，即"A着A着"这类具有典型重复意义的结构不属于动词重叠结构。但对于"重叠"类别下应有哪些结构成员，则仍然存在争议。因为"重复"既是一种形式，又是一种意义，这使得"重复"类别下具有统一的意义；而"重叠"仅仅是一种形式，不能表示意义，因此"重叠"类别下并不具有统一的意义。从另一个角度看，汉语中缺少严格意义上的形式标记，在形式上难以区分构形、构词和句法现象，因而造成争论。

2.2.2 动词重叠的语法意义

对形式上判定的不一致，实质是如何看待动词重叠的意义及语法性质的问题。一方面，不同的动词重叠式，具有不同的意义；另一方面，有人将动词重叠看作一种构形形态，也有人认为其是动补结构，而由于汉语词的界限不明，无法在形式上判断是否为构形形态，只能通过意义进行判断，但单纯从意义上是难以区分词法和句法现象的。

在意义上，已有的研究主要有以下几个方面的观点。

（1）量范畴

动词重叠在形式上表示动作的叠加，因此在意义上和量范畴有关，分歧则主要表现在对量的理解和认定上。

"叠加"是一种量的增加，是动词重叠的典型意义。但对于动词重叠来说，典型意义则存在不同的理解。"时短""量小"及表示"轻松""尝试""委婉"的语气是其公认的语法意义，但这些意义的基础为何，在量上如何定性，则各家有不同的说法。认同比较广泛的说法是，动词重叠的典型意义是"减小动量"，并由此在不同的语境下产生"短时""委婉"等不同的句式意义。有学者认为动词重叠同样可以表示"动作次数的叠加"，如"你去找找"是"反复寻找"的意思；但"动作次数的叠加"也可能表现为动作的"量小"，如"他没事儿就写写字、打打拳"，虽然在动作次数上表示的是增加的"量大"，但是在轻松、闲适的意义上又表示"量小"。因此有学者认为动词重叠的典型意义是"调节量"或"不定量"，前者认为动词重叠既可以表示"增量"，也可以表示"减量"；后者则认为动词重叠在客观上可能表示"增量"，但在主观上是"减量"，其表达的是模糊的主观量。而从另一个角度来看，有学者认为动词重叠表示的动量是有边界的，是包括"终止点"的，因此是"确定量"。

（2）体范畴

尽管存在术语使用上的差异，如貌、相等，但一般认为，在语法范畴上，动词重叠表示的是体范畴。和时范畴、态范畴相比，体范畴在内涵的界定上比较模糊。"体"表示的是动作过程中的一种状态，但究竟哪些状态才属于体范畴则缺乏界定。如频率、范围、结果、情态、方式等都可以看作动作的一种状态，但哪些可以被约束到体范畴中则尚无定论。

毛修敬（1985）认为，"动词重叠是一种情态"，即说话人并不着眼于动程本身，而是着眼于该动程所表现的情态，即一种体范畴。

动词的重复有学者称为"反复体"，而动词的重叠则通常有"短时体""尝试体""轻微体""完整体""视点体"等说法。然而，关于动词重叠的语法意义，观点还有很多，如果从这些不同的语法意义来看，有些是属于体范畴的，有些则属于其他范畴，如式范畴。式范畴是表达说话者看待行为动作与客观现实之间的关系的一种语法范畴，通常表现为一种语气。动词重叠所表现出的语法意义中，"委婉"显然是和式范畴相关的，而"尝试""轻松""闲适"等意义也都蕴含着说话者对客观动作行为的态度，都与式范畴相关。而最易于接纳动词重叠出现的语境是祈使语境，"祈使"是一种典型的式范畴。

可见，动词重叠的语法意义不仅和体范畴相关，也和式范畴关系密切。和意义较为空灵的语气相比，体范畴的意义显然更为具体、实在。因此研究者更愿意将体范畴作为动词重叠的基本语法意义范畴。

（3）主观性

对动词重叠的主观性认识可以追溯到王力（1945），其将动词重叠的语法意义概括为"短时貌"，并进一步说明这一时间是"说话人的想象的时间"。

朱景松（1998）认为动词重叠式最根本的意义是强化能动性，即表示动作、行为、变化的主体具有较强的能动性。叶步青（2009）也认为动作主体的主观意愿是最重要的，"重叠的动词，在语义上，都必须受到发出动作的主语的意愿上的支配"。潘国英（2007）则明确提出了动词重叠的主观性，认为动词重叠的主观性在说话人的情感、说话人的视角、说话人的认识三个方面都有所体现。

主观性未必是动词重叠的根本语法意义，但却涵盖着各类语法意义。动词重叠所表示的量范畴应该是主观量范畴，所表示的体范畴也同样带有主观性，因而和式范畴关系密切。

从意义上看，不同语境下动词重叠表现出的意义存在差异，而考察角度的不同，也会造成观点结论上的差别。凡此种种，造成动词重叠的语法意义复杂而琐碎，难以形成统一的认识，其基本意义究竟为何，还需进一步论证。

2.2.3 动词重叠的句法功能

动词重叠后仍然保留了动词性，具有较强的述谓功能，多做句子的谓语中心语，但对于其他语法位置，则出现了一定的排斥性。王希杰、华玉明（1991）就认为只有居主体地位的动词才能重叠，毛修敬（1985）也认为"VV"式常为句子的语义重心。而即使动词重叠做谓语，其出现的环境也会受到限制，如不能出现在无定宾语句、否定句、存现句、双宾句等句子中，不能出现在从句中，排斥数量结构、补语成分、时间成分、动态成分等。

李宇明（1998）认为，动词重叠充当主语、宾语和定语都会受到很多的限制，该成分主要是用来充任谓语的。其认为动词重叠具有量意义，因此增强了动词的动态性，也造成了语义上对数量词语的排斥。谢新卫（2002）则提出了相反的观点，认为动词重叠是一种"非过程时状"，其陈述性减弱而指称性增强，因此表示动作行为的动词做主语时，更适合使用重叠形式。

朱德熙（1982）、赵新（1994）、刘红曦（2000）等都提出了动词重叠式出现在否定句中的制约条件，如"不调查调查不容易弄清楚"等。

可以看出，对动词重叠的句法功能和相应的制约因素，尤其是对特殊制约条件的探索和解释，还存在一定的研究空间。

2.2.4 动词重叠的制约因素

动词重叠的制约因素主要是回答哪些动词可以重叠、哪些动词不可重叠的问题。但动词重叠受到的制约因素较多，在形式、语义、语用等不同的层面上有着不同的制约机制。形式上的限制主要包括两个方面：一是动词的结构方式，如主谓结构的动词一般不能重叠，附加式动词也不能重叠，动宾结构的动词一般以"AAB"形式重叠，能够重叠的动词绝大多数是并列式合成词等；二是构词的语素性质，如"名名""名动""名形"的双音节动词一般不能重叠。在语义上，一般认为能够重叠的动词要具有动作性、持续性或可反复性、自主性、企望性（不表示消极意义）、非庄重性（具有口语色彩的动词更容易重叠）等。语用上的制约则更为广泛，王希杰、华玉明（1991）认为动词重叠受到社会文化背景、语言使用者的社会心理等因素的制约。一般来说，表示未然的句子中，可重叠的动词范围会扩大，而其中表示祈使、尝试意义的句子中，可重叠动词的范围会更大，一些非自主性、非持续非反复性、非动作性的动词，如心理状态动词，甚至是一些形容词都可以在句中重叠。因此，陈立民（2005）甚至认为"从理论上讲，汉语中所有的动词都能够重叠，但在实际上，一个动词能否重叠取决于该动词所在语境，即它所构成的句子表示的事件是否符合动词重叠的语义条件，或者是否和句中别的成分在语义上发生冲突"。

可见，现有的研究从多个角度思考了动词重叠的制约因素问题，但尚缺少明确而客观的结论，其原因在于动词重叠在不同层面受到的制约情况并不一致，难以找到根本性的制约因素。

3. 对外汉语教学中的动词重叠

关于动词重叠的对外汉语教学研究，主要集中在动词重叠的偏误和教材语法点的分析上。

3.1 动词重叠的偏误研究

动词重叠的偏误研究主要是利用语料库，查找动词重叠的相关偏误并分类分析，但从对国际学生的教学实践中看，大多数学生对动词重叠倾向于使用回避策略。动词重叠的语法意义较多，而且大多意义较虚，学生掌握起来比较困难，这是其倾向于使用回避策略的主要原因。

我们在北京语言大学 HSK 动态作文语料库中筛选了动词重叠的用例，发现：从意义上看，国际学生使用动词重叠，主要是在"尝试义"和请求句两个方面；从动词上看，主要集中在"看""想""试""逛""听""谈""聊天儿""商量"等词上。这些动词是学生在接触动词重叠时最先学习使用的词语，"尝试义"是动词重叠比较实在的语法意义，请求句则是动词重叠出现的典型句子类型。可以看出，学生在使用动词重叠时，往往局限在与教材上的例句相近的词语及用法上，而很少进行类推使用，这也是其倾向于使用回避策略的一个表现。

在偏误研究中，我们不能将研究视野只放在出现错误的句子上，而是需要同时考察没有偏误的句子，在对照中发现学习者的使用倾向，挖掘学习者出现偏误的深层次原因。

本体研究的不充分也影响了动词重叠的偏误研究。在现有的研究中，描写较多，而分析解释较少，且往往是根据偏误语料就事论事，而缺少高屋建瓴式的理论探索。

3.2 教材中的动词重叠

从目前较为流行的对外汉语教材来看，动词重叠的语法点一般在初级阶段就会出现。从课文来看，从"尝试义"角度出现动词重叠的较多，其次是表示"轻松""随意"语法意义的。在语法点的讲解上，主要从"轻微""尝试""轻松"的角度进行释义。从语法点的操练上看，主要体现的是"尝试""轻松"的语法意义，此外则是请求句在数量上占优，如"可以让我看看吗""我可以试试吗"等。教材中讲解和练习的情况与国际学生对动词重叠的使用情况一致，即主要使用"尝试义"和"轻松义"，主要在请求句中使用。

3.2.1 语法点讲解中的不足

从教材对语法点的讲解来看，"轻微义"实际上是缺乏体现的。事实上，"轻微义"只是动词重叠的一个基础义，单纯的"轻微义"是很少用动词重叠来表示的，而是更多地使用表示小量的补语或宾语来表达。从教材中的例句和练习来看，几乎没有单纯的"轻微义"出现。我们可以说，动词重叠的"尝试义"和"轻松义"都是来源于"轻微义"的，但在使用中却多表现为"尝试义""轻松义"，而很少表现为"轻微义"。因此，在语法点讲解中，把动词重叠解释为"轻微义"，和"尝试义""轻松义"并列，不会对该语法点的学习有任何帮助，反而会造成一定的混淆和干扰。

另外，教材对动词重叠的讲解过于重视释义，而忽视了用法。或者说，其说明的是动词重叠在句中表现出来的种种意义，而没有说明应该在何种情况下使用动词重叠，动词重叠要受到什么样的语法、语义、语用制约。

3.2.2 练习中的不足

从练习上看，其中包含了大量表示请求的句子，但在语法点的讲解中却没有得到任何体现。请求句是动词重叠出现的典型语境，从练习出题者的本意来看，其对应的应该是"尝试义"的练习。但实际上，"尝试义"不一定出现在请求句中，反过来，请求句中的动词重叠也不一定表示"尝试义"。如"你也来看看"就不是请求句，而"让我再好好想想"中的"想想"也不表示"尝试义"。其实，在请求句中表示委婉的语气本来就是动词重叠的典型语法意义之一，是应该在语法点讲解中得到体现的。

在练习中我们还发现，有些教材中练习的句子是错误的。如某教材中要求学习者模仿例句扩展词语时，出现了这样的例句：

（1）看书→看看书→周末我在家看看书。

这里显然是在练习动词重叠的"轻松义"，但实际上，"轻松义"的表达一般不能只通过一个动词重叠结构式，而是要有其他语义成分与之配合使用。如：

（2）周末我一般在家看看书、听听歌。

（3）周末我或者在家看看书，或者出去听听歌。

（4）周末就休息一天，我在家看看书就过去了。

这里是教材练习中出现的错误，但也可见语法点讲解中对动词重叠使用环境描述的缺失。实际上，对动词重叠来说，最重要的是其出现的语言环境，而不是其所表达的意义。

3.2.3 编排上的不足

在教材内容的编排上，动词重叠的语法点侧重按照意义进行编排，有些教材只编排一课的讲解，后面课文中再出现动词重叠则不再单独进行讲解；也有些教材按照"尝试义"和"轻松义"编排成两课。这里所说的不包括形式上的讲解，如在学习了动词重叠的基本式"VV"之后，再出现"V了V""VVO"等形式时，会针对这个形式进行讲解，说明其是动词重叠的一种形式变化，但不再对其语法意义和用法进行讲解。

动词重叠的语义和出现的语境条件都比较复杂，但教材的编排却较为简单，没有给出充分的描述和解释，也没有成体系的编排。将这样复杂的语法现象浓缩在一到两课的内容之中，显然是不够的，讲解和学习都是不充分的，这也是学生学习了动词重叠之后，却不知如何使用的重要原因。

4. 编写原则

本书的主要目标是在对外汉语教学语法大纲的指导下,明确动词重叠这一语法点的教学地位,全面地呈现动词重叠语法点的教学思路和教学内容,让教师讲清、说透,让学生能说、会用,以期为一线对外汉语教师提供参考,为对外汉语教材编写提供借鉴。

对外汉语教学语法的研究需要建立在本体理论语法的研究基础之上,但本体理论语法往往理论性强、表述复杂,追求深度和准确度。如果将其直接应用到教学之中,对"教"与"学"两个方面都可能会造成困扰。由于研究者的视角和所立足理论的差异,本体理论语法往往是多角度、多层次的,这显然也与教学语法存在较大的差异。

就动词重叠来说,一方面研究成果丰硕,理论众多,需要我们进行梳理归纳,总结出适用于教学的语法规律,这其中涉及甄别和取舍的问题;另一方面,研究还不够充分,存在颇多有争议、有分歧的问题,如何把握语法规律也是一个重要问题。

基于以上编写目标和研究现状,本书主要遵循以下原则:

4.1 针对性

本书以服务教学为宗旨,因此在编写上针对教学,以问题为导向,力求通过本体理论研究的转化,在解决问题的同时做好教学上的指导,最终使研究结论能够直接用于对外汉语教学。

本书以问题为导向,所梳理问题的来源主要有以下三个方面:

一是国际学生的真实偏误。书中所引用的偏误案例,来源于北京语言大学HSK 动态作文语料库及编者对教学实践中发现的真实偏误案例的归纳和总结,为了凸显偏误的原因,对原句进行了形式上的修改和简化。

二是编者在教学实践中的发现和感悟。将编者在十余年的对外汉语教学实践中有关教材阐释、教师讲解、学生学习等方面的感悟和编者在与同事的交流中发现的相关问题进行整理,编排入书。

三是对已有研究的梳理归纳和总结。动词重叠是汉语学界的研究热点之一，研究成果众多，但仍然遗留了不少问题。那么，研究中存在分歧和争议的部分，也就是教学中需要着力解决的问题，从哪一角度阐释才能让问题更聚焦于对外汉语教学，也是本书要解决的问题。

4.2 普及性

从读者对象上来说，本书的受众是从事对外汉语教学工作的一线教师。从目前对外汉语教学的现状来看，一线教师以中国语言文学和外国语言文学的学科背景为主，但其他学科背景的教师也不在少数，而从二级学科专业来看，非语言学专业背景的教师也占有相当大的比例。因此，这里的普及性，首先指受众的普及性，即最大限度地满足一线教师的需求。

受众的普及性必然要求内容的普及性。在内容上，本书不同于科普读物，具有一定的专业性，但也不同于学术专著，尽量避免较高较深的理论性，以对外汉语教学中遇到的真实问题为纲，从教学的角度，尝试用直接、明确、简要的语言表述去阐述、解决问题。

4.3 实用性

本书是对外汉语教学参考语法书系中的一本，根本宗旨是为一线教师提供语法点讲解参考，具有一定的参考书、工具书的性质，因此实用性为本书编写原则之一。

本书在内容上遵循从理论到教学的顺序，在每部分中，又按照由浅入深的顺序，从基础开始，一步步上升，力求和对外汉语教学中的初级、中级、高级的语言水平大致对应，以便教师在教学准备过程中查阅和参考。

在语法点的解释上，我们注重可操作性的表述方式，着力阐释语法点怎么用、为什么用、什么时候用及用了怎么样等问题，希望以此来解决国际学生学了不会用、不敢用，以致使用回避策略的问题。

5. 编写内容

5.1 基本架构

本书主要从三个方面入手，即理论、习得和教学。除了教学大类外，其他各部分再按照内容分为几个部分，共三大类九个部分。理论大类主要是动词重叠的本体相关研究，阐述动词重叠相关的基本知识，通过对动词重叠相关研究成果的梳理、归纳、整理出一套符合对外汉语教学需求的知识体系，主要从形式—意义—功能三个方面进行编排，在内容上主要包括动词重叠的形式、意义、制约因素、句法功能、类型差异等。在研究对象上，除了动词重叠以外，我们还将意义极为相近的"V 一下"格式作为近似结构加以研究。具体来说，分为"动词重叠的形式与意义""动词重叠的制约因素""动词重叠的句法功能"及"动词重叠的类型差异"四个部分。

习得大类主要从对外汉语教学中的真实偏误出发，分析二语学习者的动词重叠使用情况，寻找并分析偏误产生的原因，并提出解决动词重叠教学过程中重点、难点问题的办法。习得大类在内容编排上尽量和理论大类相一致，按照从形式偏误到句法偏误再到语义语用偏误的顺序，描写并解释动词重叠的偏误情况。具体来说，分为"动词重叠的偏误与句法功能""动词重叠的偏误与句式句类""动词重叠的偏误与重叠类型"及"动词重叠的偏误与语义语用"四个部分。

教学大类主要从课堂教学的实际出发，针对现有教材中动词重叠的编排、讲解和练习中的不足，结合对学生偏误情况的分析，从教学思路、教学技巧、教学环节等方面探讨对外汉语动词重叠的教学过程和教学模式，从导入、教学、活动、练习、评估等方面提供有针对性的教学建议和方法，以供读者参考。此外，本书还结合当下较新的教学模式，通过微课、MOOC（慕课）和翻转课堂等"互联网 +"教学模式对动词重叠的教学进行分析和探讨。

5.2 内容框架

在编写上，本书主要采用的是以问题为核心的编写模式，即以问答的形式，分章节进行编写，共设计了 70 多个问题。具体的内容框架见表 0-1：

表 0-1　内容框架

类别	部分	内容	问题举例
理论	动词重叠的形式与意义	基本概念	什么是动词重叠? 动词重叠是一种体标记吗?
		语法意义	动词重叠表示委婉语气吗? 动词重叠表示"尝试"吗?
		重叠形式	动词重叠的形式有哪些? "V一下"能不能看作动词重叠式?
	动词重叠的制约因素	制约因素	动词重叠和动词的构词方式有什么关系? 动词重叠的语义条件是什么? 动词重叠的意义和疑问句有什么关系?
	动词重叠的句法功能	句法功能	动词重叠可以带什么样的宾语? 动词重叠能不能构成复杂谓语结构?
	动词重叠的类型差异	区分辨析	"V了V"式就是表示完成的"VV"式吗? "V一下"式和"VV"式有什么不同?
习得	动词重叠的偏误与句法功能	句法偏误	为什么不能说"不/没看看书"? 为什么不能说"帮帮我抬"?
	动词重叠的偏误与句式句类	句式句类偏误	为什么不能说"你去见见谁"? 为什么可以说"把东西称称", 但不能说"把东西举举"?
	动词重叠的偏误与重叠类型	类型偏误	为什么不能说"你玩一玩看"? 为什么可以说"团聚团聚", 但不能说"团团聚聚"?
	动词重叠的偏误与语义语用	语义语用偏误	为什么不能说"我出去出去"? 为什么不能说"我给你介绍他"?
教学	动词重叠的教学	教学内容	动词重叠式在对外汉语教学中讲什么? "V一下"式的教学内容有哪些?
		教学设计	动词重叠式的教学如何导入? 动词重叠式的练习如何设计?
		教学模式	动词重叠与相关格式适合进行语块教学吗? 动词重叠与相关格式的翻转课堂如何进行?

6. 编写体例

本书在内容上分为三大类，共九个部分；在编写体例上，不同部分的侧重不同，但总体来看是大同小异的。我们以问题为纲，通过问答的形式组织章节内容，优点是可以使读者一目了然，方便查阅；不足是问题的覆盖面比较难把握，较难保证各章节内容的整齐性和一致性。

理论大类中，以问题开篇，先简要介绍相关问题的研究现状，梳理存在的问题，再提出本书的观点，最后进行总结。

习得大类中，以真实偏误开篇，简要回顾相关的知识点，分析偏误产生的原因，说明相关的偏误问题，总结相关语法规律。

教学大类中，以次级语法点和教学方式开篇，按课堂教学步骤或该教学方式的具体步骤展开阐述，以实例逐步展开教学过程。

7. 相关说明

在例句上，为了适应国际学生的汉语水平，也为了在句子中凸显相关语言点的功能，本书的例句以简单句为主，一般没有复杂的修饰成分。例句的来源主要为作者自省和对语料库中长句、复杂句的改造，也有部分来自先贤文献中的例句（有的经过了改造）。前述语料库有北京大学 CCL 语料库、北京语言大学 BCC 语料库和北京语言大学 HSK 动态作文语料库 2.0 版。篇幅所限，如非必要，恕不一一标明出处。

动词重叠与相关格式的内容出现在本套丛书的《对外汉语教学语法初级大纲》中，可以说《对外汉语教学语法初级大纲》中涉及的动词重叠与相关格式的内容是动词重叠教学的基础和核心，但并不是全部。如前所述，动词重叠与相关格式是一个复杂的问题，而列举性体例的"大纲"是不可能囊括这一问题的所有方面的。因此，本书以《对外汉语教学语法初级大纲》中涉及的动词重叠与相关格式的内容作为编写的基础和核心，但并不囿于此，而是围绕《对外汉语教学语法初级大纲》，结合教学实际，展开相关问题的讨论。因此，本书部分内容与《对外汉语教学语法初级大纲》不一致，均为作者个人因素所致。特此说明。

第一部分　动词重叠的形式与意义

1.什么是动词重叠?

1.1 重叠的性质

重叠是汉语中的重要语法手段之一。"重叠"这一概念可以体现在多个层次上，如重叠包括构词重叠、构形重叠、句法重叠、语义重叠、语用重叠等。动词重叠属于哪一重叠类型，目前还存在一定的争议。

构词重叠也叫叠合，包括音节叠合和语素叠合（李宇明，2009）。音节叠合主要指叠音词，如猩猩，是两个相同的音节重叠而成的一个单纯词；语素叠合主要指的是重叠式合成词，如星星，是由两个相同的语素组合而成的合成词。构词重叠是音节或者语素的重叠，而不是词的重叠。因此，动词重叠不属于构词重叠。但需要注意的是，如果重叠式合成词中的动词性语素是成词语素的话，这类合成词在形式上确实和动词重叠难以区分，如"吵吵""嚷嚷"等，由于"吵""嚷"本身也成词，因此在形式上"吵吵""嚷嚷"也可以看作词的重叠，从而和动词重叠相混淆。构词重叠是一种构词手段，即通过重叠的方式构成词，因此可以用判断词的方式进行判断，如扩展法。

语义重叠也叫重复，指的是某一词或短语复现，在语义上形成重复、多次的表达，往往表示强调。重复在形式上也可以和动词重叠相混淆，但重复是使一个具有完整意义的词或结构重复出现，表达的是意义的重复，重复后的结构不具有整体性，因此其间可以有停顿，可以有标点、语气词等。根据语义的要求，可以多次重复，理论上重复的次数不受限制。如：

（1）盼望着，盼望着，东风来了，春天的脚步近了。

（2）走走走，我不想再见到你！

（3）走啊走啊走啊，终于看到了那个城堡。

语用重叠也叫反复，是一种为了强调某种意思、突出某种情感，特意重复使用某些词语、句子或者段落的修辞手段。和语义重叠相比，语用重叠模糊了"多次""反复"的语义，而强调语用上的修辞表达，注重修辞效果。在句中，反复的部分内部不仅可以停顿，还可以有一定的间隔。如：

（4）她是有／丁香一样的颜色，／丁香一样的芬芳，／丁香一样的忧愁……

从本书的视角出发，重叠是一种语法手段，也就是说，重叠不应表现在构词层面（叠合）、语义层面（重复）和语用层面（反复）上，而应该表现在语法层面上。也就是说，"重叠"在语言学的意义上，是一个语法层面的概念。那么，动词重叠应该是一种构形重叠还是句法重叠呢？或者说，动词重叠作为一种语法手段，它是一种词法手段（形态），还是一种句法手段呢？

抛开其他因素，就重叠这一语法手段而言，在不同的语言中具有不同的表现，既有构形重叠，又有句法重叠。在分词连写的语言中，构形重叠和句法重叠有形式上的区分，但是对汉语来说，在形式上是较难区分构形重叠和句法重叠的，因此存在较大的争议。

1.2 动词重叠的性质

中华人民共和国国家标准《汉语拼音正词法基本规则》明确了汉语拼音的书写是以词为单位的，即实行分词连写，但由于汉语"词"的确定标准存在诸多争议，实际上也"适当考虑语音、语义等因素，并兼顾词的拼写长度"。在这样的原则下，重叠形式被分为两部分：单音节词重叠成双音节形式，要连写；双音节词重叠成四音节形式，要分写。从中我们可以看出对重叠的两难态度。

语言学界，大多数学者将动词重叠看作一种构形形态（何融，1962；张静，1979；李珊，2003；等等），也有人认为动词重叠是一种句法手段（黎锦熙、刘世儒，1957；范方莲，1964；等等），而李宇明（1996）则认为动词重叠属于

"构形法和句法层面的语法手段"。

我们认为，汉语中的重叠是具有构形功能的。如"慢"重叠成"慢慢"，不仅在词形上发生了重叠变化，在语音上也发生了内部曲折变化，且重叠后的"慢慢"在结构上比较紧密，意义也倾向于整体性。因此，我们倾向于把它理解为构形重叠。但对动词重叠而言，由于缺少这种内部语音上的曲折变化，所以较难判断其重叠性质。

我们认为，现代汉语的特点之一就是词和短语的内部构造原则具有一致性，导致很难从语言内部对词和短语进行区分，如鸡蛋、铁丝等结构是词还是短语，至今仍存在争议。在这样的情况下，争论动词重叠是构形重叠还是句法重叠是没有结果、也没有意义的。事实上，构形手段和句法手段也并非截然对立，如汉语中的动态助词"了"，一般认为是句法手段，将"了"作为虚词；而换个角度，由于"了"和动词结合的紧密性，将其看作"词尾"，作为构形形态存在也并非不可。

就动词重叠来说，也存在这样的两可问题。我们认为，动词重叠既有表现出构形手段的一面，也有表现出句法手段的一面。

1.2.1 动词重叠的整体性

就双音节动词重叠后形成的"ABAB"式来说，其内部结合得更为紧密，有构形形态的倾向。朱德熙（1982）就指出，双音节动词的重叠形式是"ABAB"，后两个音节读轻声。李珊（2003）也认为"双音节动词重叠式的音高频率呈递降趋势"，因此"具有统一的语音构造"。也就是说，在语音上，双音节动词重叠式略有曲折变化，具有整体性。而从另一个角度看，双音节动词重叠式也较难扩展。如：

（5a）这个问题，我们回去以后再商量商量。

（5b）*这个问题，我们回去以后又商量了商量。

即使有些语料中出现了双音节动词重叠的扩展式，但在语感上也不太通顺，应该看作作者的个人风格，不是规范的语法。如：

（6）？自己又归置了归置。（陈士和）

（7）？我刚才到正太路的火车站上打听了打听。（臧伯平）

因此，我们认为双音节动词重叠式结合紧密，倾向于将其理解为一个整体，更接近构形的形态手段。

但单音节动词重叠则有所不同，尽管朱德熙（1982）认为"单音动词重叠以后，第二个音节读轻声"，李珊（2003）表明，单音节动词重叠在音高频率上也是呈递降趋势，但是单音节动词重叠是可以在一定程度上进行扩展的。

从句法功能上看，单音节动词重叠式"AA"和"A了A"存在差异，如"A了A"可以带"数量名"宾语，但是"AA"不行。如：

（8）"你们谈吧，我去准备晚饭。"庄颜微笑着看了看两个男人说。

（9）*你应该微笑着看看两个男人。

尽管我们已经创设了动词重叠"AA"结构的典型语境，但例（9）仍然不成立，可见"AA"结构对"数量名"宾语的排斥。因此，有观点认为"A了A"结构并不是"AA"结构的"完成体"，两者是彼此独立的两个结构，"A了A"结构不能看作"AA"结构的扩展。

但是我们也可以发现，"A了A"结构的宾语不能是表示无定的"数量名"宾语，而"数量名"是典型的无定表达形式，因此"A了A"结构带"数量名"宾语仍然要受到较大的限制。

（10）*她微笑着看了看一个男人说。

一般认为，动词重叠表示量范畴的语法意义，因此排斥其他具有量意义的成分，但实际上也并非绝对排斥数量。如：

（11）你应该微笑着看看这两个男人。

也就是说，实际上"AA"结构和"A了A"结构对带有数量意义的宾语有着共同的要求，即只能是有定宾语。

而在有些句子中，"A了A"结构又较为明显地表示"AA"结构的完成体意义。如：

（12a）明天我亲自去看看。

（12b）昨天我亲自去看了看。

（12c）*昨天我亲自去看看。

（13a）明天我亲自去看。

（13b）昨天我亲自去看了。

（13c）* 昨天我亲自去看。

例（12）和例（13）两组例子对应是比较整齐的，例（13b）中的"了"毫无疑问是表示完成的动态助词，是例（13a）的完成体表达；那么，我们至少可以说，例（12b）中的"看了看"也具有完成体表达的意义。也就是说，我们认同"A 了 A"结构和"AA"结构的差异，前者不仅仅是后者的完成体表达，但也不能否认两者的联系。因此，我们认为，"A 了 A"结构仍然是"AA"结构的扩展式。

语音上的曲折变化虽然是判断构形与否的重要因素，但也并非决定性因素。如"A 一 A"结构中的第二个动词同样倾向于读成轻声，但"A 一 A"结构是较为典型的词组，其扩展也比较容易，如"A 了一 A""A 他一 A"等。可见，不能单纯从语音形式上来判断构形与否。

因此，综合各个角度的因素去考虑，动词重叠的性质既有构形手段的一面，也有句法手段的一面。其中，双音节动词重叠的"ABAB"结构倾向于构形手段，而单音节动词重叠的"AA"结构较突出地体现了句法手段的一面。

1.2.2 动词重叠的内部结构

如果将动词重叠看作构形手段，自然也无须考虑动词重叠的内部结构问题；如果认为动词重叠是一种句法手段，那可能还涉及重叠的内部结构问题。

我们认为，动词重叠式带有述补结构的特点，这首先表现在动词重叠式一般不能再带补语成分。如：

（14a）* 这么可爱的狗狗，我也想抱抱在怀里。

（14b）这么可爱的狗狗，我也想抱在怀里。

（15a）* 你把身上的粉笔灰拍拍掉。

（15b）你把身上的粉笔灰拍掉。

不管是述补式合成词还是动补结构，后面再带补语成分都要受到限制。一般来说，补语成分受到的限制主要是语义上的，要求语义上不能带同一类别的补语。即述补式合成词或述补结构中，如果"补"的是结果，则其不能再带结果补语。如果动词后出现多个补语，补语的语义也会影响到补语出现的顺序，如结果补语的后面可以有数量补语，而数量补语的后面不能出现结果补语。杨杏红（2008）总结了不同补语述谓性的强弱，按照从强到弱的顺序分别是结果补语、趋向补语、处所补语、数量补语。我们也发现，不管是述补式合成词还是述补结构，带结果补语的结构再带补语的能力是最强的，而带数量补语的结构再带补语的能力是最弱的。

动词重叠式后也并非绝对不能出现补语成分，如趋向补语"去"就常常出现。如：

（16）下午有事没有，要不要到我家看看去？

（17）衣服好不好看，到试衣间试试去呀！

除了"去"以外，经常出现在动词重叠式之后的补语还有"看"。如：

（18）他是我的人，你动动看！

（19）这本书很有意思，你翻翻看。

杨杏红（2008）、李婧（2016）在探讨多层补语时都提到了补语的顺序问题，而趋向补语"去"是最经常置于最外围的补语。提到原因，杨杏红认为"去"这一类补语的述谓性最弱，所以根据距离象似性原则，要远离中心语，处于外围。

杨杏红、李婧的文章并没有涉及补语"看"，但实际上，"看"和"去"一样，也是经常出现在最外围的补语。如：

（20）那你证明一下看。

（21）你说这歌不好听？你先听上十遍看。

这里的"看"和"去"在语义上都已经虚化了，是补语这一原型范畴中的边缘成员，我们更倾向于将其作为一个话语标记来理解。可见，动词重叠式带补语的能力较弱，只能带最外围的、语义较虚的补语，从补语的述谓性强弱上来看，接近数量补语。

综上所述，动词重叠式在补语问题上受到严格的限制，说明其内部结构具有一定的述补关系意义。

我们在前文说，动词重叠究竟是一种构形手段还是一种句法手段的争议是没有结果的，这里阐述动词重叠的性质和内部结构似乎是在做无用功，但其实不然。我们认为，从对外汉语教学的角度出发，将动词重叠看作句法手段，并认为其具有述补结构的内在关系意义，是比较合适的。

如果将动词重叠看作构形手段，那实际上是将动词重叠作为一个整体看待，忽略了动词重叠内部可能的结构方式和语法功能的改变。而将动词重叠做述补结构来理解，可以将动词重叠结构更好地纳入已有的语法体系，而无须将其作为单独的例证。也就是说，动词重叠结构的部分语法功能实际上就是述补结构的语法功能，二者具有一致性。如前文所述的多层补语限制，再如"把"字句的动词不能是光杆动词，通常要求是述补结构，而动词重叠也同样可以满足"把"字句的语法要求。如：

（22）我建议你把这几本书都好好看看。

单独的动词在完句功能上会受到限制，通常需要和其他完句成分搭配，而述补结构、动词重叠结构都可以提供完句功能。如：

（23a）？她这几天生病了，你去看（望）吧。

（23b）她这几天生病了，你去看（望）一下吧。

（23c）她这几天生病了，你去看（望）看（望）吧。

可见，将动词重叠结构分析成述补关系，有助于将动词重叠纳入已有的语法知识体系，避免过于强调其特殊性而给学习者造成学习负担。

1.3 动词重叠的界定

动词重叠是一种以重叠为形式的语法手段，动词通过直接重叠、间接重叠等方式，表达特定的语法意义。

（1）动词重叠是一种语法手段，不同于构词手段、语义手段和语用手段。在性质上，动词重叠既有构形手段的一面，也有句法手段的一面。

（2）动词重叠在形式上可以是直接重叠，即连续重叠，中间不插入其他成分，如"看看"；也可以是间接重叠，即间隔重叠，中间可以插入其他成分，如"看了看"。

（3）不管是构形手段还是句法手段，动词重叠结构都具有整体性，是一种"类词"结构。和语义结构、语用结构相区别，在语音形式上，后一个动词倾向于轻声，动词重叠中不能有语义、语用上的停顿，只能有语法或韵律上的停顿，如"看了/看"。

（4）动词重叠结构具有整体性，除了形式上不能停顿外，还具有意义上的不透明性，即动词重叠"AA"结构在语义上不等于"A + A"，而是具有整体的构式意义。

（5）动词重叠结构在内部构成方式上近似于述补结构，在述谓性的强弱上接近数量补语，因此在语法上可以纳入述补结构的语法系统之中。

（6）动词重叠可能与其他叠合形式，如构词重叠、语义重叠、语用重叠等，在形式表现上具有一致性，即有同形异类的情况。

2.动词重叠的形式有哪些?

关于动词重叠有哪些形式，学界的观点存在不少争议。诚然，不同的重叠形式之间必然会存在差异，以何种共性来确定重叠形式的范围，这是要解决的问题。

2.1 动词重叠式的争论

由于对动词重叠的性质看法不同，各家提出的判断标准也有所差异，因此学界对动词重叠的形式争论较多。范方莲（1964）认为动词重叠"只是动量组合的一种形式，不是另外一种语法格式"，因此将"AA""A 了 A""A 一 A""A 了一 A"等形式都看成是动词重叠；张静（1979）则认为"所谓动词的重迭形式，是指词法范围内一个动词的不同语法形式"，所以又将"A 着 A 着""ABAB"等形式都看作动词重叠式；毛修敬（1985）主张动词重叠是表示"动程"的动补结构，黎锦熙、刘世儒（1962）称之为"动副"关系，这就排除了"A 着 A 着""ABAB"等形式。

何融（1962）认为只有"AA"和"A 了 A"属于动词重叠，而"A 一A""A 了一 A"则仅仅是表示动量的短语。李人鉴（1964）认为只有"AA"和"ABAB"两种形式是动词重叠，因为动词重叠中间不能有语音停顿或者插入其他成分。李珊（2003）认为动词重叠是词的构形，既不是构词，也不是短语，因此只有"AA""AAB""ABAB"和"AABB"属于动词重叠的范围。

史有为（1997）通过形式平行和语义平行两个方面得出严格的动词重叠只有"AA"式一种的结论。他认为"AA"式在现代汉语中已经脱离了"A一A""A了A""A了一A"等形式，开始自主发展。

何艳辉（2006）综合了各种观点，总结出13种形式，包括：

（一）"AA"式；

（二）"A一A"式；

（三）"A了A"式；

（四）"A了一A"式（"A了几A"式）；

（五）"A他一A"式（"A他几A"式）；

（六）"A不A"式；

（七）"A着A着"式；

（八）"A来A去"式；

（九）"ABAB"式；

（十）"AAB"式；

（十一）"A一AB"式；

（十二）"A了AB"式；

（十三）"AABB"式。

当然，这13种形式也并非全部，如有学者也将"A啊A啊"形式纳入动词重叠式。

2.2 动词重叠的形式判定

学界对动词重叠式的判定不一，本质上是判定标准的不一致造成的。动词重叠的意义和功能在语法、语义、语用等层面都有所表现，那么反过来，动词重叠也要受到语法、语义、语用等不同层面的影响，这就导致不同的动词重叠式表现出的意义和功能存在差异，判定标准也随之存在差异。

比如"AA"和"A了A"两种形式，和基式相比，"A了A"多了完成体标记"了",在语法意义上应该是基式的完成体。但是由于完成体在时上多表过去，是"已然"的语境表达，而动词重叠在已然和未然语境中凸显的意义和功能是不同的，这就造成"AA"和"A 了 A"的差别不仅仅是完成与否，还包括已然 /未然语境带来的差别。

（1）我摸了摸她的手。

（2）我摸摸她的手。

显然，例（2）可以表达"尝试"意义，而例（1）不行，因为"尝试"一般是未然的。但这种意义的差别是由已然 / 未然语境带来的，而不是"AA"和"A 了 A"的本质差别。

（3）他拍拍我的手，示意我不要再说下去了。

在例（3）中，尽管使用的是"AA"式，但由于语境是已然的，所以仍然不能理解为"尝试""委婉"等未然意义。

因此，我们说这里意义的差别在本质上并不是"AA"和"A 了 A"的形式带来的，而是由已然 / 未然语境带来的。如果我们据此否认"AA"和"A 了 A"的联系，那么例（2）和例（3）中的"AA"是否也应该分成两个形式？显然并非如此。

因此，我们在判断动词重叠的各种形式时，不能死板地将某一意义或功能作为标准。因为对动词重叠来说，影响意义或功能的因素众多，包括动词性质、句法位置、句型句式、语体风格等，如果据此判定动词重叠的各种形式，那结果只会是一种形式一种意义。

我们认为，在判定动词重叠的形式时，主要应把握两个方面的内容：一是在形式上，动词重叠的语法实质是词语的重叠，具有构形或者动补的语法关系；二是在内容上，动词重叠的基本语法意义是表示"主观动势小量"，也就是动词重叠表示"动势小量"，而且是具有主观性的量。

根据以上原则，我们首先可以排除"A 着 A 着""A 来 A 去""A 啊 A 啊"这类形式。如前所述，这类形式的实质是动词的重复而非重叠，在意义上并非表示"动势小量"，而是动作的反复或延长。其次，可以排除"A 了几 A""A他几 A"式，因为这类形式表示的量是确定的、客观的，既非小量，也非主观量。最后，可以排除"A 不 A"式，其所表达的是一种正反疑问，并不带有量的特征。

　　还可以排除"AABB"式。"AABB"式是一类特殊的重叠形式，李珊（2003）认为动词重叠可以分为"短时体"和"绵延体"两类，"AABB"则属于"绵延体"这一大类。匡腊英、杨怀源（2016）将重叠分为"摹状重叠"和"非摹状重叠"，"AABB"属于前者。从以上分类中可以看出，"AABB"式是不表达"主观动势小量"的，表示的是绵延和反复。因此，我们不将"AABB"式看作动词重叠式。但"AABB"式确实是一类特殊的格式，我们在后文会具体论述。

　　除此以外，还要注意同形异义的结构，如同为"AA"式，"说说"是动词重叠，而"嚷嚷"则不是，这在前文有过相关论述。再如，"开开"也是动词重叠和动补结构的歧义形式，这也是容易分辨的。

2.3 小结

　　综上所述，我们认为动词重叠表现的意义与句子的语义语用因素相关，而"了"等词语的出现会改变句子的语义语用特征，从而造成句中动词重叠意义的改变，但这不应作为否定带"了"形式是动词重叠式的理由，因其基本意义，即表示"主观动势小量"，并没有发生变化。因此，我们所界定的动词重叠式包括"AA""AAB""A一A""ABAB""A一AB"及其带"了"的形式。

　　使用"A""B"是为了区分音节，因此单音节动词重叠是"AA"式，双音节动词重叠是"ABAB"式。在不区分音节数量时，也可以将两者统称为"VV"式。

　　除了意义标准外，在功能上，动词重叠表示的构形形态，也带有动补结构的特征，这也是判断某结构是否属于动词重叠的标准。

3.动词重叠是一种体标记吗？

　　动词重叠是一种语法手段，那么动词重叠表示什么语法范畴呢？目前大多数学者认为，动词重叠表示的语法范畴是体（aspect）范畴，结合具体的语法意义，称之为"短时体"（戴耀晶，1997）。

3.1 体范畴的界定

"体"是西方语言学界常用的术语，在汉语学界对其有着不同的翻译形式，如"动相"（吕叔湘，1942）、"情貌"（王力，1943）、"情态"（张寿康，1957）、"体貌"（赵元任，1980）、"时态"（陈平，1988）等。

汉语的语法研究中，最早谈到"体"的是黎锦熙。黎锦熙（1924）提出："了"字表完成，相当于英语的"perfect"；"着"表示持续，相当于英语的"continuous"。高名凯（1948）则首先在汉语学界使用了"体"的概念，并强调了"时"和"体"的差异。

关于体范畴的内在意义，不同学者在表述上也存在较大的差异，"有时候即便是本人认为是相同的观点，理论表述上却反映出了比较大的差异"（崔应贤，2011）。但比较一致 的观点是：

首先，"体"和"时"是纠缠在一起的，关系密切，"体"和时间进程相关。"体"和"时"是既有区别又有联系的一对概念。

其次，"体"主要是通过动词来表达的，和动作、事件关系密切。

总的来说，"体"通常被界定为动作、事件在时间进程中表现出来的状态或存在、变化的方式。

从对"体"的界定中我们可以发现，不同学者对"体"的界定存在差异，"体"的概念总的来说是模糊而不明确的。在框架的建构上，主要是为了和时范畴进行区分，但对框架下的具体内容设置则缺乏客观标准。如王力归纳的"体"类型有 7 个，而赵元任归纳出 8 类，吕叔湘则把"体"归为 12 类……体范畴究竟有多少成员，汉语中使用哪些类型的"体"，都尚无一个准确的答案。

陈平（1988）和龚千炎（1995）比较系统地阐述了现代汉语中的时间系统和时间范畴，其中"时态"的概念就相当于体范畴。时相、时制、时态三个层面的划分，基本展示了时间观念在语言系统中的表现情况，进一步明确了"体"在系统中的位置。

但总的来说，现代汉语中关于"体"和"时"的关系还存在纠缠和争论，尤其是对汉语有无时范畴这一问题。

除了和"时"的纠缠外，"体"和"貌"两个概念的界定还存在争论和分歧。李如龙（1996）重新分析了体范畴，并认为其中具有主观性的、表达人们对客观进程的观察感受的部分，可以称为"貌"。也就是说，体范畴原本既包括动作、事件的客观存在或变化的状态，也包括人们进行客观观察时带来的主观感受，后者也称为"貌"。那么，"貌"的地位究竟如何？是体貌范畴中的一员，还是体范畴中的一个类别，还是独立于体范畴的又一范畴？

有关汉语体范畴的争论，本质上是汉语不使用典型的形态变化手段来表示语法意义造成的。汉语中多用语序和虚词作为语法手段，通常使用副词来表达动作和事件的情态。用副词来表达情态是否可以看作体范畴，这也是争议的问题之一。

汉语的虚词作为一种语法手段，语法化程度还不够高，尤其在体范畴的表达上，还没有完成语法化。因此，汉语中的"体"作为一种语法范畴，缺少严格对应的语法手段，这与印欧语系语言语法形式和语法意义一一对应存在明显差异。也就是说，汉语中的语法手段，并不仅仅表达体范畴的意义，还会涉及"时"等其他语法范畴的意义表达，从而造成汉语的体范畴和其他范畴的意义纠缠。

综上所述，对体范畴的界定，主要的问题有两个方面：一个是体范畴和其他语法范畴的区分，一个是体范畴在内容上包含哪些下位类型。在具体操作上，对前一个问题，我们基本使用的是排除法，"体"表示的是动作或事件的情态，而情态是复杂的，我们排除属于其他语法范畴的部分，剩下的归属于体范畴；对后一个问题，我们只关注动词重叠的语法意义是否属于体范畴的一个类型。

3.2 动词重叠的"体"意义

戴耀晶（1997）、陈前瑞（2003）在各自的"体"系统中，都将动词重叠纳入其中，称之为"短时体"。前者认为，动词重叠具有动态性、完整性、短时性等体范畴特征；后者认为，动词重叠在体范畴上的特征包括"封闭的情状"（具有限定终止点）、"持续特征"（非瞬间的）、"活动情状特征"（动态的、持续的、非完成的）、"完整性"及"不具有内在的终止点"（非终结性）等。

套用体范畴的界定，我们可以将动词重叠的体范畴意义归纳为：动词重叠表现的是一个完整时间进程内的动态，其在该时间进程内的存在情态为短时持续。

首先，动词重叠表达的是一个完整的时间进程，即具有完整性。所谓完整性，其实就是该动作或者事件具有终止点。尽管在表述上有外部观察、内部观察（戴耀晶，1997）和内部视点、外部视点（陈前瑞，2003）等差异，但实质是一致的，完整性是从外部视点观察所得到的，着眼于事件的全过程，而不是内部的某一个过程。

动词重叠所表达的动作或事件，是不能无限制地延续的，有一个大致的范围和终止点，在语义上也排斥"一直"等表示长时的词语。如：

（1a）＊腿疼，我得一直拍拍。

（1b）腿疼，我得经常拍拍。

动词重叠在本质上表达的是动作的量意义，而只有完成的动作才可以计量，因此动词重叠要表达一个完整的时间进程，即完整的事件进程。如：

（2a）东西在你这儿放放，我有时间再来拿。

（2b）＊东西在你这儿放放，我不来拿就送你了。

（2c）东西在你这儿放着，我不来拿就送你了。

从例（2a）～（2c）可以看出，"放放"是有终止点的，因此例（2a）是成立的，"来拿"意味着"放"这一事件的终止。但例（2b）是不成立的，因为"不来拿"意味着"放"不会终止，将一直持续下去，这与动词重叠的"完整性"矛盾。和例（2c）相比，显然"放着"是不表达终止点的，而"放放"则要求具有一个终止点。再如：

（3a）假期我打算在工厂打打工。

（3b）＊这辈子我打算在工厂打打工。

（3c）这辈子我都打算在工厂打工。

　　由于动词重叠具有一定的终止点，因此例（3a）中"打打工"和一个固定的时间段搭配是没有问题的；但是例（3b）中"打打工"和一个具有"无限"意义的时间段搭配，导致句子不成立。这也说明了动词重叠在使用时要求的"完整性"。

　　其次，动词重叠表现的是一个动态。动态是动作情态，具有动作性，和静态相对。动态指的是动作或事件随着时间的流逝而发生异质的变化，静态指的是动作或事件随着时间的流逝仍然保持着同质的状态。

　　对动词重叠来说，动作性较强的动词容易重叠，而状态动词较难重叠。如：

　　（4）* 我也想爱爱孩子。

　　（5）* 我想知道知道这件事。

　　但从意义上看，动词重叠既可以表示动作的反复，也可以表示动作的持续，而后者具有静态性。

　　（6）水还有点儿烫，我给你吹吹。

　　（7）没事的时候，我喜欢去湖边吹吹风。

　　例（6）中的"吹吹"表示的是动作的反复进行，动态性比较明显，而例（7）中的"吹吹"在时间进程上看不到异质的表现，具有静态性。

　　因此，我们认为动词重叠并不凸显动态性，动词重叠所表现出的动态性或静态性和动词的语义、语境的意义等都有关系。如：

　　（8）这里有这么多窗户，都要贴窗纸，来，你也帮我贴贴。

　　（9）你家这墙纸真不错，回头我家也贴贴。

　　例（8）、例（9）中重叠的动词是一样的，但是由于语境的差异，例（8）凸显的是动作的重复性，"贴贴"具有动态性；而例（9）凸显的是"尝试"意义，"贴贴"更多地表示状态，具有静态性。

　　实际上，动态和静态并不是截然对立的，两者是存在转化的。如"躺在床上"要先有"躺"的动作，才会有"躺"的状态。也可以说，任何静态状态都不可能是绝对永恒的，其必然会在"开始"和"结束"的阶段表现出动态性。

　　我们说动词重叠具有动态性，其实并不是指动词重叠仅凸显异质事件，而不能凸显同质事件。动词重叠的动态性表现在：能够进入重叠形式的动词，必须具有一定的动态表现。如：

（10）这件事情，也该让你知道知道了。

"知道"是典型的状态动词，并没有特定的起点和终点，一般是不能进入动词重叠式的，如例（5）。但在特定的语境中，"知道"的动态性可以在一定程度上被凸显，此时"知道"可以进入动词重叠式，如例（10）。

因此，我们说动词重叠可以凸显动态性，但在语义上并非只表达动态的意义。

另外，动词重叠表达短时持续的情态。"短时"是学界对动词重叠较为一致的认知，但在实际的句子中，动词重叠未必表达"短时"的意义。如：

（11）亲爱的思思，明儿我就回去，别再那么想念我具有雌性的声音啦，还是多多想想你最爱的小胖吧……

（12）时间还早得很呢，那我们就慢慢逛逛吧。

动词重叠在体范畴的意义上通常被称为"短时体"，可见学界将"短时"作为动词重叠的显著意义，"尝试""轻松""轻微"一类的意义是动词重叠"短时"性质在具体语境中引申得出的，并非"短时体"的基本语义属性（戴耀晶，1997）。

我们认为，时间特征并不是动词重叠的基本特征，时间特征只是附加在动作或事件之上的外在特征，是可以被语境中的其他意义所凸显或抑制的，"短时"可以变为"长时"。

动词重叠的"短时性"，我们认为应该表述成"非瞬间性"。动词重叠表达的意义需要在时间上有一定进程，或者是持续，或者是反复，而不可持续也不可反复的动词是很难进入动词重叠式的。如：

（13）* 他决定死死。

（14）* 他死了半个小时。

"死"是一个瞬间的事件，且该事件不能重复，因此不具有时间上的延续性，不能有例（14）这样的持续性表达，也不能进入重叠形式，如例（13）。

由于动词重叠表示的是"小量"意义，因此一般来说，其在时间特征上多是短时的，但"短时"并非动词重叠的基本特征，可以在语境中被抑制。

最后，动词重叠是否具有内在的终止点？如前所述，动词重叠具有完整性，具有一定的终止点。但陈前瑞（2003）认为，动词重叠所表示的终止点是"限定终止点"，而动词重叠是不具有内在终止点的。陈文对此的解释是：在阶段体层面，动词重叠本身是"定时动作"，有固定的终止点，是有界的；但是在句子层面，也就是视点体层面，动词重叠是没有自然的、实际的终止点的。

由于缺少具体的例证，陈文中的论述并不够清晰。我们认为，动词重叠具有内在的终止点，但是这个终止点是模糊的，而不是明确的。如：

（15）我看了半个小时电视。

（16）我想看看电视。

显然，例（15）中"看"这一动作的内在终止点是明确的"半个小时"；而例（16）中"看看"的动作虽然具有终止点，但什么时候终止却不明确，持续的时间可长可短。这种终止点的模糊性，实际上也造成了动词重叠在时间特征上的不明确性，既可以表示短时，也可以在特定意义下表示长时。

综上所述，我们将动词重叠的体范畴意义表述为：动词重叠表现的是一个模糊的完整时间进程内的非瞬间动作或事件，其在该时间进程中要具有动态性。

3.3 动词重叠与其他语法范畴

汉语学界在语法范畴的相关论述上存在众多的争议，其主要原因就是汉语的语法范畴缺少严格对应的语法手段，或者反过来说，汉语的语法手段不能清晰地表达一个语法范畴，而总是和其他语法范畴纠缠不清。动词重叠在体范畴中有意义表现，但在其他范畴中，也同样有所体现。

和动词重叠关系密切的语法范畴，除了体范畴之外，还有式范畴。

李如龙（1996）把体范畴中体现动作主体一定意向情绪的部分称为"貌"，但实际上，体范畴并不涉及主观性，和主观性关系密切的范畴应该是式范畴，即表达说话者如何对待行为动作与客观现实之间的关系的一种语法范畴（朱文丽，2017）。一般认为，和式范畴相关的主要是"语气"。

关于动词重叠表现的主观意义的论述很多，如朱景松（1998）将动词重叠看作"表示动作、行为的主体具有极强的能动性"，陈立民（2005）认为"动词重叠表示事件主体持续一段时间后主动地让它结束"，叶步青（2009）认为"重叠的动词，在语义上，都必须受到发出动作的主语的意愿上的支配"，潘国英（2015）也论述了动词重叠的主观性。

在式范畴上，动词重叠主要表现为广义上的祈使语气。所谓广义上的祈使语气，指的是说话人对听话人施加一定的言语之力，并希望听话人有言后之果的语气，其在形式上不一定表现为祈使句。如：

（17）哥们儿，我跟你打听打听，你知道李薇这个人吗？

（18）我希望能亲自照顾照顾她。

例（17）中的"打听"不是要求或者请求，但是说话人同样希望听话人做出一定的行为上的反馈；例（18）的"照顾"虽然是"希望"的行为，但实际上可以看作一种请求。这都是广义上的祈使语气。

在广义的祈使句中，动词重叠的主要功能是减弱语势，表达委婉的语气。如：

（19a）你的玩具给我玩玩。

（19b）你的玩具给我玩。

显然，例（19b）的语势要更强，表达一种命令的语气，而例（19a）由于动词重叠的存在，表达相对委婉，是一种征询的语气。

综上所述，在式范畴上，动词重叠用于广义的祈使句中，表达委婉的语气。

4.动词重叠表示"短时""小量"吗？

4.1 重叠手段和量范畴

重叠是汉语中的重要语法手段之一，而和重叠直接相关的语法范畴就是量范畴。汉语中以重叠作为语法手段的，主要有量词、形容词和动词三个词类，其中量词重叠和形容词重叠的语法意义都较为明确，而对于动词重叠的语法意义，则存在较大的争议。

4.1.1 量词重叠和形容词重叠

从量范畴上看，量词重叠和形容词重叠都表示量的增加，这也符合语言的象似性原则，即语言单位在形式上的增加，象似客观上量的增加。其中，量词重叠的争议是最小的，量词重叠出现在不同的语法位置上，如主语、谓语、定语、状语等，其所表示的具体意义存在差别，有周遍、逐一、多、连绵等多个意义，但这些意义都表示量的增加。

形容词重叠的语法意义一般认为是表示程度的加深，带有喜爱的感情色彩，带有生动、夸张的表达效果等，其基本语法意义也可归为量的增加。虽然有部分学者提出反对意见，认为"白白的鹅"未必在程度上比"白鹅"更白，借此否定形容词重叠加深程度量的意义，但量范畴的变化未必等同于客观上的变化，"喜爱""生动""夸张"的意义也同样是基于量的增加。换一个角度来说，形容词重叠的语法意义和程度量相关，这应该是毋庸置疑的。形容词重叠的一个语法特点就是不能再受其他表程度义词语的修饰，可见形容词重叠是具有程度意义的。而一个具有程度量的表达和一个不具有程度量的表达，是很难在一起比较程度的。比如"白白"和"白"，究竟哪一个更白，是无从入手的，因为后者根本不表示程度意义。因此，我们认为形容词的重叠表示的是程度量的语法意义，而从"喜爱""生动""夸张"等附加意义上可以看出，程度量是增加的。

4.1.2 动词重叠

至于动词重叠的语法意义，学界则存在较大的争议，但多数学者认为，动词重叠的基本语法意义是表示量的减少，而动作的量，既包括时量，也包括动量，也就是说，动词重叠的基本语法意义是表示"短时""小量"。

对此，学界还存在较多的争议。如有学者认为，动词重叠所表示的时量并非单独存在，而是依附于动量；也有学者认为，动词重叠所表示的动量可以是增大的，也可以是减小的；还有学者认为，应该从不同层次、不同角度去考察动词重叠的语法意义。但围绕量范畴来理顺动词重叠的语法意义，基本上成了一种共识。

4.2 动词重叠的"量"意义

动词重叠具有"量"意义,这是动词重叠的基础意义。动词重叠之后,在句法搭配上要受到诸多的限制,其中之一就是在和具有量化意义的成分组合时有所限制。如:

(1)我想一直看书。/* 我想一直看看书。

(2)你看一会儿书吧。/* 你看看一会儿书吧。

和重叠前相比,动词重叠之后增加了表示动量的意义。和前面提到的形容词重叠类似,动词重叠表示动量的大小是比较难确定的,我们无法说出"看看"到底是比"看"的动量大还是小。这是因为"看"是不具有动量意义的。因此,我们只能通过其他途径来确定动词重叠所表示的动量的大小。

4.2.1 动词重叠表示"小量"吗?

一般认为,动词重叠表示的是动作的"小量"意义。这里我们可以使用"稍微""略微"等词语来进行测试。在语义上,"稍微"等词语起修饰作用的时候,要求被修饰成分具有"小量"的意义。如:

(3)我还不太饿,稍微 * 吃 /* 吃个饱 /* 吃上一天 / 吃一点儿 / 吃一会儿 /吃一两个。

显然,在"稍微"的修饰域中,不表示"量"意义或者表示"大量"意义的句子都是不成立的,只有修饰域中有表示"小量"意义的句子才可以接受。如:

(4)有点儿累了,我们稍微坐坐吧!

例(4)中的"坐坐"是表示"小量"意义的,即动词重叠可以表示"动量小"的语法意义。

与此相反,动词重叠在和表示"大量"意义的词语搭配时,则要受到较大的限制。如:

(5)* 他拼命地拍拍门。

(6)* 他竭尽全力地砍砍树。

当然,动词重叠并非绝对不和表示"大量"意义的词语搭配,这一问题我们后文再逐步进行探讨。

4.2.2 动词重叠可以表示"大量"吗?

有学者认为,动词重叠还可以表示"加强/加繁动作""加大动量"的意义,但实际上,这类重叠形式并不是动词重叠,而只是构词重叠或者是反复。如:

(7)这帮死不了的嚷嚷起来没完啦!

(8)结婚结婚结婚,一张口就是结婚,烦死了。

显然,例(7)中的"嚷嚷"是构词重叠,例(8)中的"结婚结婚结婚"则是反复,都不属于动词重叠。

(9)快点儿想个办法。

(10)快点儿想想办法。

和例(9)相比,例(10)中的动词重叠也经常被认为表示的是"大量"意义。但实际上,例(9)中的"量"意义并不是动量,"想"是无量的表达,不能和例(10)中的有量表达"想想"进行比较,否则又会陷入"白白"和"白"哪个更白的怪圈。

动词重叠能否表示"大量"意义,下文还会涉及,但我们认为"小量"是动词重叠的基本意义。

综上所述,动词重叠具有"动量"意义、"小量"意义。

4.3 动词重叠"量"意义的内涵

动作的"量"一般认为包括三个维度,即动作的时间量、动作的程度量和动作的反复量,即动作持续的时间、动作的力度和动作的次数。

4.3.1 动词重叠"量"意义的维度体现

那么,我们说动词重叠的意义是表示"动量小"的,是在动量的哪个或者哪些维度上体现出来的呢?

(11)这球先借我拍拍,你要用的时候就还给你。

(12)把领子往上拉拉,看起来有点儿垮。

(13)差不多了,再翻翻就可以出锅了。

例(11)~(13)中的动词重叠,主要依次对应动作的时间量、程度量和反复量，但更常见的是动词重叠同时表示多个维度上的动量。如：

（14）别着急，我先看看。

从例（14）中我们可以看到，这里的"看看"很难说表示某一种动量，而是一种综合性质的动量，在时间、力度、次数三个维度上都有所体现。

因此我们可以说，动词重叠所表示的动量在三个维度上都可以得到体现。

4.3.2 动词重叠的动量维度的影响因素

动词重叠的"量"意义在三个维度上都可以得到体现，那么其表现出的动量维度和什么有关呢？

邵敬敏、吴吟（2009）认为动词重叠的"小量"意义可以在不同维度上体现，主要是由于动词次类的语义差异，如瞬间动词、持续动词、非重复动词重叠后的意义表现是有所不同的。

这一观点是很有道理的，动词重叠的"小量"意义在哪个维度上体现，归根结底是语义问题，与动词自身的语义密切相关，如瞬间动词不可持续，自然很难表达时间量这一维度的意义，而非重复动词在语义上不能重复，也就很难表达反复量的意义。因此，这一观点还可以进行扩充，如动作性强的动词重叠后容易凸显程度量，而动作性弱的动词重叠后则相反。

（15）把被子拿到外面抖抖、拍拍。

（16）一看到他胖嘟嘟的小脸蛋儿，我就想去捏捏。

（17）麻烦你了，这些东西先在这儿放放，我一会儿就出来。

例（15）中的动词是动作性强的瞬间动词，因此重叠后表达的是程度量和反复量；例（16）中的动词是动作性强的持续动词，重叠后表达的是程度量和时间量；例（17）中的动词是动作性弱的非重复动词，因此表示的主要是时间量。

当然，动词重叠在句子中主要表达哪一维度的动量，除了和自身语义相关外，也受到句子整体语义的影响。如：

（18）（伤口的痂）轻轻碰碰就掉了。

（19）（伤口的痂）再碰碰就掉了。

同样的动词重叠，但受状语语义的影响，例（18）凸显的是程度量，而例

（19）凸显的是反复量。

因此，动词重叠具有"动量"意义、"小量"意义，这可以在时间量、程度量、反复量三个维度上得以体现。

4.4 动词重叠"量"意义的特点

动词重叠表达的"量"意义并非是明确的、客观的，而是模糊的、主观的。

4.4.1 "不定量""模糊量"

动词重叠表达的"量"意义是不确定的、模糊的，首先表现为动作量本身的内涵就是不确定的、模糊的。

在动作量的三个维度中，时间量和反复量是比较明确的，但是程度量实际上是比较模糊的。我们说程度量就是动作的力度，这其实更多是针对动作动词来说的，而对于非动作动词，是谈不上力度的，但非动作动词同样是有程度的。如：

（20）我找你也没什么事，咱哥俩随便聊聊。

例（20）中的"聊"谈不上力度，但"随便聊聊"又明显是一种程度上的减弱。那么，这个"量"又是哪一个维度上的呢？

再比如例（17），我们将其复写成例（17a）。

（17a）麻烦你了，这些东西先在这儿放放，我一会儿就出来。

虽然受句义的影响，例（17a）中的"放放"主要表达的是时间量，但是如果我们将其改写成"放一会儿"，还是存在一定差异的，后者单纯强调时间量。如：

（17b）麻烦你了，这些东西先在这儿放一会儿，我一会儿就出来。

李珊（2003）用表示时量的"V一会儿"和表示动量的"V一下"来替换动词重叠式，结果发现"重叠动词纯粹表时量的极少见，纯粹表动量的却能见到一些"。也就是说，因为例（17c）的存在，例（17a）中的"放放"并不是纯粹表示时间量的，而是兼表程度量。

（17c）麻烦你了，这些东西先在这儿放一下，我一会儿就出来。

其实不只时间量，反复量也是如此，可以在句中被凸显，但是很难单独出现，通常要兼表程度量。

我们认为，之所以会出现这样的情况，是因为时间量和反复量其实并不是动作的本质特征，而只是外部特征，两者完全可以脱离动作而独立存在，即时间范畴和计数范畴。动量的核心特征是程度量，其和动作的力度、范围、处置力、影响力等因素都有关系，我们将其称之为"动势"。

因此我们认为，动量的核心是动作的程度量，表示动作的动势强度，而时间量和反复量并不是动量的本质特征，不能独立存在，动词重叠所表达的"小量"意义的基础是动作的程度量，而程度量在内涵上是一种模糊量。

动词重叠表达的"量"意义是不定的、模糊的，还表现为动作量的量化外延是不定的、模糊的。

程度量是模糊的量，而时间量和反复量尽管在内涵上是明确的，但动词重叠所表达的时间量和反复量的量化外延是模糊的，即不表示明确的定量，而是一种模糊量。

在时间量上，动词重叠表示的是一个相对而又模糊的时间概念，是不可被测量的；在反复量上，动词重叠表示的次数也是模糊的，不可计量的。正是因为动词重叠表示的"量"具有一定的模糊性，因此不能用数量词语所标示的特定的量来衡量。不定量、模糊量在语法上的一个表现就是动词重叠和时间补语、数量补语的不兼容。如：

（21）要是你同意了呢，就点点头。

（22）要是你不同意呢，就摆摆手。

例（21）中的"点点头"和例（22）中的"摆摆手"都主要表示的是反复量，但是具体表示的"次数"是多少，则是模糊的。这里的"量"意义，不仅和句子所表示的意义有关，也和日常经验、常识有关。如："点点头"甚至可以只点一下头，即不存在反复；而"摆摆手"从经验上看则不会只摆一次手。

时间量和反复量在外延上的模糊和动词重叠"量"意义的主观性也有关系。

4.4.2 "隐性量""主观量"

动词重叠表达的"量"意义并不是客观的"量"，而是具有主观性。如李宇明（2000）所言，动词重叠所表现出的"量"，是语言心理观念上的量，而不是客观物理观念上实指性的量。

我们认为，动词重叠的"量"意义具有主观性，在动量的核心——动势维度，和时间、次数维度上有着不同的表现。动词重叠表达"主观量"，主要是通过动势的程度量体现出来的，而程度量的主观性则又会影响到时间量和反复量的表现。

在讨论动词重叠是否可以表示"大量"意义时，经常涉及如下的例子。

（23）这个问题你再好好想想。

（24）肩膀疼的时候就用力拍拍。

（25）没事就多走走。

例（23）～（25）分别对应动词重叠"量"意义的三个维度，受状语语义的影响，其在时间、力度、次数上都具有"大量"的意义。

对于这一问题，一般认为是因为动词重叠式受到了修饰语语义的影响，这是一种语用上的强调表达，不代表动词重叠的基础语义发生了变化。

我们认为，动词重叠所表示的量是一种"主观量"，而其主要是通过动势来实现的。动势的内涵是模糊的，不像时间、次数那样明确，而是包括动作的力度、动作的影响力、动作的处置性等多个方面。因此，我们说动词重叠表示的是"小量"意义，而这个"小量"是主观上的"小量"，是动势上的"模糊小量"，其可能在动量的某一方面表现出"大量"的意义，但本质上的"动势小量"是不可改变的。

例（23）～（25）仍然带有"小量"的意义，同样可以用前文的"稍微"来进行测试。如：

（23a）你再稍微好好想想，一定能想出来。

（24a）稍微用力拍拍就觉得很疼。

（25a）稍微多走走，对健康有好处。

如前所述，"稍微"要求后面的成分带有"小量"意义，而这个"小量"意义显然是通过动词重叠式来表达的。把a式改写成b式，句子则不成立。如：

（23b）＊你再稍微好好想，一定能想出来。

（24b）＊稍微用力拍就觉得很疼。

（25b）＊稍微多走，对健康有好处。

由此可见，即使句中的动词重叠客观上表达的是"大量"意义，但是它们仍然具有隐性的"小量"意义，其表达的是一种"隐性量""主观量"。

因此，动词重叠所表示的"量"意义有"隐性量""主观量"，也有"显性量""客观量"。一般来说，两方面是一致的，即都表示"小量"意义；当两方面不一致时，即"隐性量""主观量"为"小量"意义，而"显性量""客观量"表示"大量"意义的时候，句子要受到一定的限制。在使用动词重叠式的句子中，表示"大量"意义的状语会受到限制，如例（5）、例（6）就不成立。一般来说，在语义上，越是表示较高程度或绝对程度的"大量"的词语，越不能和动词重叠式搭配，而能够与动词重叠式搭配的，则是语义上程度较低、较模糊的修饰成分。如做到什么程度才算"好好"，用多大力才是"用力"，做多少次才是"多"，这些词语本身就是模糊的，和"拼命""竭尽全力"等相比，并不表示程度较高的、绝对的"大量"意义。

4.5 小结

动词重叠的基本语法意义是表示小量，其中"动势小量"是核心意义，"时间小量""次数小量"是以"动势小量"为基础的。

动词重叠的"小量"意义在哪一个维度上得到体现，和动词的语义、句子的句义、日常经验的常识义等都有关系。一般来说，"时间小量"和"次数小量"不能独立存在，即使在句中被强调、凸显，也要以"动势小量"为基础。

动词重叠的"小量"意义是模糊的、不确定的，也是主观的、隐性的，受修饰成分的影响，动词重叠可能在显性和客观上表示一定程度的"大量"意义，但这不影响其底层的、隐性的"主观小量"意义，后者才是基础。

因此，我们说动词重叠表示"时短""量小"，其实只是两个动量的外部特征，"时短"通常表示时间量，"量小"通常表示反复量，这样的表述并没有触及动词重叠的基础语法意义。而且作为外部特征，"时短""量小"是可以因其他成分的语义而发生改变的，是外部的、显性的、客观上的意义。动词重叠的基础语法意义是表达"动势小量"。

5. 动词重叠表示委婉语气吗？

委婉是一种语气，使用了动词重叠的句子和未使用动词重叠的句子相比，在语气上较为委婉，不是生硬、命令的语气。因此，有人认为委婉是动词重叠的一种语法意义。但更多学者认为，委婉并不是动词重叠的语法意义，而只是动词重叠在语用中增添的意义，并不是固有的语法意义。只是因为重叠式动词表示短时少量，所以用在祈使句里，可以使语气显得缓和些。（朱德熙，1982）

我们也同意这样的观点，委婉并非动词重叠的语法意义，而是一种语用功能，是其表示"动作小量"的语法意义的语用体现。但换一个角度来看，我们也认为委婉是动词重叠最重要也是最常见的一个语用功能。从语用功能角度入手，能够更好地解决动词重叠"怎么用""什么时候用"等问题。因此，把委婉的功能讲解清楚，对国际学生学习动词重叠的语法点有着重要的意义。

"动作小量"和委婉有什么关系？我们认为它们之间联系的桥梁是礼貌原则在语言中的隐性体现。

5.1 礼貌原则

礼貌是存在于人类社会的普遍现象，自 20 世纪 70 年代以来，礼貌开始受到语言学界的关注。

Lakoff（1973）在 Grice 的合作原则的基础上首次关注到语言交际中的礼貌现象，被认为是现代礼貌理论的创始人。Lakoff 认为，发话人与受话人的交际行为既要遵循使用原则，又要受制于两条潜在的语用规则，即"明了"和"礼貌"。Leech（1983）为弥补合作原则和言语行为理论的不足也提出了礼貌原则，认为为了减少交际过程中的冲突与摩擦，必须最大限度地考虑他人，最小限度地考虑自己，并提出六个基本礼貌准则。同时，Leech 还提出了损益度、间接度和选择度作为衡量话语礼貌程度的三个标准。

Leech 的研究涉及了礼貌的核心问题，即语势问题，按照李宇明（2000）的观点，语势是量范畴的次范畴，也就是礼貌原则的核心问题和量范畴存在密切的关系。

概括来说，礼貌原则的核心内容就是在言语表达中，凡是对对方有利的事情，要多说，凡是对自己有利的事情，要少说；凡是对对方不利的事情，要少说，凡是对自己不利的事情，要多说。这个原则在具有五千多年文明历史的礼仪之邦——中国尤为适用，正如顾曰国所总结的："贬己尊人"是汉文化礼貌原则中的首要原则。

无论是 Leech 的"六多六少"礼貌原则，还是顾曰国的"贬己尊人"礼貌策略，实际上都涉及两方面的量意义，即"大量"和"小量"。而对于汉语来说，和隐性礼貌表达方式有关的主要是"小量"意义，这主要是因为汉语中的"大量"意义更多地表现为显性的礼貌表达方式。正如王惠萍（2005）所调查的，现代社会中，中国人并不吝惜对他人的赞扬，更愿意直接地、显性地使用"大量"的手段去称赞他人，即中国人还保留着较为深刻的"尊人"礼貌策略。但反过来，现代社会中，中国人并不愿意较多地"贬己"，尤其是在非正式交际场合中。因此汉语语言系统选择使用潜在的、隐性的礼貌策略去表达，以减轻说话人对"贬己"的排斥感。福井启子（2004）的调查表明，人们对"少量"意义表达在礼貌语言中的作用"相对缺乏认识"，也就是说，人们在使用隐性礼貌策略的表达方式时并没有在认知心理上使用"贬己"的礼貌策略，也就不会产生排斥感。或者说，隐性礼貌策略其实更多是一种礼貌的语势，而不是如显性礼貌策略那样直接给交际双方以礼貌的感觉。但这种语势的确和礼貌相关，可以和显性礼貌策略叠加使用，以增强礼貌性。

5.2 礼貌表达与言语行为

礼貌问题的研究涉及发话者、受话者双方的身份、地位、相互关系等诸多因素，属于语用的层面。尽管不同学者对礼貌原则的认识有所不同，甚至存在较大差异，但对礼貌原则的核心表述并没有太大差别，即不要让别人产生负面心理，要给对方较多的面子。

也就是说，礼貌原则的触发语境是发话者所说的话对受话者产生影响，礼貌策略就是尽量避免让对方产生负面心理。

Austin 认为任何一个言语行为都会对交际中的受话者产生影响。可以把发话者（S）和受话者（H）之间的关系简单记成：

$$S \xrightarrow{\text{infect}} H \rightarrow R(\text{result})$$

也就是发话者通过言语行为产生"言外之力"，从而影响受话者并产生一个结果。这里的 R 指的是 S 对 H 产生的影响，是抽象的概念，而不是具体的行为。在不同的交际行为中，这个影响 R 存在程度的差异，我们可以称之为"影响度"。影响度不是越低越好，要受到具体交际语境的制约，但影响度和礼貌程度成反比，影响度越低，礼貌程度越高。礼貌程度也不是越高越好，过分的礼貌意味着疏远、虚伪等负面意义，是不得体的礼貌。

不同的言语行为，发话者对受话者施加的影响也不同，但都对礼貌有一定的要求。

5.3 "小量"礼貌与动词重叠

"小量"礼貌的表达方式有很多，动词重叠是较为常见的一种。通常认为，祈使句是动词重叠出现的典型句类，因为祈使句是典型的发话者对受话者施加影响的句子类型。祈使类言语行为的影响是要求受话者做出行动。

受话者受到影响所做出的行为存在不同的可能。如：

（1）请你帮我找找。

（2）一、二、三，笑笑！

（3）把你的手机借我用用。

（4）我是在做梦吗？快掐掐我！

在正常的交际中，例（1）的受话者应做的行为对发话者有利，例（2）的受话者应做的行为对受话者有利，例（3）的受话者应做的行为对受话者有损，例（4）的受话者应做的行为对发话者有损。但这里的损益实际上是从客观世界的角度来说的，言语世界中的理解还要考虑发话者的主观意愿。这四个句子中受话者应做的行为都是发话者在主观上希望发生的，因此实际上都对发话者有益，比如例（4）中"掐"的行为尽管在客观上是对发话者有损的，但却是发话者主观上希望发生的，是对发话者有益的。反过来，无论客观上的行为对受话者是有益的还是有损的，在言语世界中受话者都没有表现出主观意愿（尽管客观上受话者的主观意愿可能和发话者一致），但受话者的行为会带有不同程度的被强迫性，因此受话者都是受损的。

尽管这类言语行为中都隐含着发话者受益、受话者受损的意义，但客观上的损益差异会带来该言语行为影响度的不同，进而影响到礼貌策略的使用。影响度最高的当然是客观上使发话者受益而使受话者受损的言语行为，这一类言语行为除非是语势较强的"命令"行为，一般要使用礼貌策略来降低影响度。如：

（5）把手机借我用。／帮我找。

（6）能把手机借我用用吗？／能帮我找找吗？

（7）？请把手机借我用。／？请你帮我找。

例（7）不太被接受的原因在于句中使用了礼貌策略"请"，而全句因缺少"小量"表达而仍然具有较强的语势，从而造成了矛盾。

如前所述，礼貌程度并不是越高越好，使用超出交际必要的礼貌策略，可能会使言语行动带有"不满""怨恨"等负面情绪。如：

（8）能请你把手机借我用用吗？／能请你帮我找找吗？

相比而言，客观上使发话者受损或使受话者受益的言语行为，影响度相对较低，对礼貌策略的要求也比较低，是否使用礼貌策略似乎差别不大。如：

（9）一、二、三，笑！／我是在做梦吗？快掐我！

（10）一、二、三，笑笑！／我是在做梦吗？快掐掐我！

这类言语行为对受话者的影响度不高，因此不使用礼貌策略只是语气略有生硬，而不会变为"命令"语势。相反，由于影响度不高，因此这类言语行为不能容纳较高程度的礼貌策略，多使用隐性礼貌策略，而很少使用显性礼貌策略，否则会容易带有负面意义。如：

（11）一、二、三，请笑笑！／我是在做梦吗？请你快掐掐我！

（12）一、二、三，能不能请你笑笑？／我是在做梦吗？能不能请你快掐掐我！

可以看出，使用显性的词汇礼貌策略时，发话者话语中带有"不耐烦"的负面情绪。

这里的影响度分类并不是经典范畴，而是原型范畴，实际上言语行为的影响度和多种因素有关，有损或者有益也存在程度上的差异，这也会影响到具体的礼貌策略的使用。如：

（13）再笑笑。

（14）再坚持坚持。

例（13）、例（14）都属于使受话者受益的言语行为。从客观上看，"笑"可能是为了让受话者的照片更漂亮，"坚持"可能是为了受话者的胜利。但从另一个角度看，受话者为了达到"笑"和"坚持"的要求所需要付出的努力的程度是不一样的，那么言语行为本身给受话者所带来的影响度也就是不一样的。如：

（15）（拍照片）准备好，笑！

（16）？（运动会上为同学加油）加油，坚持！

由于"坚持"需要受话者付出更多，因此具有相对较高的影响度，因此用例（14）这种隐性的礼貌策略来表达更好，而没有使用礼貌策略的例（16）则带有较为明显的"命令"或者"口号"等程度较高的语势性质。相反，"笑"需要受话者的付出相对较少，因此可以接受例（15）这种不使用礼貌策略的表达方式，在语势上也没有太大的差异。

（17）？（我今天忘带钱了）你帮我付钱。

（18）（我的钱包放你那儿，如果我喝多了）你帮我付钱。

再如，同样是发话者要求受话者代为付钱的言语行为，但由于"钱"的所有者的不同，两个句子的影响度也不同。例（17）中"钱"的所有者是受话者，所以话语给受话者带来的有损程度更高，句子的影响度也更高，因此不使用礼貌策略并不合适；而例（18）中"钱"的所有者是发话者，因此话语给受话者带来的有损程度较低，话语的影响度也比较低，即使不使用礼貌策略也可以接受。

可见，一个句子的影响度要受到多种因素的制约，大到语境，小到句中的词语使用，都会影响到句子的影响度。因此，影响度的分类也会受到众多因素的影响，是一个原型范畴类别。同样，"小量"策略的使用，也会受到复杂的语义、语法，乃至认知因素的影响。

5.4 "尊人"和"贬己"

礼貌策略归根到底和交际中言语行为的影响有关，只有产生影响的言语行为才需要使用礼貌策略来表达不同的语势和色彩意义。这种影响并不局限于发话者对受话者产生的影响，只要该言语行为产生影响，无论是对发话者、受话者，还是第三方，都具有影响度。如"老师让你去办公室"，发话者是站在"老师"的角度实施"要求"的言语行为的，在使用礼貌策略时，不仅要考虑发话者和受话者之间的影响度，更要考虑"老师"和"你"之间的影响度，而后者更为重要。这里表现的不是发话者的"命令"语势，而是老师的"命令"语势。

因此，从发话者和受话者的角度来界定和研究礼貌，实际上只是一种理想化的、典型的交际语境。在实际的交际活动中，礼貌表现得将更为复杂。因此，我们没有使用"说话人"和"听话人"的概念，而是使用"发话者"和"受话者"的概念，这里指的是从交际中抽象出来的、言语行为力量的发出者和承受者。其关系可以表示为：

$$S \xrightarrow{\text{infect}} H \to R(\text{result})$$

顾曰国认为"贬己尊人"是汉文化中一条重要的礼貌准则，我们也认为这是礼貌策略的基础和原则。从礼貌策略的直接使用来看，不同的言语行为使用"尊人"或"贬己"的策略有所不同。当言语行为的影响结果 R 是受话者 H 需要付出一定的行为努力才能做到的时，其礼貌策略一般以"尊人"为主，即适度降低受话者所要付出的努力；而当言语行为的影响结果 R 是来自发话者 S 自身动作行为的语势威压时，其礼貌策略一般以"贬己"为主，通过降低自身动作行为的语势威压来达到礼貌表达的效果。

这样看，我们可以将具有影响度的言语行为大致分为两类：一类是需要使用

"尊人"礼貌策略的言语行为，如"要求""建议""说明"等，如"你最好亲自去看看"；另一类则是需要使用"贬己"礼貌策略的言语行为，如"请示""炫耀""希冀"等，如"我也想去看看"。

5.5 小结

礼貌是一种语势，既涉及语义层面，又涉及语用层面。而礼貌的表达有两种形式，即显性表达策略和隐性表达策略。显性表达策略主要通过礼貌词汇（如"请"）和语用变换（如用疑问来表示请求）来完成，而后者则和"小量"策略相关。显性表达策略具有较高的礼貌程度，适合具有一定影响度的交际场合，如果影响度和语句体现出的礼貌表达程度不匹配，则会带来非礼貌的意义表达。如在影响度较低的交际语境中使用礼貌程度较高的表达策略，可能会带来"反语"的非礼貌表达色彩。而隐性表达策略所显现的礼貌程度较低，而且是隐性的。一般来说，隐性表达策略的使用与否并不影响语句的礼貌与否，而只是语势上的差异。或者说，显性表达策略是交际者出于礼貌表达的有意识的行为，而隐性表达策略则是交际者在礼貌原则下的无意识运用。由于隐性表达策略是不凸显的，因此隐性表达策略不会带来"反语"的表达效果。

我们将礼貌表达策略分为隐性和显性两种类别，这同样不是经典范畴下的分类，而是原型范畴下的分类。在客观的交际行为中，礼貌表达策略会更加复杂。

隐性礼貌表达策略主要和"小量"意义相关，这和礼貌原则的天然要求——降低语势有关，也和汉民族谦恭有礼的传统文化有关，后者使汉语使用者更注重"自谦"的礼貌方式。这里的"小量"是出于主观上礼貌表达的需要，而不是客观上的实际"小量"，因此带有主观色彩，是"主观小量"。

动词重叠是表达"主观小量"的形式之一，隐性礼貌表达策略并非只体现在动词（动作量）上，也可以体现在名词（数量）或形容词（程度量）上。如：

（19）过年了，给您带了点儿特产，一点儿心意。

（20）最近手头确实宽裕了一点儿。

即使是动作量，也未必要用动词重叠来表达，"V一下"也是常见的形式之一。

　　动词重叠所表达的委婉语气，在不同的论著中有着不同的界定，如有些学者认为"轻松""随意"的语气也同样是委婉语气的一种。为了能够尽可能细致地剖析动词重叠的语用意义，我们将委婉语气限定在降低语势带来的影响度，从而以隐性方式表现礼貌原则这一语用意义上，而将"轻松""随意"等语气作为其他语用意义的类别，下文再做论述。

　　我们将动词重叠表达委婉语气的语用意义和礼貌原则的隐性表达相联系，也是将其作为功能性语法项目来展示。在这一语用意义下，学习者对功能的掌握要比对意义的掌握更为重要。而且，动词重叠的这一语用意义也是其最普遍的语用意义，是应该优先习得的。

　　但从另一个角度来看，委婉和影响度关系密切，而影响后者的因素众多，需要学习者在大量的交际实践或项目式操练中慢慢掌握。

6.动词重叠表示"尝试"吗？

　　动词重叠可以表示"尝试"意义，但问题是"尝试"意义是否是动词重叠的基本意义？是动词重叠自身的意义，还是其他成分赋予的意义？

6.1 "尝试"意义的提出

　　吕叔湘（1942）指出动词重叠"有时又可有尝试之意，可称为'尝试相'"。黎锦熙、刘世儒（1957）认为动词重叠从动作上看，表示行动的尝试性。王还（1963）认为"重叠起来表示一次行动的，除了绝对不能重叠的动词以外，其他绝大多数动词都可以重叠起来表示尝试"。赵元任（1979）更是将动词重叠的语法意义直接认定为尝试态。此外，范方莲（1964）、朱德熙（1982）、李宇明（1996）也都认为动词重叠具有"尝试"的语法意义。

　　而李人鉴（1964）则提出反对意见，其认为"尝试"意义是整个句子或者与动词重叠同现的"看""试试"等表现出来的，而不是单纯依靠动词重叠来表现的。朱景松（1998）也赞同李人鉴的观点，认为动词重叠不是要求尝试着进行某种动作、行为，而是把动作、行为作为一种手段，从而使动作者获得某种体验，因此不能将整个语句的表达意义转嫁到动词重叠式之上。邵敬敏、吴吟（2009）也指出，"尝试"意义不是动词重叠的语法意义，如一些"求知性"的动词出现在祈使句中，必然会带有"尝试"意义，而与动词重叠与否无关。如：

（1）你来听，看是不是跑调儿了。

（2）你来听听，看是不是跑调儿了。

在足够的语境信息的支持下，没有使用重叠形式的例（1）中的动词"听"同样带有"尝试"的意义。也就是说，即使是在例（2）中，"听听"的"尝试"意义也可能不是自身所具有的，而是语境赋予的。

目前，对于动词重叠的"尝试"意义，学界的主流还是认可其存在的。一般认为，动词重叠的意义是具有层级性的，"尝试"意义并非动词重叠的基本意义，而是由"时短""量小"的意义引申而来的。

6.2 "尝试"意义的来源

对于动词重叠的"尝试"意义，我们要了解以下几个问题：

第一，"尝试"意义并不是所有的动词重叠式都表现出来的意义，而只是部分动词重叠式表现出来的意义，因此并不是动词重叠的基本意义，而是一种引申意义。

第二，"尝试"意义是不是一种语法意义？即"尝试"意义的载体是不是动词重叠这一语法形式？

第三，"尝试"意义是如何引申而来的？"尝试"意义是由词汇意义带来的，还是语法意义的引申，抑或是一种语用意义？

这三个问题实际上就是从"尝试"意义的引申途径来看待其意义的实质。

动词重叠的基本意义是表示"动势小量"，"动势小量"在外部特征上可以表现为"时短""量小""动作轻"等，而动词重叠在意义上一般要求自主性。这样，当作为动作主体的施事有意地做出"小量"动作行为时，其目的可能是为了"尝试"。也就是说，"尝试"和自主的"小量"动作行为在意义上具有天然的联系。

如"摸摸""拍拍"一般不需要特殊语境就较容易理解为"尝试"意义，但"搂搂"就要在特定的语境下才能理解为"尝试"意义。如：

（3）你来摸摸／拍拍／＊搂搂，手感特别好。

（4）方太太：你搂搂老太太看！

　　向三元：看我不敢哪？

"搂"之所以较难理解为"尝试"意义，主要是因为其表示动作的动势较大，只有有意地减小其动势，才有理解为"尝试"意义的可能。

而从另一个方面看，"尝试"的载体是人的各种感官，因此在意义上表达感官动作的动词更容易有"尝试"意义的理解。如"踢"尽管容易理解为"自主小量"（和"踹"进行比较，"踹"由于表示动作的动势较大，更不容易理解为"尝试"意义），但是和"摸""拍"相比，"踢"较难获得"尝试"意义。如：

（5）你摸摸／拍拍／？踢踢。

（6）胎压够不够，你用脚踢踢就知道了。

之所以如此，是因为在一般情况下，同样作为触觉感官，"手"比"脚"更适合作为"尝试"的感觉器官。

可见，动词重叠表示"尝试"意义，要受到动词自身语义的影响，一是动作行为的动势可以是"小量"，二是动作行为符合追求某种感官认知的尝试性意义。从这两个方面来看，我们说"尝试"意义并不是动词重叠的基本意义，而是由重叠所表示的语势"小量"意义和动词自身的"感官求知"意义带来的。

但换一个角度来看，"尝试"意义确实是动词重叠表现出的重要意义之一。崔应贤（2011）和潘国英（2015）在考察汉语动词重叠的历时脉络时，都将"尝试"意义作为现代汉语动词重叠产生的重要因素，认为现代汉语动词重叠主要来源于"试 V""V 看"等具有"尝试"意义的结构，即在历时上，"尝试"意义是动词重叠产生形成的主要内在动因。

从共时上看，"尝试"意义也可以看作动词进入重叠形式的主要动因，在语义上一般不能进入重叠形式的动词，在赋予"尝试"意义之后可以进行重叠。如"病""丢""梦"等，只有在表示"尝试"意义时才能重叠。如：

（7）要知道有这特殊待遇，我也病病看。

（8）（关于手机保险）不信你就丢丢，看我们赔不赔。

（9）今天晚上再梦梦，看能不能把昨天的梦接上。

一般认为，非自主动词是不能进入动词重叠结构的，但是"尝试"意义的语境则提供了这一可能，非自主动词在语境中获得"尝试"意义后，可以进入重叠结构。

基于以上两点，"尝试"意义又确实是动词重叠所表现的意义之一。因此，我们认为"尝试"意义虽然不是动词重叠的基本意义，但也确实是其表现出来的外在意义之一，尤其是在对外汉语教学之中，给出"尝试"意义可以让学生更快地了解和使用动词重叠式。"尝试"意义在历时的形成过程中，可能是由动词自身的意义以及"试 V""V 看"等格式带来的；但是从共时上看，动词重叠结构已经具有了"尝试"意义。

6.3 "尝试"意义的实质

"尝试"意义的来源是动词重叠的基本意义——"动势小量"，而其实质则是动词重叠的语用意义——"委婉"。

"尝试"意义出现的典型语境是未然的祈使句，而这也恰好是表示"委婉"语用意义的动词重叠出现的典型语境。从意义上看，祈使句是发话者要求受话者完成某一动作行为的言语行为，而动词重叠在句中的作用就是将要求完成某一动作行为变成尝试某一动作行为，这显然是一种委婉。

"尝试"意义的表述实际上是模糊的，什么才是"尝试"意义，是一个很难回答的问题。如：

（10）你穿穿看，合不合适？

（11）你穿穿，合不合适？

（12）我穿穿就知道合不合适了。

（13）鞋子合不合脚，穿穿才知道。

（14）这鞋子穿穿就坏了。

例（14）由于脱离了未然、祈使等语境，只是单纯表示"小量"意义，因此不具有"尝试"意义；但例（10）～（13）是否都具有"尝试"意义呢？即使认为都具有"尝试"意义，我们也要承认，其"尝试"意义从例（10）到例（13）是逐渐减弱的。例（10）由于"看"的存在，使得句子的"尝试"意义很明显。但像例（11）这样的句子，邵敬敏、吴吟（2009）就已经认为其不再具有"尝试"意义了。例（12）和例（13）由于主语的变换，进一步削弱了句子的祈使性，"尝试"意义就体现得更弱了。即使说邵敬敏、吴吟（2009）对"尝试"意义的界定比较严格，但我们也要承认，是否具有"尝试"意义其实更多的是一种"内省"，是模糊的，缺少明确的、显性的界定。

我们将"尝试"意义看作"委婉"语用意义的一种体现，可以很好地回避界定模糊的问题，给予统一的解释。如例（10）～（13）都具有"委婉"的语用意义，因为在言语行为上都对受话者造成了语势压力。当然，随着祈使性的减弱，语势压力也在减弱。

"尝试"意义的另一个问题是，我们无法说明为什么应该使用"尝试"意义，即无法解释使用动词重叠的原因。如：

（15）我想听听你的意见。

我们可以理解例（15）的"听听"带有"尝试"意义，但是我们无法解释为什么要在这里使用"尝试"意义。而如果使用"委婉"语用意义则可以解释，例（15）在言语行为上的实质是要求受话者表达意见，因此带有语势压力，出于礼貌原则使用委婉的表达方式。

因此，从"尝试"意义的界定、语用引申和解释能力上来看，"尝试"意义的实质可以看作动词重叠的"委婉"语用意义。

6.4 小结

对动词重叠来说，"尝试"意义是其表现出的明显语义之一，在推动动词重叠形成的历时过程中也可能起到了重要作用。但从其来源看，"尝试"意义并不是动词重叠的基本语法意义，而是一种引申意义；其实质可以归入动词重叠的"委婉"语用意义。

在对外汉语教学中，由于"尝试"意义较为明显，可以作为教学内容之一，但不能作为动词重叠语法项目下的主要甚至全部教学内容。

7.动词重叠表示轻松随便的语气吗？

对于动词重叠所表示的"轻松""随便"的意义，不同学者描述该意义时在词语的使用上有一定的差异，如"悠闲""随意""闲适""习惯性"等，为了避免不同词语在意义上引起分歧，这一类意义我们统称为"轻松"意义。

7.1 "轻松"意义的提出

王还（1963）认为，以"一次完整动作为一个单位"的动词重叠式"表示常发生的动作，有轻松悠闲的意味，或表示通过这些动作，很容易地就把时间打发掉了"。刘月华（1983）从表达功能的角度指出：未然的动词重叠，表达功能是缓和语气，这是委婉表达主观愿望的一种方式；有些动词重叠，表示经常性的、反复进行的动作，其表达功能包括轻松、随便的意味。但李珊（1993）提出不同看法，她认为"其实缓和、轻松、委婉不是 ABAB 本身所具有的语法意义"，"只是 ABAB 在语用中增添的非固定的意义"。戴耀晶（1997）也认为"尝试""轻松""轻微"等意义不是动词重叠的基本语义属性，而是"动词重叠短时性质在具体语句中引申得出的"。

7.2 "轻松"意义的来源

和动词重叠的"尝试"意义一样，"轻松"意义也不具有普遍性，甚至在使用频率上比"尝试"意义要低得多。有人认为，"轻松"意义是由"动势小量"意义引申而来的，动势小自然就轻松，无论是在时间、次数还是程度上。但也有人认为，"轻松"意义实际上表现的并不是小量，而是大量。这样的认识差异，实际上和对"轻松"意义存在不同的理解有关。

"轻松"意义和动词自身的意义也有关系，这主要表现为表达"轻松"意义的重叠的动词一般应具有口语性特点，书面语色彩较重的动词一般不能表达"轻松"意义。如：

（1）周末的时候，我喜欢听听歌、看看书。

（2）*周末的时候，我喜欢欣赏欣赏音乐、浏览浏览书籍。

（3）周末的时候，我喜欢欣赏音乐、浏览书籍。

"欣赏"和"浏览"都是可以重叠的动词，但是在例（2）中并不成立，而只能以非重叠形式出现，如例（3）。这里的主要原因就是"欣赏"和"浏览"具有一定的书面语色彩，而书面语具有"郑重""严肃"的语义语用特征，和"轻松""随便"的意义冲突。

可见，动词重叠所表现出的"轻松"意义，还与动词的口语色彩相关。除此以外，"轻松"意义也和动词重叠的使用条件有关。

7.3 "轻松"意义的使用

一般认为，"轻松"意义出现在表示"惯常"的非具体事件中，表示已然或未然的具体事件中均不能出现动词重叠的"轻松"意义。如：

（4）我想出去走走。

（5）昨天我出去了，走走就找不到路了。

（6）晚饭后，我喜欢出去走走。

一般认为，例（4）～（6）中，只有例（6）中的"走走"表示"轻松"意义。其实，"轻松"意义只出现在表示惯常行为的句子中，这与我们对"轻松"意义的界定和理解有关。如：

（7）拆这个很容易，转转就掉下来了。

例（7）的"转转"也有"轻松"的意义，但这显然不是我们所理解的动词重叠的"轻松"意义。动词重叠的"轻松"意义，除了表示客观上的"轻松"外，还应在主观上具有"闲适""悠闲"的语义色彩，而这种主观色彩常常是在惯常行为中体现出来的。

实际上，尽管不是惯常行为，但只要刻意强调出"轻松"的语境，也同样可以理解为"轻松"意义。如：

（8）我啥也不干，就是出去钓钓鱼。

（9）昨天我什么都没做，在家看看电视、听听音乐，一天就过去了。

　　这两个句子一个是未然的，一个是已然的，都不是惯常行为，但是在"随便""什么都没做"的语境中，这里的动词重叠也带有了"闲适"色彩，可以理解为"轻松"意义。

　　还有一种观点是动词重叠的"轻松"意义至少要有两项重叠式才能表现出来，否则成立有困难。如：

　　（10）？他今天下午在办公室喝喝茶，时间就过去了。

　　（11）他今天下午在办公室喝喝茶、聊聊天儿，时间就过去了。

　　和例（11）相比，只有一项重叠式的例（10）的成句度不高。但其实例（6）和例（8）都证明了动词重叠的"轻松"意义并不一定需要两项及以上的重叠式才能表现出来。

　　实际上，多项动作行为并列，本身就带有一定的"轻松"意义，即使不使用动词重叠式也是如此。如：

　　（12）他今天下午在办公室喝茶、聊天儿、打扑克。

　　惯常和多项都意味着动作行为量的增加，这其实也是动词重叠"轻松"意义的来源。"轻松"意义有一个内涵就是动作行为是随意的、不重要的、不正式的、不具有特殊意义的。换句话说，就是减弱动作行为的郑重性和特殊性。而显然，经常重复的动作行为、多种动作行为之一都可以起到减弱动作行为郑重性和特殊性的效果。

　　我们认为，不是惯常和多项的动作行为也可以具有"轻松"意义，但同样要求语境中具有减弱动作行为郑重性和特殊性的成分。如：

　　（13）他今天下午就是在办公室喝喝茶，没做别的。

　　和例（10）相比，例（13）通过"就是""没做别的"等词语强调了"喝茶"的随意性和非特殊性，句子虽然既不惯常，也没有多项，但仍然支持"轻松"意义的表达。

　　还有一种"轻松"意义的表达。如：

　　（14）我在商场里逛逛。

　　（15）*我在商场里买买。

　　（16）不用特意定做，我就在商场里随便买买就行了。

例（14）的"逛逛"自身便带有"随便""悠闲"的色彩，所以不需要语境支持就可以表达"轻松"意义。而只是更换了动词的例（15）就不成立，"买买"只有在强调了随意性语境的例（16）中才可以表达"轻松"意义。

但实际上，这三个例句中的"轻松"意义和前文所述的"轻松"意义是不同的，这也是我们探究"轻松"意义所表示的究竟是大量还是小量的原因。我们再把王还（1963）对"轻松"意义的表述复述如下："表示常发生的动作，有轻松悠闲的意味，或表示通过这些动作，很容易地就把时间打发掉了。"我们认为，这里的关键在于"动作行为占用大量的时间"。显然，越是多项并举的动作行为，占用的时间越多；惯常也就意味着长期地重复，增强了"大量"意义，强调了对时间的占用；在不具有多项和惯常的句子中，需要有"就""只"等范围副词，或者如"没做别的"等排他性表述，来凸显单项动作行为对时间的占用。

因此我们认为，动词重叠的"轻松"意义，在动作的量上，表现出了"大量"意义，凸显对某一段较长时间的占用；但同时，也表现出了"小量"意义，即降低了动作行为的郑重性和特殊性，从而凸显"轻松""悠闲"的意义。两方面相结合，才是"轻松"意义的实质。

而如例（14）～（16），实际上并不是动词重叠式表达的"轻松"意义，其"轻松"意义是由动词本身的意义（如"逛"）或者句中的词语（如"随便"）带来的。

这两类句子可以通过是否可以用"V 一下"替换来鉴别。由于表示"轻松"意义的动词重叠式具有"大量"的含义，因此一般不能使用"V 一下"来进行替换。而如例（14）～（16），因为其仍然表达的是基础的"小量"意义，所以一般可以使用"V 一下"来进行替换。如：

（17）*他今天下午在办公室喝一下茶、聊一下天儿，时间就过去了。

（18）我在商场里逛一下。

（19）不用特意定做，我就在商场里随便买一下就行了。

7.4 小结

动词重叠的"轻松"意义也是动词重叠式外在意义的表现之一，但同样存在界定模糊、语义游离的问题。这是因为"轻松"意义不仅指客观上的轻松，还要具有主观上的轻松色彩。而通常认为的"轻松"意义出现的典型语境——惯常和多项，实际上就是为了凸显主观上的轻松色彩。而除了惯常和多项外，主观上的轻松色彩还可以通过其他方式来凸显。

总的来说，"轻松"意义并不是动词重叠的基本意义，需要通过语境的支持才能表现出来，是在语境影响下产生的意义引申。

8.动词重叠具有主观性吗？

我们在引言和动词重叠的语法意义中都提到了主观性问题，这里我们再对动词重叠的主观性做进一步的阐述。

8.1 动词重叠具有主观性

动词重叠具有"量"意义，而这个"量"，学界普遍认为是具有主观性的"量"。对动词重叠的主观性认识可以追溯到王力（1945），其将动词重叠的语法意义概括为"短时貌"，并进一步说明这一时间是"说话人的想象的时间"。朱景松（1998）认为动词重叠式最根本的意义是强化能动性，即表示动作、行为、变化的主体具有较强的能动性。杨平（2003）认为："我们说动词重叠式的作用是减小动量，这个量是一个主观的量、一个模糊的量。"邵敬敏、吴吟（2009）也认为，动词重叠反映的是一种动态的量、一种模糊的量、一种主观的量。潘国英（2007）明确了动词重叠的主观性和其表达手段，认为动词重叠的主观性在说话人的情感、说话人的视角、说话人的认识三个方面都所有体现。叶步青（2009）认为，动词的轻微、少量、短暂、委婉、悠闲、反复、尝试等不同的语义都蕴含着发出动作的人的主观意愿。

动词重叠的意义具有主观性是毋庸置疑的，其问题主要集中在两个方面：一是动词重叠所表现出的所有意义是否都具有主观性，或者说主观性是否是动词重叠最具概括性的意义体现；二是动词重叠的主观性表现在哪些方面，通过哪些方式表现出来。

8.2 动词重叠主观性的体现

动词重叠的主观性是否可以串联所有的意义，换个角度来说，动词重叠是否可以脱离主观性而单纯地表示"量"意义？因为显然"尝试""轻松""委婉"等意义都具有明显的主观色彩。

（1）这东西不结实，用用就坏。

（2）老张摆摆手，示意不用麻烦了。

从例（1）、例（2）来看，尽量避开了之前谈到的主观性问题，全句的意思似乎不涉及主观性，"用用""摆摆"都只单纯地表示"小量"意义。但如果进一步思考，就会发现动词重叠表示的"小量"具有"主观积极"意义。

（3）*这雨不小，浇浇就头脑清楚了。

（4）淋淋雨，头脑就清楚了。

（5）你呀，让雨浇浇就头脑清楚了。

例（3）～（5）中，例（3）不成立的原因是动词"浇"缺少"主观积极"意义。这里，我们使用"主观积极"的说法，其意义和动词的自主性较为接近，但范围上要比自主性更大。自主性一般用来表示由动词自身的词义带来的特性，而"主观积极"则不仅指动词带来的，也包括语句、语境带来的意义特性。如例（4）的动词"淋"和例（3）的动词"浇"相比，虽然都表示被动意义，但是"淋"带有自主性，即"人"在一定程度上是可以选择"被淋"与否的（这与两者的词义轻重有关）。这样看，我们就可以说例（4）中的"淋淋雨"是一种主动积极的选择，具有"主观积极"意义，所以句子成立。而对于词义中缺少"主观积极"意义的"浇"来说，想要成句，就需要语境赋予其"主观积极"意义。例（5）具有"使令"意义，能够被命令、驱使的动作行为显然获得了"主观积极"意义。

有学者认为，动词重叠表达的意义带有主观上的能动和意愿，比如在动词重叠的句子中，不能出现违背主观意愿的词语。如：

（6）他小心地转了转车轮。

（7）＊他不小心转了转车轮。

"不小心"在语义上违背了"主观积极"意义，所以例（7）是不成立的。但是我们又可以找到下列例子。

（8）她无意中眨了眨眼睛，让他心中泛起了涟漪。

（9）他开始讲话之前，总是先不经意地摆摆手。

（10）她面对众人的目光，下意识地拉了拉衣服。

例（8）～（10）的存在让我们不得不对"主观积极"意义的提法做出修订，因为显然例（8）～（10）并不具有"主观积极"意义。但是如果和例（7）进行比较，会发现例（8）～（10）中的动词重叠仍然具有主观意义。"不小心"带有负面意义，其后面的动作行为一般是主事所不希望发生的、会带来负面影响的，因此这样的动作行为是主观抑制的；而例（8）～（10）中的动词所表示的动作行为，尽管缺少"主观积极"意义，但至少不是主观抑制或者说主观消极的。再比如，我们将例（1）进行改写：

（11）＊这东西不结实，砸砸就坏。

"用用就坏"没问题，"砸砸就坏"的可接受程度就大大降低了。这同样是因为"砸"一般来说是主观消极的动作，除非这个东西本来就是用来砸的，否则我们不会主观积极地去砸一个东西。相较于例（11），例（12）的可接受程度就大大提升了。

（12）这榔头不结实，砸砸就坏。

综上所述，动词重叠的主观性体现为越是具有"主观积极"意义的语境，越容易接受动词重叠；反之，具有"主观消极"意义的语境，不能使用动词重叠。

8.3 动词重叠主观性的表达

动词重叠的主观性意义体现为倾向于"主观积极"意义的表达，而不接受"主观消极"意义的表达，这样的主观意义在词汇、句法、语用等层面都有体现。

8.3.1 词汇表达

在词汇层面，通常认为只有自主动词才能进入动词重叠结构，而非自主动词则要受到较多的限制。据此，一般认为"自主""可控""有意识"是动词重叠主观性在词汇层面的体现。但例（8）～（10）已经证明了事实并非如此，具有"无意识""非自主"意义的词语也同样可以进入动词重叠结构。

我们仍将"主观积极"作为动词重叠结构的主观意义，而且认为"主观积极"是具有不同程度的，词语、句子、语境等都可以表达"主观积极"意义。因此，"主观积极"意义较强的词语，可以出现在"主观积极"意义较弱的句子和语境中；而"主观积极"意义较弱的词语，只能出现在"主观积极"意义较强的句子和语境中；而完全的"主观消极"的句子和语境，则不能容纳动词重叠。如：

（13）她不情愿地握了握手。

（14）*她不情愿地吃了吃亏。

（15）有时候，是该让她吃吃亏。

"握手"的"主观积极"意义较强，因此即使例（13）语境的"主观积极"意义较弱，也可以成句；但"吃亏"的"主观积极"意义较弱，不能出现在"主观积极"意义同样较弱的例（14）的语境中，只能出现在例（15）这类"主观积极"意义较强的语境中。

8.3.2 句法表达

一般认为，动词重叠不能出现在否定句中。如吕叔湘（1983）就明确指出这一点。朱德熙（1982）进一步分析认为，动词重叠的否定形式只出现在两种情况中：一是"不……不……"结构的前一否定形式，如"不调查调查不容易弄清楚"；二是在反问句中，如"你怎么不问问"。刘红曦（2000）又提出，双重否定句也可以容纳动词重叠式，如"他不得不考虑考虑春节后的工作安排"。

动词重叠不能出现在否定句中和诸多因素有关，其中之一就是动词重叠的"主观积极"意义。因为"主观积极"也就意味着"肯定"，而否定也就变成了"主观消极"，不再接受动词重叠式入句。如：

（16）我想散散步。

（17）*我不想散散步。

（18）我摸了摸口袋。

（19）*我没摸摸口袋。

（20）你去看看。

（21）＊你别去看看。

（22）＊我希望你不去逛逛。

（23）＊我不希望你去逛逛。

"否定"是一种"主观消极"的表现，无论是"没有意愿做"还是"有意愿不做"都是"主观消极"意义，因此不接受动词重叠入句。

否定形式不等于否定意义，我们知道，有些否定形式是可以表达肯定意义的，比如否定形式的反问句、双重否定形式等。我们发现，在这类句子中，动词重叠是可以出现的。如：

（24）你难道不想散散步吗？

（25）这么好吃的东西，我怎么没尝尝呢！

（26）我不得不出去走走。

（27）你不试试怎么知道不好看呢？

（28）你都没好好想想就乱说。

可以看到，例（24）～（28）的反问句、双重否定句、条件句虽然都是否定形式的，但是在言语之力上，是肯定的，是"主观积极"的，因此可以容纳动词重叠。

相反，如果是肯定形式的反问句，表达的是否定意义，那么即使形式上是肯定的，也不能容纳动词重叠。如：

（29）＊这么晚了，你难道想去散散步吗？

（30）＊早知道这块玉价值 100 万，我怎么能摸摸呢？

这样看，在句法上，动词重叠同样体现出了"主观积极"意义。

8.3.3 语用表达

在语用层面，动词重叠的主要语用意义是"委婉"，而如前所述，"委婉"语用意义的根源在于发话人对受话人的语势压力，而句子的语势压力和"主观积极"意义其实并不一致。语势压力的本质是发话人对受话人造成影响，而对动词重叠来说，既然发话人选择委婉的方式，那必然是具有"主观积极"意义的。但反过来，"主观积极"意义并不一定对受话人造成语势压力。

动词重叠最常出现的语境是表示未然的语境，在未然语境中，动词重叠一般表示委婉的语气。委婉语气的使用通常是因为发话人的言语行为给受话人带来了语势压力，这样的语势压力主要有两种：一是发话人的言语行为对受话人造成了客观影响，典型的句式是祈使句；二是发话人的言语行为对受话人造成了主观影响，典型的句式是表达意愿、愿望的句子。如：

（31）请你帮帮我吧。

（32）我也想玩玩。

这里的"造成客观影响"主要指要求受话人进行一定的动作行为，如例（31）的言语之力要求受话人实施"帮"的行为；"造成主观影响"主要指请求获得受话人的主观意见，如例（32）的言语之力是请求受话人的同意。

从例（32）的表层意义上看，并没有征求受话人意见的含义，但是在深层语用意义上，使用动词重叠则倾向于带有该意义。可以比较下列两个句子：

（33）我想玩这个。

（34）我想玩玩这个。

不使用动词重叠的例（33）可以单纯地表达主体的意愿，其既可以回答"谁想玩这个"，也可以回答"你想玩什么／做什么"。而使用了动词重叠的例（34）则倾向于征求受话人的意见，不能回答"谁想玩这个"的问题，而是带有"让我玩玩"的祈求意味。

而对于已然语境，动词重叠的"主观积极"意义则未必会带来语势压力。如：

（35）我摸了摸她的手。

（36）我摸摸她的手。

显然，例（36）带有征求受话人同意的意味，而例（35）则没有。前者的"主观积极"意义更多体现在词汇意义上，而后者更多体现在语用意义上。

8.4 小结

动词重叠具有主观性，主要表现为具有"主观积极"意义的语境更容易接受动词重叠，而"主观消极"意义的语境不接受动词重叠入句。"主观积极"意义可以通过词汇、句法、语用等不同层面表现出来，也就是说，动词重叠入句并不需要词汇、句法、语用等层面都具有"主观积极"意义，例如不具有"主观积极"意义的词语，可以通过句法、语用上"主观积极"意义的强化，进入动词重叠式。"主观积极"意义越强的词语，对句法、语用的要求就越低。我们说动词重叠的意义有"尝试""委婉""轻松"等，这实际上都是"主观积极"意义的表现。

9. 动词重叠的语法意义符合语言的象似性原则吗？

通常认为，语序是汉语重要的语法手段。对汉语来说，象似性原则是一个极为重要的原则，戴浩一（1988）甚至称汉语是一种"绘画式"语言。沈家煊（1993）指出，语言象似性指的是语言符号的能指和所指之间有一种自然的联系，两者的结合是可以论证的，是有理据的。有关语言的象似性，学界相继提出了时间象似性、顺序象似性、距离象似性、对称象似性等，而与动词重叠相关的则是数量象似性，也有学者将其单独提炼出来，命名为重叠象似性，如张敏（1998）、周红（2005）。

针对汉语的语言现象，第一个明确提出"重叠动因"的是戴浩一（Tai, 1993），他将"重叠动因机制"定义为"语言表达形式的重叠对应于概念领域的重叠"。

9.1 数量象似性

沈家煊（1993）认为，量大的信息、说话人觉得重要的信息、对听话人而言很难预测的信息，表达它们的句法成分量也比较大，形式也比较复杂。Hiraga（1994）认为一般所谓的数量象似性指形式上的量和语义上的量之间的关系，即更多的形式表示更多、更强的语义，如形式上的反复、重复、重叠表示语义上的复数、强度、延续等。顾嘉祖、王静（2004）认为数量象似性指语言符号的数量象似概念数量，即倾向于用更多的形式来表达更多的概念。如在礼貌原则的使用中，常用更多的词语来表示礼貌。

作为一种构形语法手段，词语重叠所表示的语法语义功能多种多样，但从象似性的角度来说，重叠意味着语言形式上数量的增加，根据数量象似性原则，其应该表示概念意义上数量的增加，这与动词重叠的"动势小量"意义相违背。Sapir（1921，1964）提供了索马里语等十种语言的例证，来证明重叠是表量增的。王姝（2016）调查了中国境内分属五大语系的 129 种语言的动词重叠现象，发现但凡涉及量的，都表量增。这进一步说明汉语动词重叠的特殊性。

9.2 重叠与数量象似

动词重叠式较多，这里我们主要谈"VV"式。如何在遵守数量象似性的前提下解释动词重叠，学界做了不少尝试。李文浩（2007）认为双音化趋势导致动词重叠式的后一个动词的语音弱化了，语音形式的长度缩短了。根据认知语言学的象似性原理，动词重叠式无力再承担表示量增的语义。崔慜知（2015）认为动词重叠在语用上表示委婉的语气，在交际中，这是拉远了交际双方的心理距离，因此符合数量象似性原则。王姝（2016）认为，从来源上看，动词重叠并不是原发的、真正的重叠形式，而是"V 一 V"的紧缩形式，继承了原式的语法意义，因此与数量象似性无关。黄绮（2019）认为动词重叠所表示的"量"意义具有双向性，正向的表现为增量，负向的表现为减量，而动词重叠前的"量"意义则是单向的，这也符合"更多的形式表达更多的意义"。

我们认为，从共时角度来看，动词重叠仍是现代汉语重叠形式的一种，即便在历时上是"V 一 V"的缩略形式，但已经和原式"V 一 V"有所区别，不能再简单看作"V 一 V"的缩略形式了。动词重叠和其他词语的重叠形式一样，都是现代汉语重叠形式的一种，既有重叠形式的共性，又有自身的特点。

我们说，动词重叠的基本意义是表示动势的"主观小量"，而与原式相比，"量"意义是因重叠而新增的，动词原式并不具有"量"意义。也就是说，不管是"小量"还是"大量"，都是新增量。这符合"更多的形式表达更多的意义"的数量象似性原则。如：

（1）抖就行了。

（2）抖抖就行了。

显然，例（2）强调的是"量"意义，而例（1）强调的是动作本身，不需要其他的动作，只需要"抖"的动作就行了。当然，和原式相比，动词重叠所带来的不仅仅是量上的新增，主观性的增加、委婉语气和"尝试"意义的增加等都意味着对数量象似性原则的遵守。

动词重叠表示动势的"小量"，而动势则需要通过外在的特征，如动作的时间、频次等方面表现出来。和原式相比，动词重叠往往在动作的时间上表示延续，在动作的频次上表示反复，尽管延续、反复的意义未必是动词重叠所凸显的意义，但由于动势总要在某一方面上体现出来，所以延续或反复也总要作为动词重叠的隐性意义出现。如：

（3）我再想想。

（4）他冲我招招手。

"想"要有一定的时间延续，而"招"则应有一定的反复频次。

动词重叠的"小量"意义是一种主观量，"小量"是在主观性上体现出来的，在客观上，其仍然可以表现出"大量"意义。而"大量"意义的基础正是对动词重叠的延续、反复等意义的凸显。如：

（5）这地板也太脏了，你今天好好拖拖，脏的地方用力拖拖，犄角旮旯都拖拖。

无论是动作的时间、力度、范围，还是频次，句中的"拖拖"都表现出客观上的"大量"意义。

数量象似性原则重在"更多的形式表达更多的意义"，或者说形式上的增加表示概念上的增加，而这种增加是否只能表现为增量，我们觉得未必如此。汉语中，除了动词重叠外，较为典型的是形容词的重叠和量词的重叠。

形容词的重叠可以分为性质形容词的重叠和状态形容词的重叠。单音节的性质形容词以"AA"形式重叠，双音节的以"AABB"形式重叠；状态形容词一般以"ABAB"形式重叠。性质形容词的原式不具有程度量意义，而重叠之后增加了程度量意义。如：

（6）这条狗很白。

（7）这条狗白白的。

和原式相比，性质形容词重叠之后增加了程度量意义和主观感情色彩，符合数量象似性原则。但"白白的"在程度上是否表示"大量""增量"，还值得商榷。"白白的"和表示较为具体程度量的结构"有点儿白""相当白""很白""非常白""特别白"等相比，处于程度量等级的哪个位置？在语感上，我们会觉得"白白的"大体上和"很白"程度相近，但其实"白白的"尽管具有程度量意义，但在语义上并不凸显程度量，因此凡是凸显程度量的"相当""非常""特别"等，都与性质形容词重叠表现出较大差异。而"很"的程度量意义实际上是被磨损的，是可以不被凸显的，因此才与性质形容词重叠相近。

汉语语法规则要求形容词充任谓语时要具备程度量意义，即使语义上不凸显程度量，语法上也需要带有程度副词，而"很"是最常出现的一个。因此，"很"的程度量语义在句中是受到压制的，可以不被凸显。如果"很"的程度量意义得到凸显，那么其与性质形容词重叠的差异也就显现出来了。

（8）他不是一般的高，他很高，真的很高。

（9）*他不是一般的高，他高高的，真的高高的。

可见，性质形容词重叠虽然较原式新增了程度量意义，但并不凸显具体的程度量。这在状态形容词的重叠中更为明显，因为状态形容词自身就带有程度量意义。如：

（10）这条狗真漂亮，浑身雪白。

（11）这条狗真漂亮，浑身雪白雪白的。

我们很难说"雪白"和"雪白雪白的"哪一个更白，实际上两个形式都具有程度量意义，但并不凸显。

形容词重叠，凸显的是修饰性和描写性，而非程度量，更谈不上是"大量""增量"意义。

一般认为，量词重叠形式依据句法位置的不同，所表现的语义也存在差别，包括周遍 / 全指意义（每一）、逐指意义（逐一）、描述意义等。表示周遍 / 全指意义时，一般认为具有数量上的"大量"意义，表示的是"全部"的含义。如：

（12）条条大路通罗马。

而表示逐指意义时，在数量意义上的表现是和周遍／全指意义相反的。如：

（13）这里有很多路，只能一条条试过去。

和全指意义相比，逐指意义的语义重心并不在量的大小，而是倾向于表示量的分离，实际上是表示将大量拆分成个体。

而对于体现描述意义的量词重叠形式来说，其表示的数量意义其实是不被凸显的，而是在意义上更侧重于描写，这类量词往往在语义上具有形象性。如：

（14）白云朵朵，微风阵阵。

例（14）中的"朵朵""阵阵"只是表示复数量的意义，而这属于大量还是小量则要根据句义来确定，即量词重叠式既可能表示大量，也可能表示小量。如：

（15）夜空中，繁星点点。

（16）今晚没有月亮，只有点点星光。

显然，例（15）中的"点点"倾向于"大量"意义，而例（16）中的"点点"则倾向于"小量"意义。

此外，还有一些量词重叠也倾向于表示"小量"意义。如：

（17）我只喝了一点点酒。

（18）从窗缝透进来一丝丝月光。

可见，量词重叠也并非一定表示"大量"意义。

9.3 小结

象似性是汉语的一个重要认知原则，在重叠上，"语言表达形式的重叠对应于概念领域的重叠"。但这并不意味着重叠形式只能表达"大量""增量"的意义。事实上，即使是公认符合数量象似性原则的形容词重叠和量词重叠，也并非一定表现出"大量""增量"的意义。形容词重叠更侧重修饰性和描写性，而不侧重程度量意义；量词重叠则既可以表示大量，也可以表示小量。

动词重叠的语法意义是表示"主观动势小量"，而动势可以通过时间、频次、范围等的量级来彰显数量象似性，主观性也说明动词重叠并不排斥"客观大量"。

总之，和原式相比，动词重叠增加了"量"意义、主观性、委婉语气、"尝试"意义等，这都意味着对数量象似性原则的遵守。

10. "V一下"能不能看作动词重叠式?

从形式上看，"V一下"当然不是动词重叠，但在意义上，"V一下"和动词重叠关系密切。在《国际中文教育中文水平等级标准》中，"V一下"和动词重叠均作为二级语法点呈现，也就是说，学习者接触"V一下"和动词重叠的时间是比较接近的。因为都可以表示"动作小量"，两者很容易被视为相近的结构，甚至混为一谈。因此，有必要对"V一下"进行讨论。

10.1 "V一下"的语法意义

"V一下"是动词常见的变化形式之一，也是汉语中常见的动作量表达形式。从语义上看，"V一下"是一个歧义格式，相原茂（1984）、甘智林（2004，2005）都区分了表示数量的"一下$_1$"和表示小量的"一下$_2$"。"一下$_1$"可以有"两下""三下"等相应格式，如"他敲了一下门"；"一下$_2$"则不可以，只能用于如"请您品尝一下我的手艺"这样的句子。本文如无特殊说明，"V一下"均指"V一下$_2$"，而不再使用下标数字进行区分。

"V一下"表示的是动作量，但具体表示何种动作量则存在争议。如甘智林（2004）认为"V一下"具有两方面的意义：一是强化动词的动作性，客观上突显动作自主的短时量持续；一是弱化动词的动作性，从主观上减弱动作的量。并认为"控制动作的量"是"V+一下"格式最根本的语法意义。甘智林（2005）则进一步明确这里的"量"主要是指"动词的动作郑重程度的高低、语气强烈与缓和两个方面的广义的量"。

由此可见，"V一下"表示的也是"主观动势小量"。

10.2 "V 一下"的语用意义

相原茂（1984）认为说话人在使用"V 一下"进行表达时，给人随意或轻松的氛围，能够舒缓语气，但是他并未对此进行详细论述。单宝顺、肖玲（2009）认为"V 一下"的基本意义为"小量"，而在祈使句中，说话者正是通过添加主观上的"小量"意义来实现礼貌原则的。单宝顺（2013）则进一步认为在对礼貌有所要求的句式中，往往使用"一下"表示语气的礼貌和舒缓，并称之为"小量策略"。蒋湘平（2012）从言语行为和礼貌原则两个角度对"V 一下"结构进行了考察，她指出"V 一下"适用的言语行为类型主要有 4 种：指令言语行为、断言言语行为、承诺言语行为和责备言语行为。其中，指令言语行为是该结构的优势选择，其中"V 一下"的主要功能是减弱要求语气，表达礼貌；在断言言语行为中，"V 一下"主要是表达说话者想要减小量的主观意愿；在承诺言语行为中，"V 一下"主要用于减轻听话者的负债心理，来让自己避免承担更多的责任并保全自己的面子；在责备言语行为中，"V 一下"减弱了对听话者面子的侵袭程度，表示礼貌。路崴崴（2013）也做了类似的考察，但结论与蒋湘平略有差异，她认为"V 一下"所占比重最大的言语行为是陈述言语行为，其次是请求行为、要求行为和建议行为，再次是断言行为和提议行为，其他言语行为中"V 一下"所占的比重都比较小。同时，路崴崴也明确指出，"V 一下"在这些言语行为中的语用功能主要是礼貌功能。

可见，"V 一下"在语用上的主要功能是表达委婉的语气，是礼貌原则的一种策略表现。

10.3 "V 一下"与"尝试义"

之所以将"尝试义"单独作为一个小节，是因为学界对其存在一定的争议。如胡孝斌（1997）提出"V 一下"具有"尝试义"，但朱丽萍（2007）认为"V 一下"并不具备"尝试义"，而是"句中词汇的意义"，因为有些"V 一下"句中存在"试"字，因而影响了人们对"V 一下"是否存在"尝试义"的判断。但学界的大部分表述仍采纳了"V 一下"具有"尝试义"这一观点，如《当代汉语词典》注明"一下"用在动词后,"表示做一次或试着做",把"V一下"的语义归结为"尝试义"。

在论述动词重叠式是否具有"尝试"意义时,我们也认为,虽然动词重叠表现出了一定的"尝试"意义,但其实质仍然是"动势小量"意义和"委婉"意义。一般来说,其"尝试"意义只能出现在未然的语境中,而已然语境中则需要更多其他因素的支持。而与之相比,"V一下"的"尝试"意义表现得更为广泛。可以说,在表示"尝试"意义方面,"V一下"更能胜任。具体内容我们将在"V一下"和"VV"的异同问题中进行讨论。

10.4 小结

综上所述,"V一下"和动词重叠式的关系密切、意义相近,在对外汉语教学中是容易混淆的一对结构,有必要在讨论动词重叠的同时也对其进行讨论、辨析。

第二部分　动词重叠的制约因素

11. 动词重叠和动词的构词方式有什么关系？

对于动词重叠来说，单音节动词的重叠受到的限制相对较小，主要是语义和语用因素的限制，这在后文将有详细讨论。而对于双音节动词来说，除了语义和语用方面的限制外，一般认为动词本身的结构也会对动词重叠造成限制。

11.1 相关研究

刘大为（1979）认为，从动词的结构方式角度去分析动词重叠的可能性，主要有四点结论：1. 主谓结构的动词，不能重叠；2. 动宾结构的动词，一般以"AAB"式重叠；3. 偏正结构的动词有"ABAB"式和"AAB"式两种可能，能以"ABAB"形式重叠的偏正结构动词往往也能以"AAB"式重叠；4. 联合结构的动词一般以"ABAB"的形式重叠。需要说明的是，刘文中的偏正结构实际上还包括补充结构，而能以"AAB"式重叠的都是补充结构，即一个补充式动词"VR"可以有"VRVR"的重叠，也可以有"VVR"的重叠。但"VVR"的重叠我们通常认为是方言语法。

龚继华（1981）在考察动词的重叠时，发现双音合成动词的重叠与构词方式有密切的关系。据统计，在 770 多个以"ABAB"形式重叠的双音节复合动词中，有 83.5% 以上是并列结构的合成词，其他偏正结构的只占 11.0%，正补结构（即补充结构）的占 3.7%，动宾结构和主谓结构的只占 1.6%。这就是说，以双音节动词重叠常式"ABAB"重叠的绝大部分是并列结构的复合词，非并列结构的合成词很少以这种形式重叠。而动宾结构的动词，一般是不能以"ABAB"形式重叠的。但有不少动宾结构的合成动词却可以以"AAB"的形式来重叠。

王希杰、华玉明（1991）从分析双音节动词的构成成分入手，认为："动＋动""动＋形""形＋动""形＋形"等形式的双音节动词往往可以重叠，而"名＋名""名＋动""名＋形"等形式的双音节动词往往不能重叠。

华玉明（2002）统计了有重叠用法的 234 个双音节合成动词，其中联合式的占优势，共 134 个，占总数的 57.3%，语素搭配的模式为"动＋动"和"形＋形"；偏正式的共 62 个，占总数的 26.5%，语素的搭配模式为"动＋动"、"形＋动"、"名＋动"（仅"号召"1 例）；补充式的共 27 个，占总数的 11.5%，有"动＋动""动＋形"两种语素搭配模式；动宾式的只有 11 个，占总数的 4.7%，有"动＋动"和"动＋名"两种语素搭配模式。在可以重叠的双音节合成动词中，没有发现主谓式的，也没有发现附加式的。

11.2 构词方式的影响

从前人的分析中我们发现，双音节合成式动词能否重叠和动词的构词方式存在一定的联系，如主谓式合成动词（眼花）、附加式合成动词（记得）都是不能进入重叠式的。而对于能够进入重叠式的双音节合成式动词来说，其大多数是并列式的，其次是偏正式的，而补充式的和动宾式的相对较少。动宾式的较少，主要是因为考察的重叠形式是"ABAB"式，如果包括"AAB"式，那么动宾式合成动词进入重叠的比例则会大大增加。

我们认为，双音节合成式动词能否进入重叠形式，本质上和动词的意义有关。动词重叠的基本意义是表示主观的"动势小量"，其对动词意义的典型要求则是自主动作动词。一方面，自主动词才更容易实现"主观积极"意义；另一方面，越是凸显动作性，其动势的表现才越明显。而这种意义的要求反映在构词方式上，表现为要求动词在构词上以动作性语素为核心。显然，"动＋动"的并列结构最符合这一要求。这也是在可重叠的双音节合成式动词中，并列式占比最高的原因。从统计数据来看，不能重叠的并列式合成动词主要是因为意义，如"爆炸"缺少自主意义，"指望"缺少动作性等。

从动宾式合成动词来看，在意义允许的情况下，其大都可以按照"AAB"式进行重叠。动宾式合成动词大多为离合词，在"离"的状态下，可以看作动宾结构短语，那么作为单音节的动词，在重叠上就不再受到结构的限制了。也可以说，动宾式合成动词的"AAB"式重叠，实际上就是动词性语素的"AA"式重叠。如：

（1）你给我评评理。

（2）你给我评评这个理。

（3）这个理你给我评评。

在"AAB"式中，"B"保持着宾语的特点，可以和"AA"在结构上分开。对有些动宾式合成动词来说，只有分开才能重叠。如

（4）你把心放放，没事的。

（5）*你放放心，没事的。

有一些动宾式合成动词成词程度较高，凝固性强，离合性较弱。这些词更多的其实并不具有"AAB"式重叠形式，在语义允许的前提下，其可以以"ABAB"形式重叠，如"动员""调剂""建议"等。因此，动宾式合成动词的重叠形式与其成词程度有关。

对于状中式合成动词来说，由于动词性语素受到了修饰限制，即在一定程度上已经表现出了一定的动作量，而且需要连同修饰意义一起重叠，因此在使用重叠形式表达动作量时必然要受到限制。可以重叠的状中式合成动词，一是"状"语素在语义上并不涉及动作量，而是表示"动"语素的方式，这一类状中式合成动词往往可以重叠，如"合作""回答""调动""汇报"等；二是在语义上，虽然"状"语素影响了动作量，但词语成词程度高，意义不太透明，因此受影响的动作量并不凸显，这类词也可以重叠，如"广播""熟悉""影响"等。如果"状"语素明显影响了"动"语素的动作量，则一般不能重叠，如"屠杀""盛行"等。

对于中补式合成动词来说，其"动"语素同样受到了影响。"补"语素是对"动"语素意义的补充说明，而动词重叠本身就是对动作量的一种补充说明，因此动词重叠一般不会再带补语成分。如刘大为（1979）中的中补式合成动词重叠

为"AAB"式的例子，我们认为其实际上都不符合现代汉语语法，而是方言语法，如"认认清""抓抓紧""记记住"等。

中补式合成动词在重叠问题上，一方面是"动＋动"结构的能够重叠的较多，如"调解""启发"等。动词性语素做"补"语素，一般不会影响前一个"动"语素的动作量，而多为补充说明其目标是实现另一个动作行为。对涉及的客体来说，两个"动"语素都较为重要，都可以有动作量的调整，如"调解调解"实际上既包括"协调协调"也包括"解决解决"。

另一个方面，"动＋形"结构的中补式合成动词更多，这类动词能够重叠的一般是"动"语素在语义上蕴含"补"语素的。这类动词在意义上以"动"语素为核心，而"补"语素在语义上对"动"语素的动作量的影响并不大。如"纠正""扩大""提高"等，其"补"语素实际上对词义的贡献不大，如"纠"的预期性结果必然是"正"，"扩"的预期性结果必然是"大"等。

此外，还有一类中补式合成动词，其"动"语素往往是虚义动词，或者不表示具体动作的动词，而全词的语义重心落在"补"语素上，这类词往往也可以进入重叠形式，如"放松""夯实"等。"放松心情""夯实基础"等结构中，凸显的是"松"和"实"的意义，而"放"和"夯"的意义已经虚化了。

不能重叠的合成动词中，一类是主谓式合成动词，一类是构词成分中带"得""以""于"等虚语素的动词，如"显得""予以""忙于"等。对后者来说，由于虚语素的存在，词语在意义上显然不会具有较强的动作性，因而难以重叠。而对于主谓式合成动词来说，主谓结构属于离心结构，"动"语素并非语义重心，整个主谓构式是陈述性而非动作性的，因此也难以重叠。

11.3 小结

汉语中，单音节动词进入动词重叠结构相对比较自由，主要受语义上的制约，而双音节合成动词进入动词重叠结构时，还要受到构词方式的影响。而从本质上说，构词方式对重叠的影响和语义对重叠的影响是一致的。

动词重叠表示主观的"动势小量"，因此一般要求进入重叠结构的动词具有动作性，显然"动＋动"的并列式合成动词最符合这一要求，因其保留了最多的动作性。而主谓式合成动词则最不符合这一要求，因其为离心结构，无法保持"动"语素的核心地位，也就无法保持词语的动作性。

而对于其他的动核结构，主要是状中式合成动词和中补式合成动词，其能否重叠要受到结构关系和语义关系的双重影响。虽然在语法上，一般以"动"语素为核心，但在语义上，"动"语素未必是凸显的，或者"动"语素在语义上已经具有了动作量的表达。

对于动宾式合成动词来说，重叠的形式主要是受动宾式的离合性影响。

词的结构关系和短语的结构关系不同，有些词的语义关系比较透明，而有些词的语义关系则不太透明。显然，语义关系越不透明，则结构关系对语义关系的影响越小。因此，对于语义关系不透明的词来说，其构词方式对能否重叠的影响就会减小。

12. 动词重叠的语义条件是什么？

动词能否重叠的首要影响因素是语义，而动词重叠的语义条件是什么，学界存在很多说法。

12.1 相关研究

何融（1962）认为，非动作动词、心理动词、使令动词等不能重叠，但是含有被动意义的动词如"受、挨、遭"等、含有给予意义的动词"给、赠、交"等、表示过失的动词"犯、杀、丢"等可以加"了""过"，但却不能重叠，而不能加"着"的动词一般也不能重叠，如"完成""到达"等。吕叔湘（1980）认为，不能或难以加"了""过"的动词不能重叠。

李人鉴（1964）则认为不能表示不定量的动词不能重叠，"动作行为的可持续重复性质决定了动词重叠"，诸如有结果意义的动词、表心理活动的动词、表示定量的动词一般不能重叠。刘月华（1983）则认为只有动作动词可以重叠，而且必须是持续动词和自主动词。李敬国（1996）也认为语义是决定动词重叠的最基本的因素，非动作行为动词、非自主动词、使令性动词、非持续性动词、否定性动词、非积极性动词及受语体限制的一些动词一般不能重叠。

以上学者从语义方面对动词能否进入重叠形式做出了限制。当然，学者们也认为，除了语义因素之外，语境等语用因素也同样制约着动词重叠式。这里，我们先讨论制约动词重叠的语义因素。

12.2 动词重叠的语义条件

动词重叠的基本语义是表示"动势小量"，具有"主观积极"意义，能够进入动词重叠结构的动词，在语义上要能够满足这一基本语义要求。

（一）语义上具有动作性。动词重叠需要表示动势的量，而不具有动作性的动词显然是不具有动势的。因此，不表示动作性的动词，如情态动词、判断动词、表示心理感知的动词及表示存在、变化、出现、消失的动词一般不能重叠，如"* 应该应该""* 成为成为""* 担心担心""* 具有具有"等。

（二）语义上具有可持续性或可反复性。重叠结构具有数量象似性，其基本意义是量上的重复，表现在动作上，可以表现为持续或反复，这也是表达动势量的基础。因此，不具有可持续性或可反复性的动词，一般不能重叠，如"* 爆炸爆炸""* 诞生诞生"等。

（三）语义上具有可控性。动词重叠具有"主观积极"意义，而"主观积极"意义需要施动者主动实施该动作行为才能体现，也就是动作要具有可控性。这样，自主动词更容易进入动词重叠结构，如"挥挥"。

（四）语义上具有积极意义。动词重叠具有"主观积极"意义，即说话者主观上倾向于该动作行为发生，具有积极意义的动词更符合这一要求。这里的积极意义并不一定指客观上的，而是指主观上的，即说话人主观上认为该动作行为具有积极意义。如在"请你批评批评他"中，尽管在客观上"批评"多是非积极意义，但是从说话人的主观视角来看，"批评"是为了"他"好，是具有积极意义的。

（五）语义上不具有确定的量化意义，尤其是极端的量化意义。由于动词重叠具有"量"意义，如果动词本身也具有量化意义的话，两者可能会产生矛盾冲突，而动词在语义上的量化意义程度越高，矛盾冲突就越是难以调和，从而造成重叠结构的不适应。这类词多为状中式合成动词或中补式合成动词，如"充满""遍布"等。修饰说明性语素"满""遍"使得"动"语素的量化程度变得极端而确定，难以再通过重叠进一步量化。

（六）带有否定语素的动词一般不能重叠，如"不利""不许""不容"等。首先，否定一个动作，得到的是动作的否定状态，从而使动词失去了动作性；其次，否定结构往往具有确定性，也难以量化。

（七）语义上具有结果意义的动词一般不能重叠，动词蕴含的结果意义越强，越不能进入重叠结构。动作的结果意味着动作的完成，如果结果无法改变，也就意味着这个动词的意义是极端的、绝对的。有些动词，如"到"，是具有绝对的结果意义的，这个结果意义无法被取消，因此没有"到完了""没到完"这种语义结构，这类动词不能进入重叠结构。

有些动词不具有结果意义，比如"看""洗""写"等。如：

（1）我看了，但是没看见。

（2）我洗了，但还没洗完。

（3）我写了，但是还没写好。

"看""洗""写"这三个动词所蕴含的结果意义是递增的，"看"并不蕴含结果意义，是单纯的动作行为；而当"洗"的动作停止后，实际上就出现了结果，但这个结果是可以取消的；对"写"来说，至少要写完一个字才能称为"写"，但对于"文章"等来说，是可以取消的，如例（3）的意思是"文章"没写好，而不是"字"没写好。总之，尽管这三个动词蕴含的结果意义有程度差别，但总的来说其结果意义都是可以取消的，当不凸显结果时，是易于进入动词重叠结构的，如"看（了）看""洗（了）洗""写（了）写"。

还有一类动词，其蕴含的结果意义的程度介于两者之间，如"买"。

（4）我买了，但是还没买完。

可以发现，在例（4）中，"没买完"只是"买"的对象的数量没有达到，但对于"买"的行为来说，结果是已经出现了的（已经买好了一些东西）。因此，"买"蕴含的结果意义较强，但又在一定意义上可以取消，这类动词进入重叠结构要受到较大的限制。

（5）*我买买 /*我买了买

（6）都说"冰墩墩"很难买，我今天也买买看，看能不能买到。

可见，这类动词只有在语境允许的情况下才能进入重叠结构。

（八）有对应"小量"意义的词语一般不能重叠。如"吃""喝"在意义上符合动词重叠的相关要求，但是"吃""喝"有相对应的"小量"意义词语"尝"，因此在进入动词重叠结构时，多使用"尝"，而较少使用"吃""喝"，除非其意义要求被凸显。如：

（7）这是我的拿手菜，你尝尝。（*吃吃）

（8）中医上讲，你这个病得补气，西洋参你可以吃吃看。（*尝尝）

"西洋参"并不是普通的食物，食用时并不在乎其味道，因此不能用"尝"。

12.3 小结

综上所述，能够进入动词重叠结构的动词在语义上以单纯的具有积极意义的自主动作动词为主。

所谓"单纯"，即所表示的动作不带有动作量上的语义特征，也不带有否定、结果等意义，单纯地表示动作，这是由动词重叠要表示动量决定的。

具有积极意义是指说话人在主观态度上倾向于该动作的发生，这是由于动词重叠要表示"主观积极"意义。"自主"也就是动作的可控性，只有可控的动作，才谈得上主观倾向。

动词重叠的基本意义是表示动作的量，因此要求动词具有动作性。

13. 动词重叠的语用条件是什么？

动词重叠的制约条件不仅和动词的语义有关，也和语用关系密切，合适的语境可以强化或凸显动词某一方面的语义，从而使之更符合重叠的要求。

13.1 相关研究

对动词重叠的语用条件，学界一直比较关注。刘月华（1983）就认为"一个动词可否重叠，主要取决于动词本身的性质。而且语言环境不同，表达功能不同，可重叠的动词也不同"。她认为表示未然的，尤其是表示尝试的句子中，可重叠动词的范围更广，非自主和非持续反复性的动词也可以重叠；而在致使句中，非动作性动词可以重叠。毛修敬（1985）也认为，不同的句子对动词重叠的要求有很大的差异。戴耀晶（1997）、陈立民（2005）进一步认为动词能否重叠与句子所表示的事件有关，甚至"从理论上讲，汉语中所有的动词都能够重叠"，而关键在于"句子表示的事件是否符合动词重叠的语义条件，或者是否和句中别的成分在语义上发生冲突"。

李运龙（1993）认为，形态、句式、语体和功能都可以对动词重叠产生影响，如在口语色彩的语境中动词更容易重叠。张晓涛、刘富华（2008）等也提出过相似的观点。

王希杰、华玉明（1991）将动词能否重叠与语言使用者的社会心理因素联系起来；崔应贤（2011）也表示"在很多句子里边，如果动词重叠表现的不是行为主体有意识的行为，就很难成立"。这种观点主要还是认为动词重叠的句子应该具有"主观积极"意义。

总的来说，学界一般认为主观积极的心理因素，表示未然的、尝试的、致使的语境句义，口语色彩的语体风格，具有肯定意义的或表示祈使的句式等语用因素更容易允许动词重叠。

13.2 动词重叠的语用条件

动词重叠的语用条件同样和动词重叠的语义有关，越是能够凸显动词重叠语义的语境中，动词越容易重叠。

（一）"主观积极"意义语境。

在前文中，我们就论述了动词重叠具有主观性，这主要表现为具有"主观积极"意义的语境更容易接受动词重叠式，而"主观消极"意义的语境不接受动词重叠入句。"主观积极"意义可以通过词汇、句法、语用等不同层面表现出来。

（1）如果不亲自调查调查，怎么会了解事情的真相呢？

（2）*你最好不要亲自调查调查，这事情很危险。

同样是未然语境、带有一定祈使意义的两个否定格式的句子，表示"主观积极"意义的例（1）成立，而例（2）则不成立。

（3）你应该亲自去调查调查。

（4）你不应该亲自去调查调查吗？

（5）*难道你应该亲自去调查调查吗？

即使不是否定格式，和例（3）、例（4）相比，不具有"主观积极"意义的例（5）也是不成立的。

"主观积极"意义是一个原型范畴，如例（6）虽然在"主观积极"意义上不如例（3）、例（4）典型，但和例（5）相比，显然非积极的否定意义要弱很多。例（5）凸显的是"不应该"如此，而例（6）可能更强调惊讶的语气。

（6）难道你想亲自去调查调查吗？

和"主观积极"意义语境联系最直接的句子是表达说话人主观意愿的意愿句，在意愿句中，由于凸显了说话人的主观意愿，所以一些词义具有非积极意义的词语也可以出现在句中并重叠。如：

（7）你说对了，我就是想侮辱侮辱你！

（8）*我侮辱侮辱你。

在意愿句中，"侮辱"可以重叠，如例（7）；而失去了这一语境，则不能重叠，如例（8）。一般来说，基础的"施事+动词重叠"格式都带有"意愿"意义，如"我看看""我研究研究"等，而"侮辱"不行，这与动词的语义有关。

"主观积极"意义语境是动词重叠的基本语境。

（二）致使和尝试语境。

致使语境指的是具有"致使"意义的句子，常通过"让""叫"一类的使令动词来表达；尝试语境指的是表示"尝试"意义的句子。这两类句子的结构特点和意义都不相同，但两者也有共同之处，单纯的尝试语境是一种意愿尝试，而致使语境其实可以看作一种致使尝试。

尝试其实也是一种主观积极语境，更多地表示一种主观上的主动性行为。因此在尝试语境中，可以最大化地强调主观主动性，这使得一些非自主动词也可以在语境中获得自主意义。正如前文所述，"尝试"意义的来源就是"意愿＋小量"，有意愿做一个小量的动作行为，也就是"尝试"了。如：

（9）会哭的孩子有奶吃？那我也给他哭哭看！

（10）*我给他哭哭。

"尝试"在语义上表示的是一种小量行为。在语境中强调小量，一些本不具有"小量"意义的不可持续、不可重复的动词也可以重叠。也就是说，以小量为基础的尝试语境具有赋予语境中动词"小量"意义的作用。如：

（11）说生孩子容易的，你生生看！

（12）*你生生孩子。

致使语境其实就是"致使"和"尝试"的结合，"尝试"是一种主观行为，而容纳动词重叠的"致使"也不是客观上的，而是主观上的。如：

（13）让他知道知道。

（14）*使他知道知道。

同样是"致使"意义，表示客观致使的例（14）并不成立。

"致使"表示的是事件行为的结果，而主观上的"致使"则表示致使某人尝试某结果。因此，在致使语境中，强调事件行为结果的动词可以重叠。如：

（15）让你也挨挨社会的毒打。

（16）*你挨挨社会的毒打。

致使语境和尝试语境实际上都是主观积极语境的一种。前者可以容纳更多带有"结果"意义的行为动词重叠，后者可以容纳更多不可重复的行为动词重叠。

（三）祈使语境

祈使语境指的是要求别人做某事或者请求别人允许自己做某事的句子，祈使语境由于带有较强的言语之力，通常有礼貌性的要求，而动词重叠的"委婉"意义就是表达礼貌的常见方式之一。因此，祈使语境中常常使用动词重叠。

之前，我们将动词重叠表达委婉语气的用法和句子的影响度联系起来，而祈使语境显然是具有较高影响度的一种语境。而从另一个角度看，委婉是一种礼貌，而礼貌是一种主观积极行为，因此动词出现的祈使语境仍然是一种"主观积极"意义语境。

（17）* 你们一起来骗骗我。

（18）我们一起去骗骗他。

不凸显"主观积极"意义的例（17），即使同样是祈使语境，也要受到限制，除非变成尝试语境而获得"主观积极"意义，如例（19）。

（19）你们一起试着来骗骗我。

祈使语境表示的是要求或请求，既然是说话人的要求或请求，一般来说都是具有"主观积极"意义的，这也是很多学者将祈使语境作为动词重叠典型语境的原因。但实际上，"要求"未必是"主观积极"的，如"你来打我呀"，在语用上是一种挑衅，而不是真的希望对方来打人。因此，如例（17）不凸显"主观积极"意义的原因就是"骗"具有消极性，需要在语境中加强"主观积极"意义，如例（20）。

（20）我还没被骗子骗过，真想见识一下，骗子们呀，你们快来骗骗我吧！

（四）口语语境

动词重叠是一种口语风格的结构，在书面语语体中使用较少，从下面两个例句的对比中可以很明显看出其中的差别。

（21）我们会再调查调查的。

（22）我们将继续调查。

如果是一份官方通告，显然例（22）更合适；而如果是日常对话，则例（21）更合适。

13.3 小结

动词重叠的条件除了动词自身的语义外，和出现的语境也息息相关。实际上，动词重叠的条件就是"词义＋语境"，当两者契合且所表示的意义共同满足动词重叠的要求时，则动词可以重叠。而这一要求，最为基础的就是"主观积极"意义。当然，"主观积极"意义是一个原型范畴，不同动词、不同语境对"主观积极"意义程度的要求也不相同，但仍不妨碍我们将其看作一个基本要求。无论从语义条件还是语用条件来看，自主、尝试、意愿等条件都与"主观积极"意义密切相关。

14. 动词重叠的语义条件和语用条件的关系是怎样的?

动词重叠的条件除了动词自身的语义外，和出现的语境也息息相关。实际上，动词重叠的条件就是"词义＋语境"，当两者契合且所表示的意义共同满足动词重叠的要求时，则动词可以重叠。而这一要求，最为基础的就是"主观积极"意义。

如陈立民（2005）所言，"一个句子中的动词能否重叠，并不仅仅决定于动词本身，而决定于由该动词所在的句子所表示的事件是否符合动词重叠的语义条件"。也就是说，"从理论上讲，汉语中所有的动词都能够重叠，但在实际上，一个动词能否重叠取决于该动词所在语境，即它所构成的句子表示的事件是否符合动词重叠的语体条件，或者是否和句中别的成分在语义上发生冲突"。

14.1 词义和语境义的冲突与兼容

动词重叠的基本意义是表示动势的小量，这主要包括时间量、反复量、程度量三个维度，而这一量的内容又是主观的，带有"主观积极"意义。动词重叠的语义、语用的冲突和兼容，实际上就是在这三个维度以及主观内容上的词义、句义、语境义的冲突和兼容。

动词重叠表示的是"小量"意义，虽然我们说动词重叠表示的是主观量，但是在客观上，动词重叠所表示的也不能是绝对的"大量"意义。

在时间量维度上，动词重叠所表示的时间在客观上是不能过长的，至少要是一个有限的，或者说是有完成时间节点的量，不具有完成时间节点的，或者具有明显长时量的语境，不适合动词重叠。

在反复量维度上，动词重叠所表示的动作行为应是可以反复完成的，这其实也和时间量相关，不具有完成时间节点的量或者明显的长时量，必然是难以反复的。

在程度量维度上，动作所表示的程度越高，动词越难以重叠。

在例（1）～（3）中，我们选择的动词都是"走"，"走"在语义上是符合动词重叠的词义要求的，是自主的可重复动词。

（1）外面冷，我出去走走就回来。

（2）今天天气不错，我要好好出去走走。

（3）做人哪，还是要走走正道。

例（1）是典型的时间小量和反复小量表达，"走"的行为在主观和客观上都表示小量，这样的语境也是动词重叠的典型语境，语义、语用相一致，动词重叠受到的限制相对较小。如在时态上不受到限制，则例（1a）和例（1b）也是成立的句子。

（1a）外面冷，我出去走了走就回来了。

（1b）我每天都是出去走走就回来。

受"好好"等词语的影响，例（2）表示的时间量和反复量在客观上似乎并不小，但实际上，"小量"意义是依然存在的。这主要表现为前述的两个方面：一是动词重叠所表示的时间量、反复量在客观上不能是绝对大量的；二是动词重叠具有主观上的"小量"意义。

（4）*今天天气不错，我整天都在外面走走。

从例（4）可以看出，如果是表示绝对大量的语义语境，是不能容纳动词重叠的，也就是说不管动词重叠前有多少表示"大量"意义的词语修饰，动词重叠都不能进入表示绝对大量的句子中。绝对大量的表现之一即为整体性和排他性，如例（4）中"整天"表现出了整体性，而句子语义为"除了走，没有做其他的事情"，这种排他性也彰显了绝对大量。

而从例（5a）和例（5b）的对比中我们可以看出，和不重叠相比，动词重叠在主观上是表达"小量"意义的。

（5a）今天天气不错，你好好出去走走吧。

（5b）今天天气不错，你给我好好出去走！

因此我们认为，虽然例（2）表示的客观时间量并不微小，但实际上仍然是时间小量的表达，也是动词重叠出现的典型语境之一，受到的限制较小。如例（2a）和例（2b）也都是成立的句子。

（2a）昨天天气好，我好好出去走了走。

（2b）这几天天气不错，我每天都要好好出去走走。

例（3）中的"走"实际上语义已经发生了变化，并不是真实的"走"的动作或行为，而是具有引申意义。从动作量上看，由于动作性的减弱，所以"走"的动作量也比较模糊；从语义上看，"走正道"在程度上是一件"人生大事"，涉及"做人"的严肃问题，具有较高的程度量意义，因此在重叠上要受到一定的限制。如例（3a）和例（3b）都不成立。

（3a）*我现在已经走了走正道。

（3b）*我每天都走走正道。

在例（3a）和例（3b）中，"走"都不能重叠，原因就是"走正道"具有较高的程度量意义，和动词重叠的"小量"意义相冲突。

"走正道"要进入重叠格式，就要在语境中凸显"小量"意义。前文说动词重叠出现的典型语境，如尝试句、意愿句、致使句、祈使句等具有"主观积极"意义的语境，其实就是凸显"主观小量"意义的语境。如例（3）在句义上表示一种建议，建议其实就是一种委婉的祈使，在祈使语境中，为了减轻语势给听话人带来的压力，常常使用动词重叠。

尝试、致使等语境也是如此，都和"主观小量"意义关系密切。"走正道"在祈使句中可以获得"主观小量"意义，在其他语境中也一样，如例（3c）、例（3d）和例（3e）。

（3c）别抱怨总有警察盯着你，你走走正道看。

（3d）让他走走正道。

（3e）我想走走正道。

例（3c）～（3e）这几类语境是使用"主观小量"的必要条件，而不是充分条件。也就是说，在这些语境中，可以使用动词重叠（或其他表示"主观小量"意义的形式），而不是必须使用动词重叠，是否使用动词重叠还要取决于说话人要表达的语气、情感等。如在祈使语境中，使用动词重叠是要表达委婉的语气，如果说话者语气较重，带有命令性质，则不使用"小量"意义；在意愿语境中，如果表达下决心的语气，通常也不使用"小量"意义；尝试和致使尝试语境中，不使用"小量"意义，也会具有相应的语气。如：

（6）你必须给我减肥！　/你减减肥吧！

（7）我一定要减肥！　/我也想减减肥。

（8）让他去减肥！　/让他减减肥吧。

总的来说，在"主观积极"意义的语境中，我们可以更方便控制动作行为的量，根据不同的语义需要来选择是否使用"小量"意义，由于语境具有"主观积极"意义，那么对词义的要求就相对宽松，在语义不冲突的情况下可以使用动词重叠。而在"主观积极"意义不明显的语境中，则需要依靠词义来表达"主观积极"意义，相应地，对词义的自主性、可反复性、非消极性等要求较高。

14.2 词义和语境义的互动

词义和语境义是存在冲突和兼容的，但这并不是说具有"主观积极"意义的词语只适合出现在"主观积极"意义的语境中，或者反之。实际上，词义和语境义是存在互动的。也就是说，在一定的语境意义下，会改变词义的某一特征；反过来，词义也会影响到语境义的表达。

我们将自主的、可反复的、表积极意义和单纯动作的动词作为典型的可重叠动词，因为这些动词在语义上符合动词重叠的基本意义，只要不与语境冲突，可以较为自由地重叠。而不符合这些语义要求的动词，则必须置于一定的语境之中，通过语境改变词义的某一特征，才能够重叠。

如在祈使语境中，一般要求动作行为具有自主性，有些客观上非自主的动词在进入祈使语境之后，可以带有"主观自主"意义，作为自主动词来使用。当然，这也要求动词在语义上存在这种可能性。如：

（9）你快醒醒。

"醒"是非自主动词，但是在例（9）中，说话人对听话人发出祈使要求"醒"，这显然是希望听话人能够控制自己，快点儿醒过来。可以发现，"醒"从

非自主意义到自主意义，期间主要的推动力是"致使"意义。因此，具有较强
"致使"意义的祈使语境，更容易赋予动词重叠"主观自主"意义。这里，主要
是具有"结果"意义或者"被动"意义的动词，"结果""被动"一般是不自主的，
是客观带来的，但是"致使"可能是自主的，那么致使其产生某一结果或被动也
可能是自主的。如：

（10a）* 你知道知道我的厉害。

（10b）让你知道知道我的厉害。

（11a）* 你挨挨饿，才会知道珍惜粮食。

（11b）让你挨挨饿，才会知道珍惜粮食。

再如尝试语境，尝试表示对某一动作行为的短时体验，因此在尝试语境中，
可以赋予客观上不具有"短时反复"意义的动词以主观上的"短时反复"意义。
尝试可能是一种虚拟的尝试，即并非要求尝试者真的去尝试某一行为，而只是表
示假设等虚拟的尝试，这类尝试语境更容易赋予动词重叠以"主观短时反复"意
义。如：

（12）这么多钱，你丢丢看，你也得哭。

（13）他那么爱你，你也应该试着去爱爱他。

例（12）中的"丢丢"，只能出现在虚拟尝试语境中。

意愿语境，表示说话人的主观愿望。一般来说，主观希冀的动作行为总是积
极的。因此在意愿语境中，可以赋予客观上不具有积极意义的词语以主观上的积
极意义。如：

（14）人不能总是很强势，有时候也要吃吃亏。

（15）你太顺了，希望你也可以碰碰壁。

当然，语境的意义不是孤立的，不同语境意义可以在同一语境中一起出现。
而词义也是复杂的，一个动词能不能进入重叠结构，是词义和语境义互动的结
果。这一互动的过程，必然也是复杂的，要受到诸多语义、语用因素的影响。

14.3 小结

总的来说，动词能否进入重叠结构，是词义和语境义互动的结果，能够实现

词义和语境义的兼容，符合动词重叠的语法、语用意义，则动词可以进入重叠结构。如：

（16）*你把这本书放放。

（17）你把手上的东西放放。

（18）你把手头的事情放放。

（19）你把这本书放放看，盒子的大小合不合适。

在例（16）～（19）中，例（16）中的"放书"是一次性的瞬间动作，不可持续也不可重复，不符合动词重叠的意义；例（17）中"放"的对象具有不确定性，具有"分多次放"的可能，如可能是"把这几本书放放"，这使得"放"具有了重复的可能；例（18）中的"放"不是客观真实的动作，表示一种比喻义的"放"，意义较虚，这样的词义更易受到语境的影响，因此在祈使语境中具有了可重复的意义；例（19）则是典型的尝试语境，是动词重叠出现的典型语境之一，同化词义的能力更强，被赋予了"尝试"意义的动词，具有主观上的可重复性。

词义和语境义的互动，要受到很多因素的影响。如：

（20a）我要减减肥。

（20b）我要减肥。

（21a）*我要喝喝雪碧。

（21b）我要喝雪碧。

例（20a）和例（20b）都成立，区别是例（20a）具有尝试的随意性色彩，而例（20b）带有下决心的郑重性色彩。但几乎是同样结构的例（21a）和例（21b），例（21a）就不成立。这是因为"喝雪碧"本来就已经是很平常、很随意的行为了，再强调该行为的随意性没有必要。与之相比，例（22）就是成立的句子。

（22）总有一天，我要喝喝82年的拉菲！

15. 动词重叠的意义和陈述句有什么关系？

汉语动词重叠的意义，在不同的句式中具有不同的表现。陈述句本身对动词重叠的影响较小，在陈述句中，动词重叠主要表现的是基本的"动势小量"意义。

15.1 已然的陈述句

在已然的句子中，动词重叠一般表示的是对"动势小量"的描述。如：

（1a）我碰了碰她的手，她害羞地笑了笑。

（1b）我碰了她的手，她害羞地笑了。

和例（1b）相比，例（1a）主要是对"动势小量"的描述，同时凸显了"自主"意义，动作性较强，具有现场感。而例（1b）更侧重将事件作为结果，进行客观上的叙述。因此，在具有对现场进行描述意义的句子中，一般要求使用动词重叠式。如：

（2a）她歉意地笑了笑，对我拱了拱手。

（2b）*她歉意地笑了，对我拱了手。

"拱手"一般不具有"结果"意义，更多的是描述这一动作，除非是在例（3）这样的语境中。

（3）A：他怎么连"谢谢"都不说一声？

　　　B：他不是拱手了吗？

这里的"拱手"失去了动作描述性，而成为"感谢"的一个符号，关注的是整体表征，而不是"拱起手"这样的动作。

例（2a）中的"笑了笑"是后面动作行为的背景，具有动作描述意义，因此一般也不能用"笑了"替代。除非在意义上和后面的动作行为失去联系，不作为背景进行描述。如：

（2c）她歉意地笑了，良久，她又朝我拱了拱手。

显然，失去了背景描述意义后，"笑了"可以单独作为"结果"意义呈现。

15.2 未然的陈述句

未然的陈述句大多表示意愿，而意愿语境是动词重叠的典型语境之一。意愿语境中使用动词重叠，主要是表达"委婉"的语用意义，具有"随意""谦逊""礼貌""尝试""不正式"等意义色彩。如：

（4a）我下午去操场锻炼锻炼。

（4b）我下午去操场锻炼。

两句相比，例（4a）明显具有"小量"的意义色彩，因此带有"随意""尝试"的语用色彩。和例（4b）比较，例（4a）有"我不是每天都去操场锻炼，只是今天下午想去随意地尝试一下"的意义色彩，而例（4b）则具有"我每天都锻炼，今天下午去"的意义色彩。这种意义的差别是"随意""尝试"的意义带来的语义倾向，并不是必然的。

再如：

（5a）我来说说这个问题。

（5b）我来说这个问题。

（6a）我想亲亲你的脸。

（6b）我想亲你的脸。

（7a）我要住住大房子。

（7b）我要住大房子。

以上三组句子中，a、b 两句的差别是：例（5a）更具有"谦虚"的意义色彩，而例（5b）语气则比较强硬；例（6a）带有"礼貌"的意义色彩，语气缓和，例（6b）则是较为生硬的要求；例（7a）更像是表达一种梦想，而例（7b）则是在表达一种决心。

我们说未然的陈述句大多是意愿语境，而意愿语境是一种主观性较强的语境，第一人称、第二人称处于对话语境中，可以直接主动表达意愿，而第三人称在对话之外，不能主动表达意愿，在表达意愿上要受到限制。如：

（8a）他去图书馆看书。

（8b）我去图书馆看看书。

（8c）*他去图书馆看看书。

（8d）他要去图书馆看看书。

例（8c）不成立，原因就在于主语是第三人称。在一般的交际语境中，我们无法了解第三人称的意愿，不能代替第三人称表达意愿，除非是以上帝的视角（或其他全知视角）进行叙述。想在这种语境下表达第三人称的意愿，需要通过一些方式强化意愿，如例（8d）增加了强调意愿的"要"。

15.3 惯常的陈述句

惯常的陈述句中的动词重叠依然表达的是"小量"意义，主要具有"轻松""悠闲"的意义色彩。如：

（9a）我每天下午都会去操场上锻炼锻炼。

例（9a）中的动作行为带有"随意""不正式""不严肃"的意义色彩。

（9b）*我每天下午都会去健身房，在教练的指导下锻炼锻炼。

例（9b）不成立的原因就在于"在教练的指导下"就不应该是随意的"锻炼锻炼"，而应该是正式的"锻炼"。

具有"轻松""悠闲"意义色彩的动词重叠一般不单个出现，多为两个或两个以上同时出现。如：

（10a）周末在家喝喝茶、看看电视。

（10b）？周末在家看看电视。

例（10a）中有两个动作行为，句子成立，而只有一个动作行为的例（10b）的可接受程度要差一些。这是因为动词重叠不能表达大量，即不能表示在某段时间里只做了一个动作行为。如：

（11）*我周末一整天都在家睡睡觉。

"一整天都在睡觉"显然表示的是大量，不能使用动词重叠。而表示"悠闲"的意义时，恰恰是表达这段时间可以做很多事情，因此与单个行为会产生语义冲突。如果是显然不会占满整段时间的动作行为，可接受度就要高一些。如例（10c）的可接受度要高于例（10b）。

（10c）周末在家喝喝茶。

15.4 进行时态的陈述句

一般认为，进行时态的陈述句中不能出现动词重叠。如：

（12）*我正在看看电视。

（13）*我正听听着音乐。

进行时态表示动作行为的持续进行，这与动词重叠的"反复"意义相冲突，因此进行时态的陈述句一般不能容纳动词重叠，除非将动词重叠置于进行时态之外。如：

（14）我正想听听音乐呢。

例（14）中，表示进行时态的是动词"想"，而不是"听"，"听"并非正在进行的动作，而是在进行时态之外的。

还有一种情况是赵新（1993）提出的，他认为"在回答别人'你（他）在干什么'的提问时"，才能使用进行时态的动词重叠式。如：

（15）A：你们在干什么？

B：我们在收拾收拾东西。

赵文中一共举了6个例子，李珊（2003）认为，这6个例子中，似乎只有一个是成立的，即例（15）。

我们认为，即使是例（15）在语感上也是很奇怪的。但是赵新（1993）的观点有一定道理，如在下面的句子中，动词重叠式表示进行时态是没有问题的。

（16）A：你在干什么？

B：没干什么，收拾收拾房间。

也就是说，动词重叠式仍然不能进入进行时态，如例（15），但是可以通过语境的作用，表达进行时态的意义，如例（16）。如果不考虑语境，"收拾收拾房间"并不表示进行时态。

15.5 否定的陈述句

关于动词重叠的否定的表达，前文已有相关论述。动词重叠具有"主观积极"意义，不能接受"主观否定"意义。因此动词重叠只能是在双重否定、反问句、假设条件句等表达"主观非否定"意义时才能出现。

16. 动词重叠的意义和疑问句有什么关系？

疑问句我们主要从选择问、特指问、是非问、正反问四个方面进行探讨。

16.1 选择问

选择问其实就是针对两个陈述形式进行提问，选择其一。这两个陈述形式越独立，对动词重叠的限制越小，反之则会对动词重叠产生一定的限制。疑问句是针对对方发问的，所以会受到人称的影响。如：

（1a）你说，我下午是去看看书呢，还是去跑跑步？

（1b）？ 你说，我下午是去看看书还是跑跑步？

（1c）？ 你下午是去看看书呢？ 还是去跑跑步？

选择问的两个疑问部分分开的例（1a）要比例（1b）可接受度高，而例（1c）的可接受度不高则是受主语人称的影响。疑问句是一种强焦点的句子，需要对方做出回答的疑问部分一定是全句的焦点所在。而动词重叠所表达的"量"意义，对于焦点是比较敏感的。简单来说，就是当动词重叠处于焦点位置时，我们难以判断是针对动作行为来发问，还是针对量来发问。因为一般来说，量对焦点更敏感，更容易成为焦点。如：

（2）你买了两本书吗？

显然，例（2）问题的焦点一般是"两本"，而不是"书"，除非通过重音等刻意强调。

但这一影响对于选择问来说，相对较小。因为除了量对焦点敏感以外，对举也同样是对焦点敏感的形式，而选择正是一种对举形式。如：

（3a）你买了两本杂志，还是两本画册？

（3b）？ 你买了两本杂志，还是三本画册？

（3c）你买了两本杂志，还是买了三本画册？

显然，例（3a）的焦点是通过对举体现的，而对举的两部分表示的量是相同的，自然失去了焦点敏感性。如果对举的两部分表示的量不同，则可能会造成混乱，如例（3b）的可接受度较低，就是因为焦点到底是在量上还是在物上，难以判断，有些混乱。一个解决的办法就是，将其尽可能分开，减少对举的影响，如例（3c）。

动词重叠也是一种量的表达方式，同样存在这样的问题，而且动词重叠所表达的量是模糊的，很难说"看看书"和"跑跑步"在量上是相同的。因此，对动词重叠出现在选择问中来说，两部分越是分开，句子的可接受度越高。

选择问中的动词重叠还要受到人称的影响。动词重叠具有"主观积极"意义，这种"主观积极"意义是从说话人的角度发出的。如：

（4a）我看看电视。

（4b）你看看电视。

在例（4a）和例（4b）中，例（4a）表示"意愿"或"请求"，而例（4b）表示"建议"或"要求"。因为两句"主观积极"意义的角度都是从说话人"我"出发的，因此例（4b）表示的不是"你"的意愿，而是"我"的意愿。

在进入疑问句后，因为疑问焦点对于说话人来说应该是未知的，所以当动作行为（疑问焦点）的主体不是第一人称时，这个疑问焦点不可能表示说话人的主观意愿，也不应该使用动词重叠，因此例（1c）的可接受度较低。

16.2 特指问

动作行为主要关涉三个对象，即主事、客事和动作本身的情态。一般来说，针对主事提问，对动词重叠的影响不大。如：

（5）谁想看看这本书？

但是针对客事提问，对动词重叠有较大的限制，一般除了回声问以外，不用动词重叠式。如：

（6a）* 你想吓唬吓唬谁？

（6b）A：我要吓唬吓唬张彪。

    B：你要吓唬吓唬谁？

在语义上，动作和客事的紧密程度是要大于动作和主事的，当客事不明确时，动作行为是不完整的，一般不能针对动作行为进行限定。如：

（7）* 你刚才美美地吃什么？

（8）* 你在深入地考虑什么？

动词重叠也是对动词情态的一种限定，因此不能出现在针对客事提问的特指问中。

同样，针对动作本身的情态提问，一般也不用动词重叠式。如：

（9）＊你想怎么测量测量高度？

（10）＊你要怎么变变魔术？

用"怎么"针对动作行为进行提问，不能使用动词重叠式，因为强调的是动作行为本身的情态或方式，不能被主观化、小量化。但在针对"怎么"回答问题时，可以使用动词重叠式。如：

（11）A：你想怎么洗？

　　　 B：就用洗衣机洗洗吧。

16.3 是非问

动词重叠出现在是非问中要受到限制，如前所述，动词重叠对焦点敏感，所以当动词在是非问的疑问焦点中时，不能以重叠形式出现。如果动词不在疑问焦点中，则可以重叠。如：

（12a）＊你看看电视吗？

（12b）你想看看电视吗？

（12c）我能看看电视吗？

"看"的动作行为在疑问焦点中的例（12a）不成立，而例（12b）的疑问焦点在"想"上，例（12c）的疑问焦点在"能"上，因此"看"可以重叠。

动词重叠对焦点敏感，主要是由于动词重叠的"量"意义，如果不凸显动词重叠的"量"意义，那么在是非问中就相对较为自由。如：

（13）＊你走走吗？

（14）你玩玩吗？

例（13）和例（14）一个不成立、一个成立，原因就在于是否对"量"意义有凸显。利（14）凸显的是"尝试"意义，"小量"意义是隐藏其后的，而例（13）不能表达"尝试"意义，凸显的是"小量"意义。如果设置一个语境，让"走"可以凸显"尝试"意义，那么例（13）也可能是成立的。比如路人甲看见杂技演员乙在走钢丝，觉得很简单，乙不服气，想让甲尝试一下，那么乙可以对甲说"你走走吗？"。我们从中也可以看到，"尝试"意义的是非问其实和一般的是非问略有不同，"尝试"意义的是非问不仅仅是询问，而是带有一定的祈使语气，鼓励听话人进行尝试，这也是动词重叠可以进入其中的原因之一。

也可以换一个角度来说，由于疑问形式会凸显量化意义成分做疑问焦点，那么只要句中的动词重叠成分表现出较强的"意愿""尝试""委婉"等语义，从而隐藏其"小量"意义，那么是可以进入是非问形式的。

16.4 正反问

由于动词重叠对焦点敏感，因此正反问中，疑问焦点同样不能落在动词上。如：

（15）＊你打打不打打球？

如果是落在其他词语上，动词重叠一般是不受影响的。如：

（16）你要不要打打球？

（17）你去不去逛逛？

正反问还有一种省略形式，省略形式的正反问在形式上和是非问很接近。如：

（18）晚上去看看电影不？

（19）这件事情我们一起商量商量不？

和是非问相比，这里省略形式的正反问似乎只是将"吗"替换成了"不"，但是句子的可接受度大大提高了。

和单纯表示疑问的语气词"吗"相比，"不"带有商量的语气，也就是说整个句子并不是单纯地表示疑问，而是带有祈使的意味。如和例（20）相比，例（18）带有一定的"请求"意味。

（20）＊晚上去看看电影吗？

17. 动词重叠的意义和祈使句有什么关系？

祈使语境是动词重叠的典型语境之一，这主要是因为祈使句一般都是未然时态，而且要求动作行为具有自主性，因此符合动词重叠的基本意义，而动词重叠的委婉语用功能也可以缓和祈使语气带来的语势压力。因此一般来说，表示肯定意义的祈使句大多可以容纳动词重叠。

朱景松（1998）考察了包括"叙述、评议"等陈述表达在内的动词重叠用法，认为动词重叠的各种用法与祈使相似度越大，动词重叠的可能性就越大，并推论动词重叠的核心意义是"强化能动性"。

祈使不只是一种语气，更是一种语用功能，形式上的陈述句、疑问句等可能也会带有祈使的语用功能。如：

（1）我想去医院看看。

（2）你不去医院看看吗？

17.1 祈使句和"主观积极"意义

祈使语境是动词重叠的典型语境之一，主要原因就是祈使语境的语义、语用要求和动词重叠的"主观积极"意义表现是一致的。

祈使是说话人的主观意愿，能够进入祈使语境的动作行为，至少在说话人主观看来，是具有自主性、可控性的。如：

（3a）你洗洗吧。

（3b）雨下下吧。

"洗"是自主动词，但是"下"是非自主动词，如果我们认为例（3b）是成立的，那么就意味着"下"在说话人主观看来是可控的，比如这是一个祭祀祈雨的场景。

祈使是说话人的主观意愿，那么自然也带有积极性，合乎意愿性。这与动作行为本身的意义是否为贬义无关，而是取决于说话人的主观意愿。如：

（4a）哄哄他。

（4b）骗骗他。

除了自主性和积极性外，可反复性也是动词进入重叠结构的基本语义条件之一。祈使语境与可反复性的关系不大，不可反复的动作行为一样可以进入祈使语境。如：

（5）你去死。

17.2 祈使句和"委婉"意义

在祈使句中使用动词重叠，主要是为了缓和语气、降低语势压力，即表达"委婉"的语用意义。语势压力越强的祈使句，"委婉"的意义表达越明显。如：

（6a）我们去逛街吧。

（6b）我们去逛逛街吧。

（7a）你去看！

（7b）你去看看。

例（7a）是直接对听话人发出要求，语势压力较大；例（7b）则使用动词重叠，在"委婉"意义上与例（7a）有明显差异。例（6a）已经是用建议来表达祈使了，语气比较缓和，因此是否使用重叠，在"委婉"意义上差别不大。当然，例（6a）和例（6b）也一样具有"委婉"意义的差异，只是差异较小。

17.3 祈使句和时态

一般来说，祈使句都是未然的，但是"祈使"意义并不只是出现在未然语境中。在非未然语境中，"祈使"意义一般要通过"致使"意义表现出来。如：

（8）我昨天让你去看看他，你去了吗？

（9）我每天都让孩子读读课文。

在非未然语境中，由于"祈使"意义是间接的，因此语势压力较小，是否使用动词重叠，在"委婉"意义上没有很大差异。

18. 动词重叠的意义和"把"字句有什么关系？

动词重叠可以出现在"把"字句中，构成"把＋N＋VV"结构，这里用"VV"代表动词重叠，其实际形式可能是"VV""V了V""V一V"等。

陆俭明（1990）曾经提出过两组动词重叠出现在"把"字句中的例子。如：

（1a）把马刷刷！／把衣服洗洗！／把文章改改！

（1b）*把马骑骑！／*把衣服买买！／*把文章写写！

"骑骑马""买买衣服""写写文章"和"把衣服买了""把文章写了"都是合格的结构，也就是说，有些动词既可以重叠，又可以出现在"把"字句中，但是却不能以重叠形式出现在"把"字句中。可见，"把"字句对动词重叠是有独特的要求的。

陆俭明（1990）所举的例子都是未然的"把"字句，未然的"把"字句大多带有"祈使"意义。因此，我们要从"把"字句、祈使和重叠三个方面的要求来分析。

关于"把"字句，学界公认的典型意义是"处置义"，张旺熹（2001）用空间位移图式及其隐喻拓展所产生的变体图式解释了大部分"把"字句的语法意义，他认为："典型的'把'字句表现的是一个物体在外力作用下从甲点位移至乙点的过程，其凸显的焦点是物体（'把'后名词）位移的终点（方向），所以典型的'把'字句总是有补语成分。"

我们认为，对典型的"把"字句来说，张旺熹（2001）的观点是具有解释力的，即使是没有补语成分的"把"字句，其在语义上也是具有"位移"或者"隐喻位移"意义的。

作为祈使句，其要有明确的祈使要求，即明确听话人需要完成的事件，包括对象、动作行为和预期目的（结果）。

作为动词重叠式，要求句子具有"主观积极"意义，动词具有可重复性。

18.1 能进入"把＋N＋V＋了"形式

我们讨论的是"把"字句中的动词重叠，那么显然，只有当这个动作行为和宾语对象既可以进入"把"字句，又可以进入动词重叠时，才有讨论的意义。如：

（2a）这匹马让我骑骑。

（2b）*我把这匹马骑了。

既然"骑"不能进入"把"字句，那么考察"把马骑骑"是否有意义？又如何理解例（2c）这个句子？

（2c）我把这匹马骑累了。

"把"字句要求句子具有"处置"意义，因此对动作行为的"结果"意义要求较高，即需要有位移或隐喻位移的终点（方向）。和重叠前相比，动词重叠在客观上具有完成性、有界性，但未必凸显结果性。

典型的"把"字句通常带有补语成分，就是为了凸显位移或隐喻位移的终点（方向），以强调"处置"意义。而动词重叠式通常不与补语成分同现，因此在"把"字句中，只能靠动词重叠自身表达"处置"意义，不能借助补语。这样来看，例（2c）的存在不影响"骑"不能进入"把"字句动词重叠式的结论。

不能以"V了"形式进入"把"字句，说明"V"所表示的动作行为不具有结果性，不能强调"处置"意义。因此我们可以说，不能进入"把＋N＋V＋了"形式的"V"，也不能进入"把＋N＋VV"形式。如"把马骑骑""把报纸借借""把桌子送送"等。

当然，"V了"形式是否可以强调"处置"意义，是否可以进入"把"字句，不仅和"V"自身表示的动作行为有关，也要受到宾语的影响。如"把亏吃了"不成立，"把饭吃了"就成立。因此，是否能够强调"处置"意义，要看整个句子，而不仅仅看动词。但这不影响前述结论。

18.2 不能是"虚拟祈使"意义

从动词重叠上看，能够进入"把"字句动词重叠式的动词，要符合动词重叠的语义、语用条件。未然的"把"字句大多带有"祈使"意义，且由于"把"字句强调"处置"意义，因此所表现出的"祈使"意义都是客观上的要求，而不能是主观上虚拟的祈使，如带有"祈使"意义的虚拟尝试句。如：

（3a）钱包这么重要的东西，你丢丢看！

（4a）这本书很好看，你读读看！

同样带有祈使的"尝试"意义，例（3a）显然是虚拟的尝试，说话人的真正意图并不是让听话人在客观上丢失钱包，而例（4a）则是说话人希望听话人在客观上真实地阅读"这本书"。

　　只能进入虚拟尝试句的动词一般都具有"非自主""不可重复"等意义，即不是动词重叠的典型动词，这类动词能够重叠是靠尝试句的语境意义对其赋义而实现的，而单纯的"尝试"是不具有"结果"意义的。这类非典型的可重叠动词不能进入"把"字句中的动词重叠。

　　（3b）* 你把钱包丢丢。

　　（4b）你把这本书读读。

　　同样，是否符合动词重叠的语义、语用条件，并不只与动词有关，而是与整个句子有关。如：

　　（5a）你把草拔拔。

　　（5b）* 你把牙拔拔。

　　显然，一般情况下，"拔草"不会只拔一下，而是要拔掉一片草才行；而"拔牙"却一般只拔一颗牙。因此，"拔草"是可以重复的，而"拔牙"是不可重复的，后者不符合典型动词重叠的语义要求，也就不能进入"把"字句的动词重叠。

18.3 不能是"惯常行为"意义

　　"把"字句的宾语一般来说是有定的，因此动词重叠之后，不带有定宾语的动词不能进入"把"字句的动词重叠。这主要表现为表示惯常行为的动词重叠不能相应地转换成"把"字句。

　　（6a）平时没事，在家喜欢打打牌。

　　（6b）* 在家打打这副牌。

　　（6c）* 把牌打打。

18.4 具有"隐喻位移"意义

　　综上所述，我们考察的对象应该是可以进入"把＋N＋V＋了"形式、满足动词重叠的语义和语用条件、表示非惯常动作行为的动词。如：

　　（7）你把酒喝了。——你喝喝这瓶酒。——* 你把酒喝喝。

你把房子盖了。——你盖盖这幢房子。——*你把房子盖盖。

（8）你把酒热了。——你热热这瓶酒。——你把酒热热。

你把房子修了。——你修修这幢房子。——你把房子修修。

"把"字句是具有"位移"或"隐喻位移"意义的，而动词重叠显然不具有"位移"意义，那么就应该具有"隐喻位移"意义，即可以反映事物的变化过程，凸显结果。一个完整的隐喻位移过程应该包括射体（事物）、位移（动作行为）、起点（初始状态）和终点（结果）。

动词重叠不带有其他补语成分，因此只能依靠重叠形式来凸显"结果"意义。虽然动词重叠是有界的，带有自然的边界，即动作终结点，但动词重叠和"动词＋了"表示的"完成"意义又有所不同，后者是强调并凸显完成。如：

（9）酒你喝了。

（10）酒你喝喝。

显然，例（9）强调的是"完成"意义，"喝"的动作完成之后，"酒"没有了，"结果"意义凸显；而例（10）虽然带有动作的边界，不能无限制地"喝"，但并不强调"完成"意义，而是强调"尝试"意义，"喝"之后，可能"酒"看不出有什么变化，即没有凸显"结果"意义。

"结果"意义是否凸显，其实就是是否存在隐喻起点（初始状态）和隐喻终点（结果）的差异。如例（9）存在"酒"从有到无的差异，而例（10）则没有明显差异。

可见，动词重叠式并不一定凸显"结果"意义，而不凸显"结果"意义，就不能进入"把"字句。而是否凸显"结果"意义，与隐喻起点和隐喻终点有关。

从隐喻起点看，由于动词重叠的基本意义是"小量"，因此和"V＋了"不同，后者表达的是整个动作行为过程的完成，而动词重叠表达的只是某一量上的完成，因此动词重叠要凸显"结果"意义，其射体的隐喻起点需要明确。如：

（11）*把房子盖盖。

（12）把房子修修。

如果是"把房子盖了"，由于"盖了"表示的是"盖"的全过程，因此句子从隐喻起点到隐喻终点的位移过程可以看作从"无"到"有"。但是例（11）中的"盖盖"并不表示"盖"的全过程，而"盖"之前是没有房子存在的，这就使得"房子"的隐喻起点是不明确的，而"盖盖"也不代表"盖完"，因此隐喻终点也是不明确的。

也就是说，动词重叠"把"字句中的宾语，不能是后于动作行为出现的结果宾语。经过考察我们发现，动词重叠"把"字句中的宾语，仅限于受事宾语。

动词重叠具有"主观积极"意义，因此其隐喻位移也具有"主观积极"意义，即隐喻终点，或者说隐喻位移一般具有正向的、积极的意义。如：

（13）*把被子举举。

（14）把被子洗洗。

例（13）和例（14）中的"被子"都是先于动作行为出现的受事，但动词存在差异。"洗"在语义上就带有一个隐喻位移的预设，即从隐喻起点（脏）到隐喻终点（干净），这是一个具有"主观积极"意义的隐喻位移。即使客观上存在"越洗越脏"的可能，但这不能否定"洗"的预设。因此例（14）的"祈使"意义就预设了"主观积极"意义的隐喻位移，凸显了"结果"意义。而"举"似乎也带有隐喻位移，即从低到高，但实际上我们并没有预设某一高度是起点、某一高度是终点，其不具有"主观积极"意义，而这只是"举"的动作带来的意义而已。

张谊生（1997）认为，"把 + N + VV"祈使句成句的语用因素是："N 处于不如意、待加工的状态之中，亟待改变和处理。"这其实就是在强调隐喻起点。因为动词重叠具有"主观积极"意义，因此从起点到终点的隐喻位移通常是"积极"意义的，即通常是从"不如意"到"如意"的变化过程。但实际上，我们在讨论"主观积极"意义时，其实更多的是讨论隐喻终点是积极的，而隐喻起点未必是不积极的。如：

（15）你把这本书读读。

这里很难说"不读这本书"是"不如意"的，而只能说"读书"是说话人希望发生的。

但我们说，动词重叠"把"字句是要凸显隐喻位移的，因此当隐喻起点是"不如意、待加工"的状态时，确实更能凸显隐喻位移，是典型的动词重叠"把"字句。如：

（16a）你把报纸看看。

（16b）你把报纸好好看看。

例（16b）要比例（16a）的可接受度更高，因为修饰语"好好"既凸显了隐喻终点，也凸显了隐喻起点。既然隐喻终点是"好好看"，那么就带有隐喻起点"没有好好看"的"不如意"的意义。

因此我们可以说，动词重叠"把"字句的典型意义是对受事宾语进行主观积极处置，凸显隐喻起点为"主观待处置"意义，凸显隐喻终点为"积极处置"意义。在语义上，能够凸显隐喻起点和隐喻终点的动词，在不产生语义冲突的情况下，可以进入"把"字句动词重叠，如"把酒热热""把裙子熨熨""把车挪挪""把黑板擦擦""把灯芯挑挑"等。

如果在语境中能够凸显隐喻位移，那么会容纳更多的动词进入"把"字句动词重叠。可以在语境中凸显隐喻起点。如：

（17）别光说话不喝酒啊，这酒怎么不见下呢？来来来，大家都把酒喝喝。

在例（17）中，前面的话语强调了"要把酒喝下去"，因此在语境中凸显了"酒"的"主观待处置"意义，从而凸显了隐喻位移的起点。

也可以在语境中凸显隐喻终点。如：

（18）来来来，大家都把杯中酒喝喝，时间有点儿晚了，今天就到这儿了。

显然，例（18）强调的是"把杯中酒喝完"，因此在语境中凸显了"酒"的"积极处置"意义，从而凸显了隐喻位移的终点。

除了凸显隐喻位移的起点和终点外，还可以在语境中凸显位移过程。如：

（19a）＊你把手机放放。

（19b）你把手机往里放放。

"往里"强调了"放"的方向，因此在语境中凸显了隐喻位移的过程，因此例（19b）成立，而没有这一意义的例（19a）则不成立。

可以看到，动词重叠"把"字句的意义和单纯的"尝试"意义是存在冲突的，单纯的"尝试"意义强调小量尝试的"浅尝辄止"意义，而不是"完成"意义，难以凸显隐喻位移。相反，一些"非单纯尝试"意义的动词重叠则更容易进入"把"字句的动词重叠。如：

（20）你和我们说说情况。——你把情况和我们说说。

（21）你点点这些钱。——你把这些钱点点。

显然，例（20）是要把情况全部说出来的，例（21）是要把钱的数目都点清楚的，都可以变换成动词重叠"把"字句。

18.5 小结

"把"字句中的动词重叠最主要的要求是要凸显"隐喻位移"意义，前文以未然的"把"字句为例，论述了动词重叠的相关要求。对已然的"把"字句来说，凸显"隐喻位移"意义仍然是其最主要的语义、语用条件。

未然的动词重叠"把"字句一般都表示祈使，动词重叠在其中主要表现的是"委婉"意义，而排斥单纯的"尝试"意义。

已然的动词重叠"把"字句中，动词重叠表示"动势小量"，具有"现场描述"的意义。如：

（22）他把黑板擦了。

（23）他把黑板擦了擦。

和例（22）相比，例（23）一是表示"动势小量"，带有"可能没有擦得很干净"的意义，二是具有现场描述的色彩，而例（22）只是客观陈述。

从制约因素上看，已然的动词重叠"把"字句和未然的动词重叠"把"字句基本一致，只是前者还具有"现场描述"的意义。

19. 动词重叠的意义和人称有什么关系？

动词重叠的意义和句子主语的人称有关系，这主要与动词重叠表达不同的意义有关，如祈使语境的人称通常是第二人称，尝试语境的人称通常是第一人称等。

潘国英（2015）认为，动词重叠要表达说话人的视角，最典型的就是体现说话人对动作量的主观判断。第一人称的主观性较强，因此说话人和句子主体是统一的；而第三人称是对话双方以外的第三方，主体性相对较弱，是说话人以他人为主体来叙述或描写一件事情。如：

（1a）我去公园遛遛鸟。

（1b）？他去公园遛遛鸟。

这两个句子中，例（1a）的可接受度要高于例（1b），原因就是例（1a）的说话人和句子主体是统一的。如果要提高例（1b）的可接受度，那就需要增强句子的主体性，比如在语义中增强说话人代他人表态的意味。如：

（1c）他确实没做什么，就是去公园遛遛鸟。

例（1c）明显带有说话人替"他"进行辩解的意味，句子的可接受度就大大提高了。

19.1 已然的"现场描写"意义

这里主要是"V了V"形式的动词重叠。如前所述，在已然的语境中，动词重叠一般带有对现场进行描写的意义。对现场的描写，一般和第一人称、第三人称有关，虽然并非排斥第二人称，但一般情况下，较少以第二人称视点进行现场描写。如：

（2a）我敲了敲门，门开了。

（2b）他敲了敲门，门开了。

（2c）？你敲了敲门，门开了。

已然的语境中，动词重叠一般带有对现场进行描写的意义，这主要是因为动词重叠的动态性较强，适合现场语境的动态性描写；而不使用动词重叠，不强调动态性，往往是对非现场语境的状态性描写。如：

（3）我敲了门。/ 我敲门了。

对现场进行描述，是在叙述一个事件，而不是在进行对话交际。而在叙述一个事件时，我们一般选择的角度都是第一或第三人称，但也有个别的会选用第二人称视角，这与作者的叙事风格有关。

19.2 "意愿"意义

"意愿"意义表达的是说话人的主观意愿，因此主体以第一人称为主，或者说，句子的视点以第一人称为主。如：

（4a）我要出去走走。

（4b）你得出去走走。

（4c）他应该出去走走

无论是例（4a）、例（4b）还是例（4c），尽管主语的人称不同，但是从视点来看，句子的视点都是第一人称的。其中例（4a）是典型的意愿，例（4b）和例（4c）则表示建议。

意愿和建议实际上都带有祈使的意味，意愿和请求相关，而建议和要求相关，但和祈使相比，语气更为缓和。

对第一人称来说，"意愿"意义越强烈，越具有请求的意味，句子的可接受度越高。如：

（5a）？我跑跑步。

（5b）我想跑跑步。

（6a）？我见见这位英雄。

（6b）我要见见这位英雄。

可以看出，带有意愿动词的例（5b）和例（6b）的可接受度更高。但我们说，所谓的"意愿"意义，归根到底要和请求相关，即说话人通过表达自己的意愿，来请求对方的允许。如：

（7）A：我想跑跑步。

　　　B：去吧。

显然，例（7）表达意愿的目的是为了获得对方允许，即具有"祈使"意义。从另一个角度来说，不具有"祈使"意义的意愿，是不能提高动词重叠的可接受度的。如：

（5c）* 我肯跑跑步。

（6c）* 我敢见见这位英雄。

除了使用意愿动词以外，"尝试"意义也可以凸显主观意愿，使之带有"祈使"意义。对第一人称来说，尝试本身就是一种主观意愿。如：

（8）我穿穿看。

（9）我用用。

可以看出，"尝试"意义凸显的主观意愿更强烈，"祈使"意义也比较强。

意愿句很少是第二人称，但有时可以是第三人称，第三人称的意愿句表示说话人在代替语境中的第三方表达意愿，从而对听话人具有"祈使"意义上的请求或要求。如：

（10）他想玩玩。

（11）他穿穿看。

由于是代替第三人称表达意愿，因此第三人称的意愿句一般必须有意愿动词或凸显"尝试"意义。如：

（12a）我玩玩。

（12b）* 他玩玩。/ 让他玩玩。

具有"祈使"意义的句子，动词重叠的主要意义自然就是"委婉"。

还有一类意愿句，在意义上并不凸显"祈使"意义。而不凸显"祈使"意义的同时，也就意味着这样的句子对听话人的影响较小，更近似于一种独白。如：

（13a）我想毕业以后去北京看看。

例（13a）在意义上和听话人关系不大，只是说话人对自己意愿的一种描述。这种意愿具有一定的祈愿性，期待动作行为的真实发生。我们可以将祈愿看作一种对象特殊的祈使，因此使用小量表达同样具有"委婉"意义。和已然语境下对现场的描述相似，这里的动词重叠主要表达说话人对自己意愿的描述，由于是未然的小量描述，也带有尝试的意味。

这类句子的主体多为第一人称，但如果是以第三人称视角进行描述，也是可以的。如：

（13b）* 你想毕业以后去北京看看。

（13c）他想毕业以后去北京看看。

19.3 "祈使"意义

"祈使"的意义主要与第二人称相关，表达说话人对听话人的请求或要求。由于第二人称存在于交际之中，因此表达请求的句子，主体也可以是第一人称。也就是说，典型的祈使句主体都是第二人称，表示请求的祈使句主体也可以是第一人称，但一般不是第三人称。

（14a）我去收拾收拾东西吧。

（14b）你去收拾收拾东西吧。

（14c）＊他去收拾收拾东西吧。

第一人称的例（14a）表达的是请求的"祈使"意义，第二人称的例（14b）表达的是要求的"祈使"意义，而使用第三人称的例（14c）不成立。

对第三人称的祈使，一般使用致使祈使的形式。如：

（14d）让他去收拾收拾东西吧。

致使祈使的形式，表面上看是省略了主语，但实际上这个主语往往是不能补充出来的。如：

（15a）让他去试试。

（15b）＊我让他去试试。

（15c）？你让他去试试。

补出主语之后，使用第一人称的例（15b）是不成立，使用第二人称的例（15c）勉强可以接受，但是这里的"你"一般不能实指听话人。我们可以补全例（15c）的语境：

（15d）这个事情不是谁都做得好的，你让××去试试？

显然，例（15d）并不是要求听话人对××发号施令，而只是针对第三方进行叙述。如果是非自主动词，那么这个意义更为明显。如：

（16）总说病毒不可怕，（你）让他得得看。

总之，在祈使语境中，第一人称多强调意愿，第二人称多强调祈使，其中动词重叠主要表现出"委婉"的意义。但在第三人称中，由于第三方并不在现场，因此"祈使"意义并不凸显，致使祈使句更凸显"动势小量"意义和"尝试"意义。

19.4 "尝试"意义

已然的"尝试"意义中的动词重叠就是表示对现场的描述，和"非尝试"意义的已然句没有什么差异。实际上，"尝试"能不能是已然的表达是值得商榷的。因为"尝试"本身具有未然的意义，是通过"动势小量"的表达减弱施为的意愿。而已经完成的"尝试"自然失去了"意愿"意义，而只剩下"动势小量"的表达。典型的表达"尝试"意义的形式应该是"VV看"。如：

（17）你穿穿看，我觉得很漂亮。

显然，这一结构是只能用于未然句式的。如：

（18）*我穿了穿看，觉得很漂亮。

即使是自身带有"尝试"意义的动词或句中含有"尝试"意义的成分，在已然语境中，也只保留了词义中的"尝试"意义，而动词重叠式只表达"动势小量"，整体上仍然具有描述意味。如：

（19）我尝了尝味道，还不错。

（20）他试着转了转圆盘，没有什么特别的。

因此，我们认为"尝试"意义是未然的。对第一人称来说，未然的"尝试"意义表示意愿性的祈使。如：

（21）我尝尝，这是什么味的。

"尝试"具有较强的意愿施为性，即不仅仅是一种意愿，更要求施为，因此与"意愿"意义不同，未然的"尝试"意义更凸显"祈使"的意义。

对第二人称来说，未然的"尝试"意义则表示要求性的祈使。如：

（22）你读读，看能不能读懂。

对第三人称来说，未然的"尝试"意义表示致使性的祈使。如：

（23）让他挖挖看，万一他运气好呢。

可以看到，"尝试"意义和"祈使"意义密切相关，由于"尝试"意义具有意愿施为性，因此或多或少会带有"祈使"意义。在"尝试"意义中，动词重叠表示"动势小量"的同时，也具有"委婉"意义。

19.5 "动势小量"意义

动词重叠表示"轻松""随意"的意义主要出现在表示惯常行为的语句中，这一意义的表达和人称关系不大，人称只体现视点的不同。如：

（24a）我每天就是喝喝茶、看看电视。

（24b）你每天就是喝喝茶、看看电视。

（24c）他每天就是喝喝茶、看看电视。

动词重叠的基本意义就是表示"动势小量"，在凸显"动势小量"意义时，要强调动词的动作性和句子的描述性。如：

（25）A：你在做什么？

　　　　B：没做什么，收拾收拾东西。

这类句子在意义上凸显"动势小量"，但未必带有"轻松""随意"的意义。如：

（26）A：你昨天晚上做什么了？

　　　　B：和朋友出去唱唱歌而已。

显然，例（26）的回答不是凸显"唱歌"是"轻松""随意"的，而是强调只是"唱歌"，没有做其他的事情。同样，例（25）也可以强调只是在"收拾东西"，没有做其他的事情，而未必有"收拾东西"是"轻松""随意"的事情的意义。这类句子在意义上强调"动势小量"，常常和"只""而已""罢了"等搭配使用，表示一种限止语气，和"轻松""随意"的意义比较接近，但强调的主观意义色彩有所不同，后者强调悠闲的色彩，而前者强调不是重要的事情的色彩。

这种意义的表达以第一人称居多，或者以旁观者的视角对第二、三人称进行描述，一般要求有相应的表示限止语气的词语搭配。如：

（27）你不就是和朋友聊聊天儿吗，她怎么这么生气？

（28）小孩子看看电视而已，再说他作业也写完了，你至于吗？

第三部分 动词重叠的句法功能

20. 动词重叠的主要句法功能是什么？

20.1 前人的研究

一般认为，动词重叠之后的动词性很稳固，具有较强的述谓性。李人鉴（1964）认为，动词重叠不能出现于存现句、双宾句等句子中，双音节动词重叠的述谓性更为明显。毛修敬（1985）认为动词重叠主要用于主谓句，而动词重叠则是句子的语义重心。王希杰、华玉明（1991）认为就双音节动词而言，只有谓词性成分居主体地位的动词才能重叠。而根据李珊（1993）的统计，约有95%的双音节动词重叠式出现在谓语位置上。李宇明（1998）则进一步认为，即使是不做谓语的那5%的动词重叠式仍保留着比较强的动态性，如动词重叠式充当主语时，谓语大都是判断、批判性的，而评判性谓语的一个特点就是主语可以具有动态性。

谢新卫（2002）则认为，如"让他挨挨饿""就是听听音乐、看看电影什么的"这些动词重叠式，并不表示具体的动作行为，而只表示一种抽象的动作行为。而抽象的动作行为具有指称性，这在动词重叠式做主语时更为明显，如"活动活动身体有益健康""休息休息是应该的"。

总的来说，动词重叠具有较强的述谓性，主要句法功能是做谓语。

20.2 动词重叠直接做谓语

陆俭明（1986）指出："现代汉语中的动词作句子的谓语并不自由，要受到很大的限制"，但是"如果在动词前后加些别的成分，或者变为一个重叠式，便能自由地作谓语了"。如：

（1a）＊我看——我看看

（2a）＊你调查——你调查调查

单纯的"名＋动"结构，在语义、语用功能上缺少很多信息，是描述、意愿，还是祈使，并没有清晰的界定。而动词重叠则可以表达相应的意义，如第一人称倾向于意愿表达，第二人称倾向于祈使表达等。而单纯的"名＋动"结构只有在具体的语境中才能明确其要表达的意义和功能。如：

（1b）A：谁还看？

　　　B：我看！

（2b）你调查，他分析。

李珊（2003）认为，重叠动词一般不直接用来做谓语，李文的统计中，重叠动词直接做谓语的比例只占 5% 左右。但我们认为，这与李文的统计方式有关，李文统计的都是文学作品，而直接做谓语的动词重叠结构显然更适合口语语体。李文在统计时也提到，动词重叠直接充当谓语主要出现在直接引用、对白、对话等情况中。这也说明在口语中，动词重叠直接做谓语的比例会更高。

以使用频率较高的"看看"为例，我们在北京大学 CCL 语料库口语类型中共检索到 91 例"看看"，其中直接做谓语的，即处于"（主语）＋看看＋（语气词）"结构，不允许有状语修饰，也不允许处于连谓等结构中的"看看"有 29 例，占比 31.9%。这说明动词重叠结构直接用来做谓语并不罕见，在口语中反而是常见的结构。

动词重叠式直接做谓语，已然的一般表示"动势小量"，具有现场描述性；未然的一般具有"祈使"意义，由于第三人称表示祈使多使用致使句，所以未然句中少有第三人称。如：

（3）他尝了尝。

（4）我尝尝。

20.3 动词重叠复杂形式做谓语

动词重叠的复杂形式做谓语主要有三种情况：一是前面带有状语成分，二是后面带有宾语成分，三是处于连谓或兼语结构之中。这里主要讨论第一种情况，即动词重叠前面带有状语成分。

我们把动词重叠前的状语成分分成两类：一类是修饰限定性状语，一类是能愿动词做状语。

20.3.1 修饰限定性状语

在修饰限定性状语方面，动词重叠式和一般动词相似，可以受副词、形容词、"地"字结构、介词结构等的修饰限定，其差异主要体现在以下几个方面。

动词重叠的基本意义是表示"动势小量"，可以受表示"小量"意义的副词修饰，如"稍微""微微""略微""略略"等。如：

（5）你再稍微斟酌斟酌。

（6）他微微点了点头。

动词重叠出现的典型语境是未然语境，在未然语境中，动词重叠可以受到表示未然的时间副词的修饰。但当动词重叠出现在已然和当下（进行）语境中时，一般不能受表示已然和进行的时间副词的修饰。如：

（7）你马上去看看。

（8）＊他已经逛了逛。

（9）＊我正在收拾收拾东西。

表示过去或者当下的时间名词是可以出现在句中的。如：

（10）昨天我去公园逛了逛。

（11）A：你在干什么呢？

  B：一会儿要出门，我现在收拾收拾东西。

这说明，动词重叠式并不是和已然或进行的时间相冲突，而是有其他原因。动词重叠式是一种量化意义的表达，凸显的是"动作小量"的持续或反复的意义。在"完成"意义上，动词重叠式表示的是动作行为的自然终结，并不强调完成的结果。或者说，动词重叠表示的量是模糊量，不具有明确的完成时间。这其中的一个表现就是，当句中出现表示时间点的词语时，这个时间点只能是动作行为开始的时间，而不能是结束的时间。如：

（12）晚上 10 点 10 分，我逛了逛公园。

（13）晚上 10 点 10 分，我吃了晚饭。

例（13）中的时间点可以有"吃晚饭"开始的时间和结束的时间两种理解，而例（12）只能是开始"逛"的时间。

而"已经"等表示已然的时间副词，不仅仅表示时间，还凸显动作行为的"完成"意义，因此和动词重叠会产生语义冲突。如：

（14）晚上 10 点 10 分，我已经吃了晚饭。

和例（13）比，例（14）中的时间点只能是"吃晚饭"完成的时间，原因就是"已经"对"完成"意义的凸显。

"完成"意义的凸显还表现在对量化意义的完成的认识上，"完成"意义对量化意义是敏感的。对一个量化结构来说，"完成"意义强调的是量的完成，而不是动作行为的完成。如：

（15）我跑了一圈。

（16）我已经跑了一圈。

例（15）可以表示"跑"的动作行为"完成"的意义，即总共只跑了一圈，而带有"已经"的例（16）则更强调"一圈"的完成。动词重叠式表示的量是模糊的，因此不能强调量的完成，这和"已经"类副词产生了语义冲突。

动词重叠式表示的是量化的意义，即使是小量，也需要体现量的存在。而这一意义的体现和进行时体是存在语义冲突的。"进行"表示的是当下的时间点正在进行的连续的动作行为，那么这个动作行为应该具有连续性，即在任何一个时间节点上，该动作行为都是同质的。如：

（17）我正在跑步。

"跑步"是连续性的动作行为，在跑步过程中，以任何一个时间节点为视点，都是在进行"跑步"的动作。

如果是瞬间动词，那么要具有重复性。如：

（18）我正在拍球。

同样，由于"拍球"是瞬间的、可反复的动作，那么在"拍球"的每一个瞬间，都是在进行该动作。

在语义上不满足以上要求的句子，如一次性的瞬间动作，不能进入进行时体的表达。如：

（19）*我正在拍一下他的肩。

可以看到，由于进行时体要求动作行为的同质性，因此对量化结构是有所排斥的，动词重叠式也在其中。如：

（20）*我正在拍拍球。

由于"拍拍球"是量化的表达，是要具有一定时长的，因此并不是在每个时间节点上都在"拍拍球"，而只能是在"拍球"。

赵新（1993）认为，动词重叠式是可以出现在进行态之中的，前提是在回答别人"在干什么"的提问时才能使用，并举了6个例子。如：

（21）A：你们在干什么？

　　　B：我们在收拾收拾东西。

李珊（2003）则认为，这6个例子中，只有例（21）这一个例子是可以接受的，并认为这里的"在"不是在修饰动词重叠，而是在修饰"动词重叠＋宾语"整个结构。

我们认为，即使是例（21），句子也是不成立的，这和动词重叠的量化意义与进行时体的语义冲突有关。而当下的时间和进行的表达其实是不同的，"当下"并非是一个瞬时的概念，而是具有一定时长的，如例（11）。

动词重叠多用于祈使语境，其表示的动作行为是明确的，因此在受语气副词修饰时，如果是揣测、怀疑等不确定的语气，要受到一定的限制。如：

（22a）*你恐怕认识认识他。

（23a）*我也许研究研究这个问题。

但只要语气副词所表示的语气不是落在动词重叠上，句子仍然是可接受的。如：

（22b）你恐怕得认识认识他。

（23b）我也许研究研究这个问题会好一点儿。

动词重叠多用于未然语境，表示"动势小量"意义，具有主观积极色彩，因此和"未然""祈使""动势""反复""小量""积极"等意义相关的状语成分更容易充任动词重叠的状语。如：

（24）麻烦你再好好看看。

（25）我马上就去逛逛。

（26）你倒是动动呀！

20.3.2 能愿动词做状语

意愿句是动词重叠出现的典型语境之一，因此能愿动词做动词重叠的状语是较为常见的结构。

带有"祈使"意义的"必要"类能愿动词是和动词重叠关系最为密切的一类能愿动词，如"应该""必须""得""要"等。如：

（27）你必须好好想想这件事。

（28）我得考虑考虑。

无论是第一人称还是第二人称，这类能愿动词都带有一定的"祈使"意义，与动词重叠式的语义兼容度较高。

表示"意愿"的能愿动词也和动词重叠的语义关系密切，如"想""要""情愿""乐意"等。如：

（29）你要尝尝这个吗？

（30）我情愿去外面转转。

表示"可能"的能愿动词具有不确定性，和前述的语气副词类似，如果不确定性是在动词重叠上，那么句子不可接受，如果落在其他成分上，句子可以接受。如：

（31）＊我可能逛逛这个公园。

（32）我可能要去逛逛这个公园。

如果是具有确定性的能愿动词，和动词重叠组合的可接受度就会高一些。如：

（33）你放心，我一定逛逛这个公园。

表示"估价"的能愿动词，如"值得""难以""便于"等，在意义上表示对事情的评价判断，并给予价值比较。动词重叠具有模糊的量化意义，显然是不适合作为比较对象的，因此一般不和表示"估价"的能愿动词搭配。但在与评价程度较高的能愿动词"值得"搭配时，经常具有"意愿"或"祈使"意义。在这个意义下，动词重叠可以进入该类句子。如：

（34）＊这样的做法便于研究研究。

（35）这样的做法值得研究研究。

例（35）成立的原因就是句子带有"意愿"或"祈使"意义，"值得研究研究"有"希望去研究"的意思，满足动词重叠的语义要求，可以和动词重叠式组合。

21. 动词重叠可以带什么样的宾语?

动词重叠表现出较强的述谓性，带宾语也是其特点之一。

21.1 受事宾语

对于宾语的语义角色，不同学者的分类有一定的差异。我们这里对受事宾语的界定为广义上的界定，包括受事、对象、使事等语义角色。如：

（1）我来说说我的意见。

（2）你还是问问老师吧。

（3）你得动动脑筋。

例（1）～（3）宾语的语义角色分别为受事、对象和使事，我们这里作为广义的受事来看待。广义的受事宾语也是动词重叠式所带的最常见的宾语形式。

李珊（2003）、魏红（2009）认为，有些动词基式不能带宾语，而重叠形式可以带宾语，此时的宾语多为使事宾语。如：

（4）＊消化食物——消化消化食物

（5）＊清醒头脑——清醒清醒头脑

（6）* 痛快老张——痛快痛快老张

我们认为，受事—对象—使事形成一个连续统，其中有不少交叉的成员，这也是本文将三类都看作广义受事的原因。李珊（2003）也说："重叠动词所带的受事宾语和对象宾语，事实上存在一些不易区分的情形。"使事宾语也是一样，如例（4）中的"食物"。从语义上看，"消化"的对象就是"食物"。因此对例（4）来说，我们认为"消化食物"也是可以成立的。如：

（7）消化食物的主要器官是胃和小肠。

之所以"基式不能带宾语，而重叠形式可以带宾语"这种情况主要出现在致使动词上，是因为致使动词本身就有一部分是不及物动词甚至是形容词，其表达"致使"意义，带使事宾语，是一种使动用法，如例（6）就是典型的"使动"用法。

对现代汉语来说，及物动词和不及物动词的区别并不体现在是否能带宾语上，而是在是否能带真宾语上。不及物动词在一定的语境中也是可能带有宾语的。如：

（8a）昏昏欲睡怎么办？三招教你清醒自己的头脑。

（8b）十种可清醒头脑的大脑体操。

（9a）你这光痛快嘴不行啊，也得做点儿实事呀！

（9b）你这么做，倒是痛快老张了，我们怎么办？

让不及物动词或形容词具有使动用法，其中的一条途径就是增加该词语的动作性。和及物动词相比，不及物动词一般动作性较弱，形容词更不用说，因此提高其动作性的表达可以使之更具带宾语的可能。动词重叠强调的是动势的量，具有较强的述谓性，因此是一种较强的动作性的表达方式，适合出现在使动语境之中。

21.2 结果宾语

结果宾语也属于真宾语，一般动词带结果宾语较为常见，但动词重叠带结果宾语则要受到一定的限制。首先，结果宾语表示动作行为最终的结果，而结果常常是一次性的行为，因此"动词＋结果宾语"一般不具有动作行为的连续性和反复性，在动词重叠式中要受到较大的限制。如：

（10a）*你盖盖房子。

（10b）现在人工、材料都很贵，这个价格已经很便宜了，你盖盖房子就知道了。

其次，受动词重叠表达"主观积极"意义的限制，动词重叠式所带的结果宾语应该具有"主观积极"意义。如：

（11a）*你闯闯祸。

（11b）你应该出去闯荡闯荡，哪怕是闯闯祸呢，也比天天闷在家里强！

可见，结果宾语在动词重叠式中要受到一定的限制，只有在语境支持的前提下才能使用动词重叠。

有些"动词＋结果宾语"在语义上具有反复性或连续性，这样的结果宾语结构进入动词重叠形式比较自由。如：

（12）我健身就为了出出汗。

"出汗"并不是一次性行为，是可重复、可连续的，符合动词重叠形式的语义要求。

21.3 处所宾语

李珊（2003）认为，重叠动词一般不能带狭义的处所宾语，但可以带广义的处所宾语，并认为这种广义的处所宾语实际上是对象宾语。

单宝顺（2011）列举了多种处所宾语的类型，尽管处所宾语和受事宾语、对象宾语、处所补语等成分都存在纠缠，但即使从广义上看，李珊（2003）所举的广义处所宾语的例子，实际上也并不属于处所宾语。

无论是狭义的处所宾语，还是广义的处所宾语，在语义不与动词重叠式发生冲突的基础上，都存在重叠的可能。如：

（13）有机会，我也学乾隆爷下下江南。

（14）他去去北京，她来来上海，异地恋也一样恋得火热。

（15）偶尔吃吃食堂，换换口味。

（16）你也睡睡地板，体验一下我的感受。

例（13）、例（14）是典型的处所宾语句，在重叠上要受到一定的限制，这主要与趋向动词、位移动词的语义有关。一般来说，趋向动词、位移动词都表示一次从起点到终点的位移过程，不具有连续性和可重复性，因此只有在特定的语境下才能重叠，这也是李珊（2003）认为处所宾语不能出现在动词重叠式中的原因。

例（15）是熟语性的处所宾语，即"吃食堂"结构具有熟语性。从语义上看，"吃食堂"是可反复的行为，和动词重叠式没有语义冲突，重叠较为自由。

例（16）是非典型的、广义的处所宾语，和动词重叠式在语义上没有冲突，重叠也较为自由。

我们认为，影响动词重叠式带处所成分的，是处所成分的语法性质，即该处所成分是宾语性质还是补语性质。动词重叠式在语法上是排斥补语成分的，而处所宾语和处所补语存在纠缠不清的情况。这样，在语法性质上，越接近处所补语的成分，越不能进入动词重叠式。从成分自身来看，在语义上可以表达事物的成分要比纯粹表达处所的成分更容易进入动词重叠式，因为后者往往带有补语性。如：

（17a）今天我睡南屋。

（17b）今天我睡南屋里。

（18a）今天我睡睡南屋。

（18b）*今天我睡睡南屋里。

显然，"南屋"可以表示事物，而"南屋里"只能表示处所，更接近处所补语成分，因此前者可以进入动词重叠式，如例（18a），而后者则不行，如例（18b）。

21.4 其他语义角色宾语

李珊（2003）认为，动词重叠不能带施事宾语、时间宾语、处所宾语、工具宾语等。由于宾语的语义角色复杂多样，彼此间往往缺少明确的界限，因此我们将其余几类宾语放在一起进行考察，总结动词重叠的带宾规律。

首先，在语义上，越是接近具有典型宾语性质的受事宾语、对象宾语的，越容易进入动词重叠式。如：

（19）你得操心操心女儿的婚事。

（20）我今天就要和你计较计较钱。

（21）我也坐坐拖拉机。

（22）我平时主要是游游蛙泳，自由泳不太行。

例（19）、例（20）可以看作原因宾语或目的宾语，但实际上也可以理解为"女儿的婚事"是"操心"的对象，"钱"是"计较"的对象。这类宾语接近典型宾语性质，在语义不冲突的前提下，容易进入动词重叠式。例（21）是工具宾语，例（22）是方式宾语，同样在语义上都比较接近典型宾语。

其次，成词性越强、熟语性越强的动宾结构，越容易进入动词重叠式。如：

（23）让他淋淋雨。

（24）我迈迈方步，一样有领导派头。

（25）他就是想出出风头。

词的特征之一就是意义的凝固性，因此成词性越强的结构，其内部的语法、语义关系就越不受到关注，而是作为一个词来整体理解。这样的结构易于进入动词重叠式，但相应的，其宾语多为单纯形式，较少再受其他成分的修饰限制。

其实，忽略词语的内部语法、语义关系，就是在增强其宾语性，大多离合词都是按照动宾的语法、语义关系进行"离"的。如"洗澡"，我们很难说清其中的语义关系，但"洗了一个澡"就是典型的动宾关系了。因此，强调成词性、意义的凝固性，在动词重叠中就是在强调典型的动宾关系。反之，成词性不强，且语义上背离典型宾语的，多较难重叠。如在成词性不强的结构中的施事宾语。

（26a）监狱里跑了犯人。

（26b）* 监狱里跑跑犯人。

总之，动词重叠具有典型的述谓性，带宾语是常见的语法结构，动词和宾语越是具有典型的动宾语法、语义关系，越能够进入动词重叠式。

21.5 小句宾语

动词重叠式所带的小句宾语一般为疑问形式，非疑问形式的小句较少充任动词重叠的宾语。如：

（27a）大家一起商量商量怎么管理才最有效。

（27b）*大家一起商量商量这么管理才最有效。

（28a）我今天来讲讲农民如何跟随政策的脚步。

（28b）*我今天来讲讲农民跟随政策的脚步。

（29a）让他算算谁的运气好。

（29b）*让他算算我的运气好。

动词重叠式所带的小句宾语一般为疑问形式，这主要与两个因素有关。第一是动词的因素，如例（27）～（29），即使不使用动词重叠式，也是要求小句宾语是疑问形式的。能够带小句宾语的动词多为感知、表达类动词，如"看""知道""建议""说"等，这类动词在带小句宾语时，语义重心或者说焦点不是动作行为，而是小句所表达的内容。如：

（30a）你来讲这个事情。

（30b）你来讲他为什么要做这个事情。

显然，例（30a）可以侧重动作行为"讲"，而例（30b）更侧重"讲"的内容，即"他为什么要做这个事情"。

第二和动词重叠的意义有关。动词重叠具有强调"动势小量"的量化意义，而量化成分对于焦点是敏感的，也就是在句子中，量化成分更易于作为焦点。如：

（30c）你来讲讲这个事情。

和例（30a）相比，例（30c）的自然焦点在"讲讲"上，而例（30a）的自然焦点在"这个事情"上。

这样看，具有量化意义的动词重叠式和小句宾语在争夺焦点上产生了分歧，为了凸显小句宾语的焦点地位，要求小句宾语采用疑问形式，因为疑问形式天然是未知的，在焦点选择上具有最高的优先级。

动词重叠的小句宾语也有陈述形式，但相对较少。如：

（31a）得让他知道知道，我才是老大。

如例（31a）这样的句子同样存在争夺焦点的问题，这类句子的解决办法是将动词重叠式和小句宾语分开，这样两者可以分别作为焦点存在，减弱争夺性。因此例（31b）的可接受度要差一点儿，不如例（31c）。

（31b）*得让他知道知道我才是老大。

（31c）得让他知道知道谁才是老大。

另外，如果小句宾语不是疑问形式，并和动词重叠由标点符号隔开，在语义上，这个小句更像是动作行为的结果，而不仅仅是内容。如：

（32）你好好想想，我才是对你最好的那个人。

"想"的内容应该是"谁对你最好"，而"想"的结果才是"我对你最好"。

总的来说，当动词重叠式带小句宾语时，多为疑问形式。

22.动词重叠不能带什么样的宾语？

有一些宾语和动词重叠在语义上存在冲突，这样的宾语成分自然不能出现在动词重叠式中。

22.1 数量宾语

一般认为，动词重叠式具有排斥数量词语的强烈倾向。有人认为，这是因为动词重叠式表示的量意义是模糊的，因此不能和表示精确量的数量词语搭配；也有人认为，动词重叠式不能带数量词语，是受到宾语有定、无定的限制。如孙朝奋（1994）、李宇明（1998）等都明确指出，动词重叠式的宾语应该是无定无指的，或者是有指有定的，而不能是有指无定的。如：

（1a）咱们讨论讨论问题。

（1b）*咱们讨论讨论两个问题。

（1c）咱们讨论讨论这两个问题。

这组句子中，例（1a）的宾语是无指的，例（1b）的宾语是有指无定的，例（1c）的宾语是有定的。

实际上，动词重叠式的宾语还可以是类指（通指）的。如：

（2）在这里，每天吃吃羊肉、喝喝羊奶，小日子无比惬意。

因此我们说，动词重叠式的宾语不能是有指无定的。其实也可以换一个角度来说，即动词重叠式的宾语不能是未知的。

（3）你们可怜可怜我吧！你们可怜可怜一个心都碎了的人吧！

显然，在例（3）的语境中，即使"一个心都碎了的人"是数量短语，但在表义上是已知的、定指的，因此可以充任动词重叠式的宾语。再如：

（4）她眨了眨一双大眼睛。

未知成分之所以不能做动词重叠式的宾语，也和句子的焦点有关。未知成分易于充任自然焦点，而动词重叠句中，一般要以动词重叠式为焦点，因此产生语义冲突。而无指成分、类指成分、定指成分等都不是强焦点成分，不会产生语义冲突。

因此，动词重叠式的宾语并不是排斥数量成分，而是排斥无定成分，或者说是未知成分。

22.2 疑问宾语

我们强调动词重叠式的宾语排斥未知成分，这种说法可能比排斥无定成分更合适，因此动词重叠式也排斥疑问宾语。如：

（5）＊你想尝尝什么？

（6）＊你要了解了解谁的问题？

疑问成分不同于无定成分，无定成分指的是说话人已知而预设听话人未知的成分，而疑问成分则是说话人未知而预设听话人已知的成分。在排斥无定成分的语法位置上，并不一定排斥疑问成分。如：

（7a）＊他把一辆车修好了。

（7b）他把这辆车修好了。

（7c）他把什么／哪辆车／谁的车修好了？

"把"字句的宾语一般是有定的（无定宾语具有特殊的语法意义，多表示"意外致使"的意义），因此例（7a）并不成立，但使用疑问成分的例（7c）却是成立的句子。这说明在指称性质上，疑问成分和无定成分并不相同。

动词重叠式带疑问宾语，只能出现在回声问中。如：

（8）你刚才说你想尝尝什么？

（9）我没听清楚，你要了解了解谁的问题？

和例（5）、例（6）相比，由于例（8）、例（9）是回声问，其中的动词重叠式其实只是对前文的重复，已经失去了作为焦点的资格，不会和疑问成分产生焦点竞争和冲突，句子也就成立了。

22.3 虚指宾语

虚指宾语不表示实在的意义，往往表示一种语气，如否定语气、不在乎的语气等。如：

（10）你看什么？把眼睛闭上！

（11）你知道个鬼！

（12）干杯！喝他三天三夜。

虚指宾语不能和动词重叠式搭配。动词重叠式具有"主观积极"意义，不能出现在否定意义的语境中，因此与表示否定语气的虚指宾语语义冲突。表示不在乎语气的虚指宾语后面一般都要有补语成分，而动词重叠式在普通话中是不能和补语成分搭配的。因此，动词重叠式不能带虚指宾语。

22.4 动量宾语和时量宾语

动量和时量出现在动词之后，一般认为是补语成分，但也有人称之为动量宾语、时量宾语。动词重叠式表达"动势小量"的意义，会排斥其他的量化表达，而且其后也不能有补语成分。因此，所谓的动量宾语、时量宾语也不能和动词重叠式搭配。如：

（13）砍了三刀——* 砍了砍三刀

（14）考察五天——* 考察考察五天

22.5 大量宾语

动词重叠式具有"小量"意义，因此不适合和表示"大量"的宾语搭配。如：

（15a）*我想尝尝很多很多美食。

（15b）我想尝尝这些美食。

（16a）*我要帮帮很多很多朋友。

（16b）我要帮帮这些朋友。

宾语具有"大量"意义的例（15a）和例（16a）都是不成立的，当然，这里也涉及前文提到的无定、未知的问题，但"大量"也是造成不成立的因素之一。如：

（15c）*我想尝尝所有的美食。

（16c）*我要帮帮全部的朋友。

例（15c）和例（16c）的宾语都具有有定性，但是句子依然不成立，这与宾语的"大量"意义有关。

23. 动词重叠能不能构成复杂谓语结构?

这里的复杂谓语结构，我们主要指双宾语结构、连谓结构和兼语结构三种结构类型。

23.1 双宾语结构

动词重叠式在构成双宾语结构时要受到较大的限制。如：

（1a）我问他昨天发生的事情。

（1b）*我问问他昨天发生的事情。

（1c）我问问他。

（1d）我问问昨天发生的事情。

（2a）我骗了他 100 元钱。

（2b）*我骗骗他 100 元钱。

（2c）我骗骗他。

（2d）＊我骗骗 100 元钱。

从这两组例句中可以看出，动词重叠式在双宾语结构中受到较大的限制，例（1b）和例（2b）都是不成立的，例（2d）不成立的原因是数量宾语。也就是说，在没有语义冲突时，无论是直接宾语还是间接宾语，都可以做动词重叠式的单宾语，但双宾语结构不成立。

动词重叠式在搭配双宾语时受限，这也与句子的焦点之争有关。一般的双宾语句子中，直接宾语是句子的焦点，这与动词重叠式的焦点需求相冲突。

有些句子中，重叠形式可以带双宾语，在这样的句子中，为了避免焦点之争，通常有两种处理方式：一是直接宾语在形式上较短，其中光杆名词居多，多为无指成分，因为无指成分不适合做焦点；二是直接宾语和间接宾语之间用逗号隔开，在形式上远离动词重叠式，此时直接宾语多为小句形式。如：

（3a）我没做什么，我就问问老师问题。

（3b）我问问他，到底为什么要这么做。

（4a）让他骗骗我钱。

（4b）让他骗骗我，说他从小就失去了母亲。

23.2 连谓结构

动词重叠式能够较为自由地进入连谓结构，无论是充任连谓结构的前项还是后项。尤其是和趋向动词"来""去"连用，是一种使用频率较高的连谓结构。如：

（5a）我先去打打牌。

（5b）我先打打牌去。

从出现的频率看，"去"要远高于"来"，且"去"还可以充任连谓结构的后项，而"来"很少充任后项。如：

（6a）我先来打打牌。

（6b）＊我先打打牌来。

这其实和基式动词的搭配规律是一致的。

（7a）我去打牌。/ 我来打牌。

（7b）我打牌去。/* 我打牌来。

这是因为"V 去"是未然的，而"V 来"是已然的，因此在时间顺序上，"来"应该先于"V"存在。

所以在已然的语境中，"去"也同样只能充任连谓结构的前项。如：

（8a）我去打了打牌。

（8b）* 我打了打牌去。

除了趋向动词外，其他的动词性结构大多可以和动词重叠组合，构成连谓结构。如：

（9）我坐坐就走。

（10）他笑着摇摇头。

（11）太冷了，坐下来烤烤火吧。

（12）你打个电话问问。

连续的两个动词重叠式也可以构成连谓结构。如：

（13）你换换衣服休息休息吧。

连谓结构对前项的动作行为往往有一定情态上的要求，如"完成"，因此基式动词往往不能直接充任前项，但动词重叠式则比较自由。

（14a）* 这是工资，你点（钱）拿走。

（14b）这是工资，你点好拿走。

（14c）这是工资，你点点拿走。

23.3 兼语结构

致使语境是动词重叠式出现的典型语境之一，而致使语境就是依靠兼语结构完成的。如：

（15）我应该马上叫他知道知道我的厉害。

（16）不要管我，你让我哭哭吧。

尤其是表示"尝试"意义时，表示"尝试"意义的动词重叠式一般只能以第一人称和第二人称为主体，如果是第三人称为主体，则一般需要在兼语结构（致使语境）中才能成立。

（17a）我试试看。

（17b）你试试看。

（17c）？他试试看。

（17d）让他试试看。

动词重叠式具有"主观积极"意义，因此兼语句中的致使动词一般要具有主动性，强调动作行为，如"让""叫""请""派"等，而不具有主动性、强调状态的"使""令"等不能和动词重叠式搭配。如：

（18a）使他振作起来。

（18b）*使他振作振作。

在兼语结构中，动词重叠式一般都充任兼语结构的后项，而一般不能充任兼语结构的前项。如：

（19a）我去请请他。

（19b）*我去请请他过来。

（20a）你得催催她。

（20b）*你得催催她结婚。

有些动词重叠式能够充任兼语结构的前项，但兼语一般都是泛指的"人"，而不能是具体的人物。如：

（21a）你自己不能来，也不说派派人来。

（21b）*你自己不能来，也不说派派老王来。

（22a）别急，我找找老师教你。

（22b）*别急，我找找王老师教你。

例（22a）中的"老师"只能是泛指的、无定的，而不能是特定的某位老师。

24.动词重叠还可以做什么句法成分？

动词重叠式具有较强的述谓性，在句中主要充任谓语成分，同时也可以出现在其他语法位置上。

24.1 主语

动词重叠式做主语，句子一般带有评判性，即其谓语不能是动作性的，而是表示评议、判断的。如：

（1）看看可以，但是不能上手。

（2）对你来说，多挨挨批评未必是坏事。

（3）打扮打扮多好看啊！

（4）经常活动活动有益身体健康。

（5）又不是你家的椅子，坐坐怎么了？

带有"评判"意义的句子，表达的是对人、物或者事件的评判，因此在主语位置上是易于接受动态性、述谓性较强的成分的。如：

（6）说容易，做可难了。

动词重叠式做主语时，由于谓语是表示"评判"意义的，因此句子不能有时体等表现，对动词重叠式来说，也同样不能是"V了V"式。

（7）*看了看可以。

（8）*打扮了打扮真好看啊！

李宇明（1998）发现，由于主语位置上的动词重叠式仍具有较强的动态性，所以有些句子中动词重叠式的句法关系是难以判断的。如：

（9a）劳动劳动就不失眠了。

（9b）劳动劳动你就不失眠了。

（9c）劳动劳动，就不失眠了。

李文认为，例（9a）中的重叠式可以分析为主语，而例（9c）中的重叠式分析为条件分句更合适，例（9b）则处于两者之间。我们认为，这种分歧其实在普通述谓性结构中也存在，并不是动词重叠式导致的。如：

（10a）喝了红酒就不失眠了。

（10b）喝了红酒你就不失眠了。

（10c）喝了红酒，就不失眠了。

动词重叠式做主语要和下面这种结构区分开。

（11）去去就回来。

（12）坐坐就走了

显然，这里的动词重叠式并不是主语，区别两种句子的依据就是句子的谓语是否是评判性的。

24.2 宾语

动词重叠式可以做宾语，但据李宇明（1998）、李珊（2003）等研究，动词重叠式做宾语时，谓语动词只有"是"等有限的几个。

"是"是动词重叠式做宾语时比较常见的谓语动词，但一般前面还要受到"只""不过"等词语的修饰。总之，句子要体现一定的表示"小量"意义或随意、随便的语气。如：

（13a）*我是看看。

（13b）我只 / 不过 / 就是看看。

（13c）我是看了看，但是没上手。

（13d）我是看了看，怎么了？

（13e）我来这儿也是看看，没在这儿就算了嘛。

除了"是"以外，其他一些判断动词或带有判断动词性质的"准判断动词"也可以带动词重叠式做宾语。如：

（14）我现在也算见了见世面。

（15）我这么做也等于给大伙儿助助兴。

此外，具有"意愿"意义的心理动词等可以带动词重叠式做宾语，且比较自由。如：

（16）我想尝尝。

（17）你需要锻炼锻炼身体。

（18）我打算试试。

（19）你也知道可怜可怜我。

这一类动词中的一部分和能愿动词存在纠缠，如"想""要""需要""愿意"

等。我们不考虑这些纠缠，仅将其作为心理动词来看，以上各句中的动词重叠都是处在宾语位置的。表示"意愿"的心理动词带动词重叠做宾语比较自由，而其他心理动词带动词重叠做宾语要受到较大的限制，因为"意愿"符合动词重叠的意义表达。从另一个方面来看，表示"意愿"的心理动词要求宾语具有较强的动态性和述谓性。也就是说，在宾语位置上，动词重叠式仍然保留着较强的动态性和述谓性。

24.3 定语

动词重叠式不能直接做定语修饰名词性成分，即使是构成"的"字结构，直接做定语的也比较少。如：

（20）对老爷子，糊弄糊弄的经验还是有的。

（21）我连看一看的权利都没有吗？

更多定语位置上的动词重叠式要带有其他成分。如：

（22）我有去看看的冲动。

（23）退休以后，他过上了养养花、遛遛鸟的生活。

动词重叠式充任定语时，在语义上多表示中心语的内容，如"糊弄糊弄"是"经验"的内容，例（20）～（23）都是如此。

动词重叠式在定语位置上也可以修饰其他类型的中心语，但此时一般不是动词重叠直接做定语，而是多受到能愿动词或者具有"能愿"意义的心理动词的修饰限定。如：

（24）想去看看的人都来这儿集合——*去看看的人

（25）应该讨论讨论的问题——*讨论讨论的问题

（26）需要和你谈谈的事情——*谈谈的事情

24.4 状语

状语位置上一般不能容纳动态性、述谓性较强的成分，所以动词重叠式一般不充任状语成分，虽偶有用例，但在语感上也不太通顺。如：

（27）李天民笑笑地说道……

例（27）是李珊（2003）中的用例，也是李文中唯一一个真正的动词重叠式做状语的例子，但是在语感上，这个句子并不通顺。

（28）她想笑，又用力忍住，眼睛眨巴眨巴地上下打量着我。

（29）她说着，两只长睫毛的大眼睛忽闪忽闪地望着我，那神情很像一个生产队长在指挥他的队员一样。

例（28）、例（29）也是李文中的例子，从这两个句子看，即使句子成立，这里的"眨巴眨巴""忽闪忽闪"也不是动词重叠的意义，其不是动作的表达，而是状态的描述。李文所举的其他例子更为明显。如：

（30）周炳说自己不抽烟，他就拿起烟袋，装上旱烟，自己吧嗒吧嗒地抽起烟来。

（31）杨妈连连摇手："不是不是！我注注儿地在这儿听着呐。"

虽然"吧嗒"有动词的用法，但是例（30）中的"吧嗒吧嗒"更像是拟声词的重叠。而例（31）中的"注注儿"更是全神贯注的意思，是对状态的描述，是状态形容词。

24.5 补语

补语是对谓语的补充说明，因此补语常常是已然的。能够进入补语位置的动词重叠式大多是已然的形式，且必须有助词"得"存在。如：

（32）她气得咬了咬牙、跺了跺脚。

（33）他吓得歪了歪身子。

动词重叠式具有动态性、述谓性，而补语大多表示动作行为的状态或结果的状态，所以动词重叠式在补语位置并不常见，所搭配的谓语动词也比较有限。

第四部分 动词重叠的类型差异

25. "V了V"式就是表示完成的"VV"式吗?

动词重叠式本身在表达上即具有一定的体意义,因此动词重叠形式后面一般是不能再带有动态助词的。如:

(1a)＊我昨天逛逛了超市。

(1b)＊我以前逛逛过超市。

(1c)＊我(正)逛逛着(超市)呢。

但是,动词重叠虽然不能在后面带动态助词"了",却有"V了V"的重叠形式。那么,"V了V"式是动词重叠"VV"式的完成体表达吗?

25.1 "V了V"式的"完成"意义

"了"一般被认为是完成体、实现体的标记,即表示的是相对于某个参照事件来说,带"了"的句子所表达的是一个已经完成或已经实现了的时间状态。"V了V"式动词重叠也是具有"完成"意义的。如:

(2)他跟我说了说昨天发生的事。

显然,"说了说"的意思是"说"这一动作行为的完成。

"完成"是以某个时间为参照的,我们来看一下"V了V"式在不同时间参照下的表现。

一、过去的时间

"V了V"式在过去的时间参照下,可以表现出"完成"的体意义。如:

（3）昨天，我先找小王聊了聊这件事。

（4）我昨天试着转了转这个轮子，根本转不动。

但是受动词重叠"小量"意义的影响，"V了V"式不能出现在过于久远的过去的时间。如：

（5a）我昨天喝了喝你送我的中药，没你说的那么苦。

（5b）*我去年喝了喝你送我的中药……

（5c）我去年喝了你送我的中药……

能留存在久远记忆中的一般都是重要的大事件，这和动词重叠式的小量所带有的"随意"等意义是冲突的。

二、当下的时间

"V了V"式在当下的时间参照下，可以表现出"完成"的体意义。如：

（6a）女人笑了笑，把药端到了床边。

（7a）他嘘了一声，用手指了指窗外。

在当下的时间参照下，动词重叠表现出了较强的描写性，一般来说，能够描写出来的动作行为，必然是已经发生了的动作行为。但是，由于描写的是当下的时间，也就是描写是即时的，可以看作与动作行为同时发生，而动词重叠本身就具有有界性，因此不用"了"也是成立的。如：

（6b）女人笑笑，把药端到了床边。

（7b）他嘘了一声，用手指指窗外。

连续的动作行为可以凸显描写性，如例（6b）、例（7b）中的动词重叠一般都出现在连续的动作行为中。

由于动词重叠具有描写性，而动词基式并不具有描写性，也不具有有界性，所以动词基式需要带动态助词来表示某一体貌。如：

（6c）女人笑了，把药端到了床边。

（6d）*女人笑，把药端到了床边。

（7c）他嘘了一声，用手指着窗外。

（7d）*他嘘了一声，用手指窗外。

三、将来的时间

动词基式带"了"是可以表示在将来的时间参照下的完成的，但在表义上并不自由，一定要有动作行为的后续。如：

（8a）我明天逛了街去找你玩。

（8b）＊我明天逛了街。

而"V 了 V"式是不能用于将来的时间参照的。如：

（8c）＊我明天逛了逛街再去找你玩。

（8d）我明天逛逛街再去找你玩。

除了不能用"了"之外，我们还发现，在将来的时间参照下，动词重叠和后续动作行为之间还要有"再""就"等词语隔开。

25.2 "V 了 V"式不等同于"VV"式的完成

"V 了 V"式和动词重叠式的完成并不对等，如双音节动词的"ABAB"重叠形式，就没有相应的完成形式，即没有"AB 了 AB"式。

即使只谈单音节动词的重叠形式"AA"，"A 了 A"式也并不与之完全对应。如前所述，"A 了 A"式只能出现在已然语境中，而未然语境才是动词重叠出现的典型语境。在未然语境中，一些在语义上不符合重叠要求的动词，如非自主动词、不可重复动词等，也可以进入动词重叠式，而这一类动词重叠式因为不能出现在已然语境中，所以一般没有"A 了 A"式。如：

（9a）快醒醒，都几点了。

（9b）＊他醒了醒。

动词重叠式表示"动势小量"的意义，具有有界性，即所表示的动作行为具有内在的终结点，但这个终结点并不凸显。也就是说，无论是否带"了"，动词重叠式所表示的动作行为总是要完成的，只是在意义上不凸显"完成"罢了。因为完成与动势关系不大，而动词重叠式是强调动势的，比如动作行为的持续、反复的量等。

动词重叠式强调的是量，那么动词重叠的完成形式的意义就具有两种可能性：一是动作行为的完成，二是量的完成。这样看，"A 了 A"式所表示的"完

成"意义可能也存在两种理解。如:

（10a）我昨天随便逛了逛就去找你了，还是和你一起逛街更开心。

（10b）*我昨天逛了街就去找你了，还是和你一起逛街更开心。

（10c）我昨天逛了一条街就去找你了，还是和你一起逛街更开心。

可以发现，例（10a）中的"逛了逛"只表示量的完成，之后还可以继续"逛"的动作行为，这与具有明确量意义的例（10c）理解一致；而例（10b）不使用动词重叠，则不能有这样的理解，"逛了街"只表示动作行为的完成。

如前所述，"A 了 A"式不能出现在将来的时间参照下，这其实也是和量意义有关。如:

（11a）我明天逛一条街就去找你。

（11b）*我明天逛了一条街就去找你。

（12a）我明天逛逛街就去找你。

（12b）*我明天逛了逛街就去找你。

对于将来的时间，完成体只能出现于一种语义情况，即完成某事再做另一件事，因此完成体的作用是将动作行为有界化，而量意义的存在已经使得动作行为有界化了，不必再使用标记词语。

也就是说，"V 了 V"式在语义上并不单纯表示动作行为的完成，而是和"VV"的量意义有关，也受到"V"的音节数量的影响。

25.3 "V 了 V"式的使用语境

动词重叠式在不同语境中表现出的语义、语用功能存在差异，如意愿、祈使、尝试、致使等典型的容纳动词重叠式的语境，所表达的动作行为都是未然的。这里是说，尽管整个句子可能是过去时的，但对于动作行为来说，要是未然的。如:

（13）我昨天想去逛逛街来着。

（14）他昨天让我劝劝她看。

（15）我早就想让他见识见识我的厉害。

我们也可以说，由于汉语中缺少表达时范畴的语法手段，这里的未然的时意义，更准确说应该是未完成的体意义。

显然，这类动词重叠式如果使用完成体"V了V"式，那么其原有的"意愿""祈使""尝试""致使"等意义便会随之丧失。这是学界认为"V了V"式并不是这些动词重叠式的完成体的主要原因。

但实际上，基式动词在完成与否的表达中，同样存在这些语用意义的差异。如：

（16）我玩——我玩了

（17）你去——*你去了

（18）让他来——让他来了

例（16）的完成体失去了"意愿"的意义，例（18）的完成体失去了"祈使"的意义，例（17）的完成体则不成立。因此，我们说将失去特定的意义作为"V了V"式不是动词重叠式完成体的原因并不够合理。

"V了V"式作为完成体，主要在以下动词重叠的语境中使用：

一、对已然动作行为的叙述，具有"小量"意义。如：

（19a）我昨天去超市转了转。

（19b）*我昨天去超市转转。

（20a）这本书我翻了翻，写得还不错。

（20b）*这本书我翻翻，写得还不错。

这类句子侧重表达某一动作行为的已然状态，即强调动作行为的完成，因此必须使用"V了V"式作为完成体表达。

二、对已然动作行为的描述，强调描述性意义。如：

（21a）他摸了摸她的手，有点儿凉。

（22a）他昨天什么也没做，看了看书、玩了玩电脑就睡觉了。

这类句子侧重表达的是对动作行为的描述，即强调的是动作行为本身，而不是完成的状态，因此不使用"V了V"式作为完成体表达也没有太大的语义差异。

（21b）他摸摸她的手，有点儿凉。

（22b）他昨天什么也没做，看看书、玩玩电脑就睡觉了。

我们说，"V了V"式具有"完成"的意义，因此如果这类句子强调"完成"的意义，我们仍然要使用"V了V"式。如：

（23a）他认真地读了读说明书，开始组装这些零件。

（23b）*他认真地读读说明书，开始组装这些零件。

显然，这里的"读说明书"是要"读完"的，而不能只读一部分，因此要使用"V了V"式。

25.4 小结

我们认为，"V了V"式和动词重叠式的完成体并不等同，存在诸多的差异，如能进入格式的动词不同、表达的意义不同、出现的语境不同等等。而"V了V"式也和一般的完成形式"V了"有所差异，如在描述性语境中不一定使用"了"，而在未然的完成语境中不能使用"了"等。这是因为动词重叠本身就已经带有自然的终结点，有"完成"的意义，因此只有当需要凸显这个"完成"意义时，才必须使用"V了V"式。

26. "V一V"式和"VV"式有什么不同？

一般认为，动词重叠"VV"式是源于"V一V"式的，如范方莲（1964）就认为"VV"式是"V一V"式在一定的语音条件下脱落"一"的结果。

也有学者认为，"VV"式并非源于"V一V"式，如徐正考（1990）就明确表示过"这些推测不合事实"。

我们不考察动词重叠式的历时演变，只从共时层面来看待"V一V"式和"VV"式的异同。

26.1 同形的"V一V"

一般认为，"V一V"是一个歧义形式，当其中的"一"词义虚化、表示不定量时，两个"V"都是动词，"V一V"是动词重叠式；而当"一"是表示具体数量的数词时，后一个"V"是前一个"V"的同形量词，"V一V"是数量补语结构。前者的"一"是虚指，不能替换为"二""三"等数量；而后者的"一"是实指，可以替换为"二""三"等其他数量。

两种结构的主要差异是：表示动词重叠式的"V一V"具有整体性，可以看作"V"的一种形态变化；而作为数量补语结构的"V一V"则在结构上略微松散，是典型的词组。在语音上，动词重叠式"V一V"的后一个"V"一般读轻声，中间没有语音停顿；在语义上，动词重叠式的"V一V"并不是三个语素意义的简单相加，而是具有整体的意义；在语法上，动词重叠式的"V一V"中间一般只能插入"了"等意义较虚的词，而作为数量补语结构的"V一V"则与之相反。

一、语音上

（1a）48 块钱的烤鸭，给我包 / 一包。

（1b）医生，快把伤口给我包一包。

例（1a）中第一个"包"的后面可以有停顿，且后一个"包"不能轻读；例（1b）则相反。

二、语义上

（2a）48 块钱的烤鸭，给我包两包。

（2b）* 医生，快把伤口给我包两包。

动词重叠式的例（2b）不能有"包两包"的表达。

三、语法上

（3a）48 块钱的烤鸭，要两只，给我包成一包。

（3b）医生把伤口给我包了一包。

表示动补结构的"V一V"在动词和补语之间可以有一些实义成分，而表示动词重叠的"V一V"则只能带一些虚义成分，如"包上一包""包他一包"等。

显然，我们的研究对象是表示动词重叠的"V一V"式。

26.2 "V一V"式和"VV"式的句法差异

有一些特定的句法格式对"V一V"式和"VV"式有所选择。

在语音上,"VV"是一个音步,而"V一V"中,虽然"一""V"都是轻声,整体上可以看作一个音步,但也有看作两个音步的倾向。这就使得在一个音步的表达中,"VV"更为顺畅,而在某些表达中,双音步倾向的"V一V"在语音上显得更稳。

一、单音节宾语

当动词重叠所带的宾语是单音节宾语时,倾向于使用"VV"式,尤其是动宾式离合词重叠之后的"VVO"式,更为排斥"一"。如:

(4a)来来来,我陪你说说话。

(4b)*来来来,我陪你说一说话。

(5a)我吃饭以后,要出去散散步。

(5b)*我吃饭以后,要出去散一散步。

如果不是动宾式离合词的重叠,"V一V"的可接受度要高一些,但仍倾向于使用"VV"式。如:

(6a)有机会,我要去三亚看看海。

(6b)?有机会,我要去三亚看一看海。

二、双音节动词重叠

双音节的动词在重叠成"ABAB"式之后,不能插入"一"。双音节动词重叠的"ABAB"式在结构上是比较紧密的,如"了"等成分也同样不能插入。如:

(7a)麻烦你帮我照顾照顾她。

(7b)*麻烦你帮我照顾一照顾她。

(8a)认真地研究研究这个问题。

(8b)*认真地研究一研究这个问题。

三、表示尝试的"×看"

"×看"是表示"尝试义"的动词重叠结构,其中"×"倾向于使用"VV"式。因为"看"在语义上是虚化的,"VV看"更适合作为一个音步理解。如:

(9a)味道不错,你也尝尝看。

(9b)*味道不错,你也尝一尝看。

（10a）你走走看，你敢走出这个门，我就打断你的腿！

（10b）*你走一走看，你敢走出这个门，我就打断你的腿！

四、特殊格式

一些习惯上的特殊格式，往往使用"VV"式，因为在语音上"VV"更顺畅，"V一V"要多出一个音节。如：

（11a）大家你看看我，我看看你，谁也不说话。

（11b）*大家你看一看我，我看一看你，谁也不说话。

26.3 "V一V"式和"VV"式的语义差异

26.3.1 "多"与"一"

从形式上看，"V一V"式和"VV"式的差异在于表示不定量的"一"。在语义上，虽然"一"表示的是不定量，但"一"的存在，或多或少地使得"V一V"式有排斥大量的倾向。这只是使用上的倾向，而缺少强制性。

一、"多×"结构

在"多×"结构中，"×"有使用"VV"的倾向。如：

（12a）你基础比较弱，多看看专业教材。

（12b）？你基础比较弱，多看一看专业教材。

（13a）你要学会倾听，多听听不同的意见。

（13b）？你要学会倾听，多听一听不同的意见。

但是在不带宾语的结构中，"V一V"也可以受"多"的修饰。如：

（14a）年纪大了，就想再多听听、多看看。

（14b）年纪大了，就想再多听一听、多看一看。

由于没有宾语，因此用"一"来扩展音节的长度，显得语气更舒缓，可以避免"头重脚轻"式的结构。如果能进一步拉长音步，如"多听上一听""多看他一看"，在语气上会更为舒缓。

二、"多方向×"结构

所谓的"多方向×"指的是动词重叠式前受到多个方向词的修饰，表示动作要在多方向上重复。由于"多义"和"一"略有冲突，所以"多方向×"中

倾向于使用"VV"式。如:

（15a）他前后望望，没有看到人影。

（15b）？他前后望一望，没有看到人影。

（16a）他向左右看了看，才轻声地说道……

（16b）？他向左右看了一看，才轻声地说道……

在语义上，向多个方向"看"，那就一定不是只看"一"次，所以和"V一V"在语义上有所冲突。如果能够有其他成分解决这个语义上的冲突，句子还是可以成立的。如:

（17）他前后左右都看了一看，才放下心来。

（18）我这几天没事，东南西北都逛了一逛。

在例（17）、例（18）中，因为"都"的存在，所以可以理解为"每个方向"都"看了一看""逛了一逛"，这就解决了多方向和"一"的语义冲突，句子成立。

还有一些动作本身就带有多方向性，因此也不受这个"多方向"的限制。如:

（19）炒菜的时候，像这样，上下颠一颠。

（20）他好像没站稳，身体往左右晃了一晃。

"颠"本来就是"上下"才是一次，"晃"也可以"左右"为一次，因此在语义上和多方向不产生冲突，句子成立。

相反，如果在语义上凸显的是"一"，而不是"多"，即没有凸显"反复"的意义，那么使用"V一V"更合适。如:

（21a）愁一愁，白了头。

（21b）*愁愁就白了头。

（22a）不要急，等空一空时我再详细和你说。

（22b）*不要急，等空空时我再详细和你说。

这两组句子在语义上并不凸显"反复多次"的意义，实际上的意思是"愁一次就会白头""空一次的时候就和你说"，因此用"V一V"式更合适。

26.3.2 "虚"与"实"

从结构上看，"VV"内部结合得更为紧密，词化倾向要比"V一V"高。在语义上，有些"VV"式在功能上逐渐向话语标记靠近，在语义上已经开始虚化，即不再表示具体的动作行为，而是表示虚化的动作行为意义。这一类"VV"，不能替换成"V 一 V"。如：

（23a）你看看，其实就是这么一回事，是你想得太复杂了。

（23b）* 你看一看，其实就是这么一回事，是你想得太复杂了。

（24a）你说说，她这样怎么嫁得出去呀。

（24b）* 你说一说，她这样怎么嫁得出去呀。

这里的"你看看""你说说"并不是要求说话者真实地发出动作行为，而是表达虚化的意义。而"看一看""说一说"只能表达真实的动作行为。如：

（25）你看一看，是不是这个人。

（26）你说一说，他是一个什么样的人。

表示虚化意义的"VV"式常常带有一定的语气，如怨责、嘲讽、赞羡等。如：

（27）你瞧瞧，这都三天了，连个人影都不着家。

（28）看看，徒弟又给你争光了吧

这类"VV"式大多出现在句首，有时也会出现在句中。如：

（29）这些材料看看有没有 300 斤，你们偷工减料太严重了吧！

26.3.3 "短"与"长"

"V 一 V"在形式上比"VV"多一个音节，在刻意拉长语音时又比"VV"多出一个音步，此时"V 一 V"中的第二个"V"常常不读轻声。这个时候，一个音步的"VV"式在语义上一般表示"短时小量"意义，而两个音步的"V 一 V"式在语义上则不强调"短时小量"，两个形式在语义上有了"短"和"长"的差异。

（30a）马蹄声传来，身后有人高喊："等一等！"

（30b）马蹄声传来，身后有人高喊："等等！"

（31a）水太烫了，先凉一凉。

（31b）水太烫了，先凉凉。

从这两组句子来看，和 b 句的"小量"意义相比，a 句的"等一等""凉一凉"

在语义上更重，在时间上更长。

如果在语义上强调"短时小量"意义，那么句子更倾向于使用"VV"式。如：

（32a）等我一分钟，我换换衣服就去。

（32b）? 等我一分钟，我换一换衣服就去。

（33a）他看了看照片说："这根本不是你！"

（33b）你仔细看一看，这到底是不是我！

在例（32）中，强调了动作的"短时小量"，倾向于使用"VV"式。而在例（33）中，a 句强调"小量"意义，而 b 句则相反。

因此，能够强调动作"短时小量"意义的句子倾向于使用"VV"式，反之倾向于使用"V 一 V"式。如表示"轻微""随便"的意义，多使用"VV"式；表示"认真""严肃"的意义，多使用"V 一 V"式。带有"紧急""催促"意义的，多使用"VV"式，反之则多使用"V 一 V"式。如：

（34）我今天就是随便说说，大家也随便听听。

（35）大家都到了，我就把公司现在面临的形势和问题和大家说一说。

（36）外面好像有动静，你快去看看。

（37）你确定没人了吗？你再好好看一看。

凸显"随便"意义的例（34）倾向于使用"VV"式，而比较严肃的例（35）则倾向于使用"V 一 V"式；带有"催促"意义的例（36）倾向于使用"VV"式，而例（37）则使用"V 一 V"式更符合句义。

26.4 "V 一 V"式和"VV"式的语用差异

在语用层面上，总的来说，"V 一 V"可以看作"VV"的郑重式，即在郑重、严肃的语境中，倾向于使用"V 一 V"式，而在自由、随意的语境中，倾向于使用"VV"式。如：

（38）小燕，你来讲讲这个问题。

（39）下面，有请公司执行董事王燕女士讲一讲这个问题。

一、郑重语气往往意味着凸显和强调。

（40）扭一扭、舔一舔、泡一泡。

例（40）奥利奥的广告就要是凸显和强调这三个动作，因此使用"V 一 V"式。在形式上，独立作为小句的动词重叠式往往是被强调的，倾向于使用"V 一 V"式。如摄影师拍照片前说"笑一笑"，老师维持班级秩序时说"静一静"等。再如：

（41）可否缓迟几年，凉一凉，……徐徐而图，似乎更稳妥些。

和"VV"式比，"V 一 V"式更有强调性，这从与两者连用的句子中更能感受出来。如：

（42a）你去查查，好好查一查。

（42b）* 你去查一查，好好查查。

在例（42）这样的递进语境中，"V 一 V"式不能出现在"VV"式之前。

二、郑重语气往往意味着礼貌和尊敬。

（43）恳请医生救一救我的孩子。

（44）请警察同志审一审，看他犯了多少案子。

（45）先生，您先坐一坐，家父马上就到。

这类句子语气庄重，使用"V 一 V"式更能体现礼貌和尊敬。

三、"悄悄""偷偷"等语境不是郑重语境。

带有"悄悄""偷偷"这类修饰语或相关意义的语境，倾向于使用"VV"式。

（46）他悄悄地碰了碰王生的肩膀，示意赶快找个借口溜出去。

（47）说着话，他偷眼看看林道静。

四、表估量、不确定的语气不是郑重语境。

郑重往往意味着肯定，而表示估量、推测、不确定的语气，往往使用"VV"式。

（48）我先买回去看看，不好用的话要来找你的。

（49）这组长我先当当，李强回来我还是要还给他的。

前文说表示"尝试义"的动词重叠式倾向于使用"VV"式，其实"尝试"也就意味着不确定。

26.5 结语

综上所述，"V 一 V"和"VV"在句法结构、语义、语用等方面都存在一定的差异，但是这种差异往往不是强制性的，而是倾向性的。总的来说，"V 一 V"带有郑重的语气，凸显"一"的数量，语义较重；而"VV"则比较自由、随意，更凸显"时短量小"的意义。

在语感上，我们会发现"VV"的使用频率要远高于"V 一 V"。这主要是由于"V 一 V"带有郑重的语气，更适合书面语的表达，而书面语色彩较重的动词多为双音节动词，"V 一 V"式又排斥双音节动词，因此造成"V 一 V"在使用频率上并不太高的现象。

27. "V一下"式和"VV"式有什么不同？

"V 一下"虽然不是动词重叠式，但是在语义和语用等方面都和动词重叠相近，在大部分语境中都可以相互换用，因此有必要将"V 一下"式和"VV"式做比较。胡孝斌（1997）就认为两者"无论在意义还是用法上都有很多细微而又复杂的差别"。

27.1 "V 一下"的歧义性

"V 一下"式实际上是一个歧义格式，相原茂（1984）、甘智林（2004，2005）都区分了表示数量的"一下 $_1$"和表示小量的"一下 $_2$"，前者可以有"两下""三下"等相应格式，如"他敲了一下门"，后者则不可以，如"请您品尝一下我的手艺"。表示动作动量的"V 一下 $_1$"词汇意义明确，没有明显的语用意义，因此本文所涉及的"V 一下"指的是"V 一下 $_2$"，下文不再用下脚标进行区分。

27.2 "V 一下"和"VV"的语义差异

胡孝斌（1997）指出"VV"与"V 一下"的主要语义区别："VV"除了表示尝试之外，还可以表示动作的反复出现，而"V 一下"不能表示动作反复出现；"VV"除了表示"时短量小"外，还可以表示动作实施的量大，即"多量"，

"V一下"没有此种用法。

"V一下"（V一下₂）的语义来源是表示动作次数的"V一下₁"，因此在语义中保留了"一次动作"的特点，"一"是最小的数字，所以"一下"引申表示小量；而"VV"的来源一般认为是"V一V"，虽然也有不同意见，但无论怎样，在象似性上"VV"表示的是动作行为的持续和反复，因此在语义上也保留着这样的特点。可以说"一次动作"和"反复动作"是"V一下"和"VV"在语义上的本质差异。在语义上凸显"持续""反复"意义的动作行为，只能使用"VV"式表达，反之，不具有"持续""反复"意义的一次性动作行为，只能使用"V一下"进行表达。

27.2.1 是否表达"轻松""闲适"意义

如前所述，在表示"轻松""闲适"意义时，"VV"所表示的量具有大量的特征，强调的是动作行为对时间的占有。这样的动作行为必须具有"持续""反复"的意义，只能使用"VV"式，而不能使用"V一下"式。如：

（1）退休以后，逗逗猫、遛遛狗，再和老朋友打打牌、聊聊天儿。

（2）居家养病的日子，追追剧、看看综艺，保持平和的心态。

"轻松""闲适"的意义表达大多出现在惯常语境中，但已然和未然的语境中也可以表现该意义，此时同样需要用"VV"来表达。如：

（3）时间过得真快，就在家看看电视，一天就过去了。

（4）这个周末哪儿也不想去，就在家躺着玩玩手机就挺好。

表达"轻松""闲适"的意义，一般来说都凸显动作行为的"持续"和"反复"意义，因为"悠闲"的色彩可以通过慢慢做、反复做的动作行为体现出来。因此，要注意与表示"小量"意义的动作行为的区别，"小量"意义可能具有"轻松"的语义色彩，但不会有"闲适"的语义色彩。如：

（5）趁着现在没什么事，我研究一下（研究研究）这个数独。

（6）我哪儿也没去，就是去朋友家坐了一下（坐了坐）。

同样是表达一段时间内没有做其他的动作行为，但例（1）～（4）都具有"轻松""闲适"的意义，表达的动作行为是持续、反复的；而例（5）、例（6）则强调利用一小段时间，短暂地做某事，强调的是"小量"意义。前者要使用

"VV"式，而后者也可以使用"V一下"式。

27.2.2 强调动作还是状态

动词重叠"VV"式强调动作的持续和反复进行，具有较强的述谓性，即动作性较强，在语义上凸显动作行为本身；而"V一下"强调的是动作行为"一次"的完成，在语义上可以凸显动作行为所带来的结果的状态。因此"VV"适合动态句，适合凸显动作行为的语义；而"V一下"适合静态句，适合凸显结果状态的语义。如：

（7a）你笑什么，这东西重得很，不信你拎拎。

（7b）？你笑什么，这东西重得很，不信你拎一下。

（8a）我拎了一下，确实它很重。

（8b）？我拎了拎，确实它很重。

例（7）句强调的是对动作行为的尝试，在语义上凸显动作行为本身，因此更倾向于使用"VV"式；而例（8）更强调动作行为的结果，倾向于使用"V一下"式。

"拎"是一个可持续、反复的动作，在例（7）、例（8）中体现出的更多是一种倾向性。如果是不具有"持续""反复"意义的动作行为，进入"VV"式是有语义条件限制的，而这样的语义限制都是凸显动作行为的，如果句子凸显的是结果状态，那么只能使用"V一下"式。如：

（9a）我戴了戴这块手表，看起来确实和我的手很般配。

（9b）我是戴了一下这块手表，但没戴多长时间就还给她了。

（9c）*我是戴了戴这块手表，但没戴多长时间就还给她了。

"戴"在语义上虽然是可以反复的，但是一般来说，不会有人反复进行这一动作，而是保持戴在手上的状态。因此，在较强的"尝试义"语境中，"戴"是可以进入"VV"式的，如例（9a）；而如果失去了"尝试义"，句子凸显的是结果状态，那么则只能使用"V一下"式，如例（9b）。

"戴"这样的动作本身既有动作性又有状态性，如果是状态性更强的动词，这样的句法表现更加明显，更适合"V一下"式。如：

（10a）？我想了解了解事情的经过。

（10b）我想了解一下事情的经过。

（11a）* 这个盒子，你先在这儿放放。

（11b）这个盒子，你先在这儿放一下。

可以看出，"VV"凸显动作性，强调的是动作的"小量"意义，尤其是动作的反复性；而"V一下"凸显状态性，强调的是状态的"小量"意义，尤其是状态的持续性。但是，也要认识到，无论是"VV"还是"V一下"，在语义上都是强调动作性的，都强调的是小量，只是"VV"更侧重动作本身，而"V一下"更侧重动作的结果状态。因此，一些状态性较强的动词，较难进入"VV"式，但却易于进入"V一下"式。

27.2.3 多次还是一次

"VV"强调动作的反复性，也就是说，"VV"凸显的是多次的动作行为，如"摇摇头""摆摆手"都倾向于使用"VV"式；而"V一下"强调的是状态的延续性，也就是凸显的是一次的动作行为，如"交一下""捡一下"。也就是说，使用"VV"式时，我们认为动作行为是分解的、可重复的多个动作；而使用"V一下"式时，我们更倾向于将动作行为视为一个整体。"V一下"还有一个意义，即表示动作的极小量，常常带有"否定"意义。如：

（12）你动一下试试，你敢动一下我就打烂你的屁股！

（13）你别哭，哭一下我就再也不理你了。

"V一下"的本义是计算动作的次数，"一"作为最小量而引申表达"动作小量"的意义。因此，在凸显最小量"一"的语境中，要使用"V一下"式。而反过来，"VV"在象似性上表示的是动作的重复，即不只为"一"。因此，在凸显"多"的语境中，要使用"VV"式。如：

（14a）难得来一次，这里这么多游乐设施，你好好玩玩，玩够了再回家。

（14b）? 难得来一次，这里这么多游乐设施，你好好玩一下，玩够了再回家。

例（14a）中的"玩"显然是"玩了这个设施再玩那个设施，玩了一遍再玩一遍"的意思，因此强调了动作的多次反复性，倾向于使用"VV"式。

（14c）这个游戏你玩一下，看有没有什么 bug。

例（14c）强调的是"把游戏玩一遍"，因此要使用"V一下"式，再如例

（15）。

（15）这个程序你运行一下，看有没有什么 bug。

多次往往意味着大量，因此在受表示"多次""大量"意义的词语修饰时，倾向于使用"VV"式。如：

（16）你仔细想想，到底丢在哪里了。

（17）遇到不懂的事情，就多问问，不要一个人闷头做。

（18）我去别的店再看看，不合适我再回来。

例（16）～（18）中，有"仔细""多""再"等表示"多次""大量"意义的词语，使用"VV"式较为合适，虽然使用"V一下"式也可以，但更倾向于使用"VV"式。在北京大学 CCL 语料库中，"仔细想想"有 276 例，"仔细想一下"仅 9 例；"多问问"有 15 例，"多问一下"为 0 例；"再看看"有 907 例；"再看一下"有 67 例。虽然我们没有进一步区分"VV"是否属于动词重叠，但这样较为悬殊的数量差异已经足以证明使用上的倾向性。尤其是"多问一下"，在语料库中一例也没有出现。

如前所述，使用"V一下"式时，我们更倾向于将动作行为视为一个整体。而"问"在语义上计量是比较明确的，一个问题就是"一问"，因此很难将"多问"视为一个整体。可以和"多想"比较，"想"在语义上的计量并不明确，同一个问题也可以反复地"想"，或者长时间"想"，因此"多想一下"就更容易接受，在语料库中有 5 例。

也就是说，很多时候，使用"VV"还是"V一下"是一个倾向性的问题，很大程度上取决于说话人在主观上将动作行为视为"一"，还是视为"多"。如例（14），我们再加一个例（14d）。

（14d）难得来一次，你今天好好玩一下，明天要进入学习状态了。

和例（14a）相比，例（14d）使用了"V一下"式，不能凸显多次重复的语义，而是表示把今天的"玩"作为一个整体，和明天的"学习"相对。

也就是说，凸显"多次"的动作还是凸显"一次"的状态，其实和说话人的主观认识有关。如：

（19a）你快醒醒！

（19b）？你快醒一下！

"醒"是非自主动词，在语义上凸显的是状态，表达的是"一次"的动作，但例（19）中用"VV"更合适。因为这里说话人在主观上是将"醒"作为自主动词，并且认为自己"叫醒"的动作是重复的，而不是"一次"的。如果说话人将"醒"作为一个整体，那也可以使用"V 一下"式。如：

（19c）你一直在睡觉呀，要是你刚才醒一下，就知道怎么回事了。

27.2.4 已然还是未然

"VV"式强调动作本身，而"V 一下"强调动作的结果状态，那么显然，已然的语境更能够表现动作的结果状态。

有一些动词在语义上既具有动作性又具有状态性，如"挂""坐""停"等。戴耀晶（1997）认为这些动词既有动态功能也有静态功能，但总的来说静态功能占优势。一般来说，这类动词在未然语境中可以凸显动作性，即动态功能；而在已然语境中，多为状态性，即静态功能，倾向于使用"V 一下"式。如：

（20a）你躺躺看，这床垫非常舒服。

（20b）你躺一下看，这床垫非常舒服。

（21a）？我躺了躺，确实非常舒服。

（21b）我躺了一下，确实非常舒服。

这类动词在语义上可反复性比较差，而未然的尝试语境可以凸显其可反复性，而在已然语境中，由于不再凸显可反复性，而是更多地凸显持续性，因此倾向于使用"V 一下"式。

当然，除了"尝试义"以外，这类动词也可以受其他因素的影响而凸显动作性，如受动态意义明显的词语的修饰。如：

（22a）他往里躺了躺，又往里躺了躺，已经紧贴着墙了。

（22b）他往里躺了一下，又往里躺了一下，已经紧贴着墙了。

27.2.5 动作行为是否成功

"VV"式强调动作本身，而"V 一下"式强调动作的结果状态。也就是说，如果动作行为已经成功，达成预期目标，那么更容易凸显动作的结果状态，倾向于使用"V 一下"式；反之，动作行为没有或者尚未成功，则更容易强调动作本身，倾向于使用"VV"式。

　　这种差异主要体现在表达"尝试"意义的语境中。"VV"动作性强，表达的"尝试"意义更强，而"尝试"本身是不凸显结果的。如前所述，"尝试"意义越强，越倾向于使用"VV"式。而"V一下"因为不强调反复进行的动态意义，因此"尝试"意义的表达也比较弱，其更倾向于动作行为成功完成的意义表达。如：

　　（23a）我再去那边找找。

　　（23b）这边没有，我去那边找一下。

　　例（23）两个句子的结果都是未知的，但相比而言，例（23a）的"尝试"意义更强，但对成功的预期较低，带有"只是试试看，不一定找得到"的意义倾向；而例（23b）则对成功的预期略高，带有"这边没有，应该能在那边找到"的意义倾向。

　　（24a）这个曲子很难弹，他们都没通过，你来弹弹。

　　（24b）这个曲子很难弹，他们都没通过，你来弹一下。

　　和例（23）组例句类似，例（24a）的"尝试"意义较强，说话人带有让听话人尝试弹奏而预期未必成功的意义；而例（24b）则带有"别人都没通过，希望在你身上"或者是"你来示范一下"的意义。

　　在大多数情况下，"尝试义"的强弱只是一种倾向，但有些"尝试义"的表达是建立在客观上不可能实现的基础上的，也就是结果必定是不成功的。这类"尝试义"的表达，多使用"VV"式。如：

　　（25a）嘴上说不怕死，那你去死死看！

　　（25b）？嘴上说不怕死，那你去死一下看！

　　反之，如果不强调"尝试"意义，说话人认为动作行为必然会成功，或者结果是已知成功的，则倾向于使用"V一下"式。如：

　　（26a）你去写一下你的名字。

　　（26b）？你去写写你的名字。

　　除非听话人是一个还不会写自己名字的幼儿，否则倾向于使用"V一下"式。

（27a）我刚才去看了一下我的猫。

（27b）我刚才去看了看我的猫。

例（27a）具有明确的结果，即"看了猫"，句义已经完整；而例（27b）则带有"看了猫之后会怎么样"的意味，在语义上还要有后续内容才完整，即尚无明确的结果。前者适合出现在例（28a）的语境中，而后者适合出现在例（28b）的语境中。

（28a）A：你去哪儿了？

　　　　B：我刚才去看了一下我的猫。

（28b）A：我刚才去看了看我的猫。

　　　　B：它现在怎么样？

27.2.6 动作行为是否能够反复

动作行为是否能够反复，是"VV"和"V一下"在语义上的本质区别，不能够反复的动作行为，在语境中无法赋予"反复"意义，只能使用"V一下"来表达"小量"意义。

如趋向动词，尤其是复合趋向动词，一般只能进入"V一下"式。复合趋向动词往往带有"结果"意义，在语义上不能反复进行，而是表示一次性瞬时动作所带来的结果状态。如：

（29）你出来一下。

（30）不好意思，我得过去一下。

单音节的趋向动词在形式上没有表示结果的成分，但在语义上，同样是表示一次性瞬时动作所带来的结果状态。单音节的趋向动词中，只有"去"进入"VV"式的频率较高，其他趋向动词都要受到较大的限制，多使用"V一下"式。

虽然使用频率较高，但实际上"去"进入"VV"式也并不自由，只限于有限的语境。如：

（31）别着急，我去去就回。

（32）*这件事别人办不好，还得麻烦你去去。

（33）关键时刻，还得你上一下。

对不可重复的动词来说，最能够进入"VV"式的语境是"尝试义"较强的语境，即强调非成功的"尝试"意义的语境，单音节趋向动词一般只有在这一语境中才能进入"VV"式。

（34）这个坡度肯定上不去的，不信你上上。

（35）让他上上，要不他老不死心。

趋向动词在意义上表达一次性瞬间动作，强调动作带来的结果状态。如"来"，在语义上并不凸显"来"的过程，而是在到达某一地点的瞬间就完成了"来"的动作，然后持续的是"来"的结果状态。也就是"来"既没有动态的持续，也没有动态的重复，而只强调瞬间的动态和持续的静态。这类动作行为表达"小量"意义时，都倾向于"V一下"式。如：

（36）我有点儿不舒服，你能帮我去食堂买一下饭吗？

（37）这份文件你群发一下。

（38）我重新提交了材料，麻烦你批准一下。

（39）一块墓地要几十万？死一下这么贵，还不如活着受罪！

心理动词在语义上介于动词和形容词之间，通常表示一种心理状态，倾向于使用"V一下"式。如：

（40）大家相互理解一下。

（41）喜欢一个人，其实可以冲动一下。

（42）他愣了一下。

还有一些形容词、名词等，做谓语时多带有"使动"意义等，是一种词语活用现象，这类词语的状态性更强，更具有静态性，也更多地使用"V一下"式。如：

（43）他心里不由得暗爽了一下。

（44）冰雪冬奥，我被黑科技暖了一下。

（45）有问题，百度一下。

总之，动作行为是否可以重复，是"VV"和"V一下"最基础的语义差异，不可重复的动词必须在特殊语境中被赋予可重复意义才可以进入"VV"式，被赋予的通常为"尝试"意义。

27.3 "V一下"和"VV"的句法差异

从句法上看，"V一下"在结构上没有"VV"紧凑，"一下"可以独立成一个音步，单独做一个句法成分，而"VV"除了插入"了"以外，一般不能分开。

27.3.1 双音节动词+了+一下

双音节动词重叠，一般没有"V了V"式，因此在已然语境中，需要表达"小量"意义时，要使用"V了一下"式。如：

（46）我刚才安排了一下时间，现在没问题了。

（47）上次没考好，所以这次考试之前我好好复习了一下。

27.3.2 动词+表人宾语+一下

"V一下"在结构上比较松散，可以作为典型的动补结构出现，在动词后出现表人宾语，尤其是代词宾语时，常常将宾语置于"一下"之前，构成"V+O+一下"结构。如：

（48a）你去好好安慰他一下。

（48b）你去好好安慰一下他。

（48c）你去好好安慰安慰他。

（49a）小王，你去找他一下，我现在走不开。

（49b）小王，你去找一下他，我现在走不开。

（49c）小王，你去找找他，我现在走不开。

受音节的限制，在"V+O+一下"结构中，双音节的"V"可以接受单音节或双音节的"O"，而不能接受多音节的；单音节的"V"则一般只能接受单音节的代词作为"O"。此外，"O"一般为表人名词。

（50）*你去安慰大老王一下。——你去安慰一下大老王。

（51）*你去找小王一下。——你去找一下小王。

（52）*我思考问题一下。——我思考一下问题。

27.3.3 动词+补语+一下

除了宾语之外，动词和"一下"之间还可以有补语成分，"V一下"强调的是结果状态的持续，而具有补语成分的"VC"结构在一定程度上凸显的正是结果状态的意义。能够进入"V一下"结构的补语一般是趋向补语。如：

（53）你去把他喊起来一下，该吃药了。

（54）老板叫你把文件夹拿过来一下。

（55）讲一些轻松幽默的笑话，会令家人和自己舒缓心情，从繁重的家务中解脱出来一下。

（56）这件包裹你帮我寄回去一下。

除了趋向补语外，表示心理状态的形容词补语也可以插入动词和"一下"之间。如：

（57）这一点一定要让她交代清楚一下。

（58）我希望能够有机会弄明白一下这个老物件。

"V一下"在语义上凸显的是结果状态，但是表示结果、终结的补语在语义上和"一下"是相互排斥的。无论是"一下$_1$"还是"一下$_2$"都不会有"做好一下""办完一下"这样的结构。在前文我们提到，"V一下"也是具有动态性的，强调动作行为本身，只是同时还强调动作行为带来的结果状态，因此和这种完全凸显结果的词语搭配，仍然存在语义冲突。这里提到的趋向补语和表示心理状态的补语虽然具有"结果"意义，但同时也会凸显动作行为的动态性。趋向补语本身就是凸显动态性一种方式；表示心理状态的补语，常常具有"使动"意义，实际上也是在凸显动作行为的程度量，如"交代清楚"的意义是要"好好交代"，"弄明白"的意义是要"认真弄"。

除了一些动补结构外，动补式合成词表达"小量"意义时，一般也使用"V一下"式。如：

（59）在这个基础上，我再把面积扩大一下。

（60）你应该改正一下你的错误。

对动补式合成词来说，补语语素的语义并不限于"趋向"意义和"心理状态"意义，表示"结果"意义的补语语素构成的动补式合成词，也可进入"V一下"式。

27.3.4 状语+动词+一下

"单音节动词+一下"结构如果受到单音节状语的修饰，形成四字格形式，按照汉语的韵律习惯，四字格一般分为"2 + 2"两个音步，即形成"状动 + 一下"的格式。如：

（61）非要逼得人家大闹一下，领导才会重视。

（62）年纪大了，快跑一下就累得不行。

这样的状中结构其实更接近词，具备一定的内部凝结程度。同样，如果是状中式合成词，也倾向于使用"V 一下"式。和前文的补语成分类似，这类状语成分在语义上一般表示趋向或者动作的程度量。如：

（63）别着急，我们回放一下监控，回看一下。

（64）（摄影师）来，保持微笑，微笑一下。

（65）本来目测毛估一下就行的，他非要亲自下水去测量。

27.3.5　双音节动词 + 一下

在表义相同的情况下，单音节动词倾向于使用"VV"式，而双音节动词倾向于使用"V 一下"式。这一方面是由于汉语多以双音节为一个音步，而另一方面也与"V 一下"在语体色彩上比"VV"要正式有关。一般来说，表义相同的双音节动词比单音节动词在语体色彩上要更正式。同时，在语义上，双音节动词一般要比单音节动词附加更多的意义，从而使动作行为不那么单纯，动态性有所减弱。如：

（66a）有多长？你量量看。

（66b）有多长？你测量一下看。

（67a）让我好好抱抱你。

（67b）让我好好拥抱一下你。

（68a）你估估，这些能有多少？

（68h）你估计一下，这些能有多少？

27.3.6　"把"字句中的"V 一下"

动词重叠式虽然是有界的表达，但在语义上并不强调结果，因此进入具有"处置"意义的"把"字句要受到限制。简单来说，只有在语义预设上具有隐喻位移结果的动词重叠式才能够充任"把"字句的谓语。而与"VV"式相比，"V 一下"式更侧重动作的"完成"和"结果"意义，因此在进入"把"字句充任谓语时具有更高的自由度。如：

（69a）大家把作业交一下。

（69b）＊大家把作业交交。

（70a）这几天比较空，你把文章写一下。

（70b）＊这几天比较空，你把文章写写。

当然，"V一下"具有更高的自由度，但并不是说"V一下"就一定可以进入"把"字句，其同样要满足"处置义""把"字句表达隐喻位移语义的要求。

（71）＊你把马骑一下。

在"把"字句中，"V一下"具有更高的使用频率，是因为其在语义上凸显"结果状态"意义，有动作行为成功进行的预设，在组合上不受可重复性动词的限制，可以搭配的动词范围更大。

27.3.7 离合词的重叠倾向

离合词在表达"小量"意义时，可以有"VVO"和"V一下O"两种形式。从形式上看，"VVO"更为合适，因为在"V一下O"中，由于"一下"可以是单独的音步，从而造成"V"和"O"距离的拉长。因此，越是语素义结合紧密、成词程度越高的离合词，越倾向于使用"VVO"式。如：

（72）别生气嘛，我只是跟着大家起起哄。

（73）下次见到他也要拱拱手、鞠鞠躬，礼貌嘛。

（74）这一毛五我得摆摆谱儿，打一毛钱酒，买两根烟卷儿。

离合词内部的"离合"程度也是存在差异的，有些离合词在离散程度上比较自由，可以容纳较多的成分插入，而有些离合词则相对限制较多，只能容纳有限的成分插入。显然，后者成词程度更高、语素义结合紧密，这类离合词在表达"小量"意义时倾向于使用"VVO"式。

27.4 "V一下"和"VV"的语用差异

在语用上，"V一下"和"VV"的主要差异体现在语体风格色彩上，相对来说，"V一下"的语体风格色彩较为正式，而"VV"的语体风格色彩较为随意。

27.4.1 祈使语境中的语用差异

刘月华（1984）认为，"一下"多出自有一定文化的人之口，熟人、关系亲近的人更常用"VV"，"V 一下"则比较客气，不够亲切。

卢福波、吴莹（2005）从认知语言学理论的复杂性象似动因的理论出发，认为"V 一下"与"VV"在语境中表达请求时语的、语力和语效的强度依次减弱，"V 一下"的任务目的明确，只是语气和缓，"VV"的任务较模糊，即听话人有更多的自由选择接受或者拒绝。

这都说明"V 一下"具有正式、严肃的语气，而"VV"语气则较为随意，因此带来了言语力量的差异，"V 一下"的言后之力更强，对听话人的要求也更强硬。如：

（75）小王，你也过来看一下。

（76）王经理，您也过来看看。

两个句子相比，例（75）语气较为强硬，带有"你必须过来看"的意味，而例（76）语气则和缓得多。再如：

（77）A：我应该怎么办？

B：你应该先回忆一下事情的起因。

（78）A：我应该怎么办？

B：你可以先回忆回忆事情的起因。

例（77）、例（78）相比较，例（78）只是单纯的建议，而例（77）则带有要求的语气。

（79a）拿的东西太多了，你能帮帮我吗？

（79b）拿的东西太多了，你能帮我一下吗？

（80a）A：这是我刚买的最新款的手机。

B：能让我看看吗？

（80b）A：这是我刚买的最新款的手机。

B：能让我看一下吗？

这两组例子中，例（79）中 b 句比较合适，而例（80）中 a 句比较合适。因为在"东西太多"的语境下，说话人预设听话人帮忙的可能性较大，因此倾向于使用"V一下"式；而在"新买的手机"的语境下，让听话人允许"我看"是有更多的语势压力的，因此更倾向于使用语气更为和缓的"VV"式。如果我们强化一下语气，这一倾向会更为明显，如例（81）、例（82）。

（81）我拿了这么多东西，你就不能帮一下我？

（82）让我看看呗，我还没看过这款手机呢。

"VV"语气较为和缓，带来的言后之力较弱，因此在祈使语境中，要求的语义强度也相应变弱，对听话人的限制也显得较为宽松，要求听话人完成的动作行为往往是自由的；而"V一下"则相反，所要求的动作行为往往是带有强制意味的。如：

（83）大家应该多下基层看看，了解下基层有哪些需求。

（84）你快来看一下，这个灯怎么变红了。

两句相比，例（83）的"看"带有随意、自由的特点，对"看"的实施没有过多的限制，因此倾向于使用"VV"式；而例（84）的"看"则限制较多，只是看"灯为什么变红"的问题，倾向于使用"V一下"式。

总之，在祈使语境中，"VV"的语气更为和缓，言后之力较弱，语体色彩较为随意，倾向于预设较难获得成果或者自由进行的祈使句；而"V一下"则相反，倾向于预设能够获得成果或限制进行的祈使句。

27.4.2 描写语境中的语用差异

在描写语境中，"VV"和"V一下"的主要语用差异在于语体色彩，即"VV"语体色彩较为随意，而"V一下"则比较正式。如：

（85a）他调整了一下情绪，继续投入到比赛之中。

（85b）没做什么大的调整，就是改了改字幕。

这也带来了"VV"式在表义上的随意性，而"V一下"则略为正式。如：

（86a）晚饭以后，我在四周走了走。

（86b）我在四周走了一下，没有发现值得注意的东西。

显然，例（86a）表达的是随意地行走散步，而例（86b）表达的则是有目的地观察。

27.4.3 焦点表达差异

一、转折语气差异。

单音节动词在语境中受到转折语气副词修饰时，倾向于使用"VV"式。如：

（87）你越是不让我说，我越偏要说说。

（88）怎么办？你倒是想想办法啊！

这类具有"转折"意义的语气副词，强调主观性和动作性，具有较强的动态性，而强静态的谓词不能受这类语气副词修饰或受到较大的限制。如：

（89）* 饭倒是香啊。

（90）? 你倒是安静啊。

例（90）只有在凸显安静的动态变化意义时才能被接受，而例（89）很难被接受。"VV"更倾向于动态表达，所以更适合出现在转折语气副词修饰的语境中。

二、反问语气差异。

在反问句中，倾向于使用"VV"式。如：

（91）你难道不想出去玩玩吗？

（92）我是学校的老师，还不能在校园里走走吗？

（93）你身旁就有这么优秀的人，你就不能向人家学习学习吗？

（94）你不出去看看怎么知道？

反问句强调的同样是谓语的动态性，而不是静态性，因此倾向于使用"VV"式。

这两种语用上的差异，我们可以归结为焦点表达差异，即作为强调的、凸显的动作，作为语义重心的焦点动作，多要求动态性，倾向于使用"VV"式。

27.5 小结

总的来说，"V一下"式和"VV"式的主要区别在于"V一下"并不要求动词的可重复性，因此如句中没有凸显可重复性的动词，一般不使用"VV"式，而使用"V一下"式。这主要表现为在具有状态性、结果性意义的句子中，多使用"V一下"式。除此以外，"VV"式和"V一下"式的差异大多是倾向性的，如"尝试"意义中倾向使用"VV"式。

28."VV看"是一类特殊的结构吗?

陆俭明(1959)就观察到了"看"的虚化,认为"看"是现代汉语中的一个新的"语助词",表示"尝试"意义,产生于唐代。吴福祥(1995)认为助词"看"大约在魏晋六朝之际就产生了,并认为"V一V看"始见于宋朝,"VV看"始见于元明时期,但是宋元之后,由于"V一V"和"VV"形式的兴起,分担了助词"看"的语义功能,使得助词"看"在某些方言里消失。

也就是说,在"VV看"结构中,"看"已经虚化为一个助词,由于其主要出现在动词或动词结构之后,一般认为其是动态助词,表达的是"尝试体"或者"尝试态"的意义。

但汤敬安、石毓智(2021)认为,"看"自身并不是表达尝试构式的动态助词,真正负载"尝试义"的成分是动词后的表小量成分(如"VV"),尝试构式只是多种表达动量小的形式在特定语境中衍生出的一种语用功能。

28.1 "VV看"是一个构式

Goldberg(1995)将"构式"定义为"任何语言表达式,只要它的形式、意义或功能不能完全从其组成成分中推知出来,就都可称之为构式"。

对于"VV看"结构,学界多将其看成一个构式。如陈颖、陈一(2014)将其作为一个构式,认为其中感知义动词构成的"VV看"的构式义是"V,做一个判断并验证一个认识",而其他动词构成的构式义是"(尝试)V,会得出某种结果/结论"。张翼(2016)认为"VV看"结构编码了"尝试义",包含了动作的自主性、反身影响性、交互主观性等特征,"符合构式不可预测性的要求"。余伟(2016)从类型学的角度,将"动叠+看"结构看作一个词语模。陆佳玮(2017)也认为,现代汉语的"VV看"是一个新兴的构式。

但汤敬安、石毓智(2021)则持反对意见,认为"VV看"并不是一个构式。

"VV 看"是不是一个构式，主要和"看"的意义有关。汤敬安、石毓智（2021）持反对意见的主要理由就是这里的"看"仍做动词"观察"讲，而不是表示"尝试"意义。该文认为"看"表达的是"观察尝试行为所带来的结果"，所以它仍是一个实义动词，仍然可以重叠为"看看"，也能被状语修饰，更重要的是，所有这种"看"后都可以补出一个疑问性质的词语或者小句来做宾语。如：

（1）我蹦个坑给你们看看。

（2）你听听看好不好听。

田源、徐杰（2017）认为，"看"的主要语法化过程是由"瞻视义"引申出"测试义"，进而语法化为标句词和尝试态助词。"VV 看"中的"看"属于哪一种意义，是判断其是否为一个构式的关键。

首先，针对"看"的重叠问题，我们认为在"VV 看"结构中，"看"一般不可重叠，虽然我们在北京大学 CCL 语料库中搜索到了"VV 看看"的例句，但数量极少，可能是作者个人风格导致的。如"想想看"有 827 条例句，而"想想看看"只有 1 条；"试试看"有 810 条例句，而"试试看看"只有 3 条。其他的如"尝尝看""找找看""穿穿看""做做看"等均未找到"看"重叠的例句。而在非动词重叠式之后的"看看"，如例（1）这样的句子，"看"具有较为典型的"测试（观察）义"，与"VV 看"中的"看"有明显差异。

其次，我们认为，出现在动词重叠后的"看"，可以有两种不同的表达。如：

（3a）? 你可以试试看，到底行不行。

（3b）你可以试试，看到底行不行。

我们认为，这两个句子中的"看"在意义上是不同的，其中例（3b）中的"看"，"测试（观察）义"更强。我们之所以这么认为，是因为例（3c）的存在。

（3c）你可以试试看，看到底行不行。

显然，这里的"看"是可以分别使用在两个句法位置的，而这两个"看"存在一定的差异，如后者还可以重叠。

（3d）你可以试试看，看看到底行不行。

在例（3a）～（3d）四个句子当中，例（3a）句的可接受度是相对较低的，这是因为在表达"测试一个可能的结果"的意义时，应该有表示"测试义"的"看"，且两者结合较为紧密。因此，具有"测试义"的"看"的例（3b）、例（3c）和例（3d）的可接受度都比较高。

（3e）你可以试试看到底行不行。

既然在有表示可能的结果宾语存在时，应该有表示"测试义"的"看"在句法上紧密结合，那么在例（3e）这个句子中，"看"也应该具有"测试"意义。即在语法结构上，"试试看到底行不行"是一个连谓结构，两个谓语分别为"试试"和"看到底行不行"。这里的动词重叠和"看"并不属于同一结构。

不只"VV 看"如此，表示"测试"意义的"看"都是如此。如：

（4a）？你跑几圈看，你累不累。

（4b）你跑几圈，看你累不累。

（4c）你跑几圈看，看你累不累。

（4d）你跑几圈看，看看你累不累。

（4e）你跑几圈看你累不累。

和例（3）组例句相似，例（4）组例句中的例（4a）句同样可接受度不高，因此例（4e）句更倾向于理解为例（4b）句，而不是例（4a）句。

因此我们认为，在"看"有宾语存在时，"看"表现出的是"测试义"，和"VV 看"中的"看"并不是同一个"看"，不能据此认为"VV 看"不是一个构式。从结构的整体意义来看，"VV 看"是一个构式。

28.2 "VV 看"的构式意义

一般认为，"VV 看"构式表达的是"尝试"意义，同时对尝试的结果有所期待，希望进行测试或验证。

"看"是否具有"尝试"意义？之所以有这样的疑问，是因为有学者认为，"VV"本身就是一种"尝试"意义的表达，因此"VV 看"中的"尝试"意义并不是由"看"负载的。如李宇明（1985）就认为"VP 看"结构的"尝试"意义是由整个"VP 看"结构负载的，或者是由祈使语境赋予的。

我们认为，"看"是具有"尝试"意义的，因为"看"可以出现在不具有"尝试"意义的句子中，使之具有"尝试"意义。如：

（5a）吃苹果没用的话，你吃橘子吧。

（5b）吃苹果没用的话，你吃橘子看。

例（5a）并不具有"尝试"意义，而例（5b）则具有"尝试"意义，这显然是由"看"带来的，而"看"的"测试"意义实际上就是一种尝试。

而从"VV 看"构式本身来看，即使"VV"具有"尝试义"，也同样可以看出"看"的"尝试"意义。如：

（6a）A：我会杀了你！

　　　B：* 你杀杀！

（6b）A：我会杀了你！

　　　B：你杀杀看！

这组例子表明，"VV"和"VV 看"并不等值，例（6b）成立的原因就在于"看"加强了句子的"尝试"意义，而尝试语境是动词重叠出现的典型语境。而例（6a）不成立的原因就在于句子的"尝试"意义不足。如前所述，我们认为动词重叠"VV"的"尝试"意义是由"主观积极"意义带来的，而如"杀""死""病"等词语缺少"主观积极"意义，因此不能进行重叠，而尝试语境是一种凸显"主观积极"意义的语境，可以赋予动词以"主观积极"意义，因此"看"的存在使得"杀"得以重叠。

当然，尝试语境并非只有"看"才能凸显，只要凸显了"尝试"意义，就可以接受这些动词的重叠。如虚拟、致使等语境同样可以凸显"尝试"意义。如：

（7）有本事你就杀杀。

（8）来来来，让他杀杀。

也就是说，在"VV 看"结构中，最能体现"尝试"意义的正是"看"，而并非"VV"。和"VV"相比，"VV 看"具有更强的"尝试"意义色彩。事实上，"VV"的"尝试"意义是语境赋予的，而"看"的"尝试"意义是自身所具有的。如：

（9a）？据说用鱼腥草熬水喝可以治这个病，你喝喝。

（9b）据说用鱼腥草熬水喝可以治这个病，你喝喝看。

　　这组例子中，例（9b）的可接受度更高，因为"据说"等词语表明，"喝鱼腥草水"来治病只是一种尝试，对结果是没有明确预期成功与否的。这种较强的尝试语境，倾向于使用"看"来表达，因此例（9a）的可接受度要差一点儿。

　　表示"测试义"的"看"，其宾语一般要求是疑问形式，这表示"看"的预期结果成功与否是不明确的，这种不明确的意味越强，"看"的"尝试"意义也就越凸显，越倾向于使用"VV 看"而不是"VV"式。反之，如果使用了"VV看"式，和"VV"式相比，也会有更强调预期结果的不确定性的意味。如：

　　（10a）你拎拎，这个箱子重得很呢！

　　（10b）你拎拎看，要是拎不动，就把书拿出来吧。

　　例（10b）带有更明显的"测试"意味，更倾向于使用"VV 看"式。

　　表达"测试"意义的"看"，宾语除了疑问形式外，还有一种带有反问语气的否定形式。如：

　　（11）你再敢惹事，看我不打断你的狗腿！

　　例（11）的"看"实际上表示一种警告，警告听话人不能从事该动作行为，凸显的是该动作行为会带来对听话人不利的结果，尽管这一结果是虚拟的。"VV看"中的"看"也可以表达这一意义。带有警告意义的动词重叠，也同样倾向于使用"VV 看"式，同时常有"再""敢"等与之搭配。如：

　　（12a）？小兔崽子，你再动动！

　　（12b）小兔崽子，你再动看！

　　作为警告，需要凸显对听话人虚拟的不利的结果，倾向于使用"VV 看"式。警告实际上是一种主观上的禁止行为，可以通过反问的语气来表示隐性的对结果预期的否定，也就是表达虚拟的不利结果来实现这一意义，在语篇中常常有其他语句对该不利结果进行说明或强调。如：

　　（13）你敢！（我就打断你的腿！）

　　（14）你再说！（我就不理你了！）

　　"看"能够凸显这种虚拟的不利结果。

　　"测试"意义在语义上会预设一个对结果的期待，"测试"的目的显然是需要一个结果的。因此和"VV"相比，"VV 看"更凸显结果，更具有期待意义。如：

（15a）这是我亲手做的蛋糕，你尝尝！

（15b）这是我亲手做的蛋糕，你尝尝看！

例（15）的两个句子相比，a句表达对听话人的祈使，要求听话人完成"尝"的动作行为；而b句更倾向于要求听话人给予一个反馈，具有更明显的"期待"意义。

综上所述，我们认为"VV看"中的"看"是"测试义""看"的虚化，表示"尝试"意义，凸显未知的结果或虚拟的不利结果。"尝试"意义是这一"看"的基本意义，"尝试"就意味着没有把握，也就意味着未知的结果；"尝试"在语义上需要期待一个结果，因此"VV看"更凸显结果，更具有"期待"意义；"尝试"是主观的，"禁止尝试"也就是通过反问语气来虚拟不利结果完成的。

这就是"VV看"的构式意义，其基本构式义为"尝试"，同时期待对未知结果的明确。

28.3 "VV看"的虚化

刘月华（1986）就观察到了"说、想、看"的话语标记用法。方梅（2000）指出，话语标记是连接语的一种，从宏观上看，它具有四大功能：话轮转接、话题处理、指示说话人的态度、指示段落或意群的开始和结束。从微观上看，它具有提示和建构语境、增强交际双方的认知共性、界定话语顺序、引导听话者正确理解话语含义的作用。吴福祥（2005）指出，话语标记是话语或篇章中常见的一种语言形式，其主要功能是表达说话人对话语流中话语单位之间的关系或者言谈事件中受话人角色的态度、视角和情感，也就是说话语标记在话语中的功能主要是语用的，而不是句法和语义的。

"VV看"具有较强的主观意义，可以带有尝试、祈使、警告、期待等主观态度和情感，在"V"语义虚化的前提下，"VV看"是存在语法化为话语标记的可能的。如阮桂君（2005）就发现有一些"VV看"具有固化的趋势，如"想想看"。

（16）想想看，美国的苦恼是……看你美国怎么办！

显然，这里的"想想看"并不是要求听话者去进行思考或者去尝试思考，而是表为了表达说话者的主观判断和推论。从句法上看，这类结构往往独立或者不充当主要成分，句法功能被弱化；从语义上看，其不表示具体的动作行为，而是表达一种主观判断，即使删去也不影响句子的真值；而其真正表达的是语用上的认知情态功能，彰显说话人的态度和话题的开始。这正符合话语标记的定义。

这种居于句首，句法上相对独立的"想想看"是较为典型的话语标记，有时"想想看"可以带有施事成分，主要是第二人称代词。如：

（17）你想想看，那三个小弟弟才念到三年级，就面临着失学，爹实在是不忍心啊！

（18）你想想看，刘邓首长先后出大别山，还能不打大仗？

有时，"（你）想想看"也可以出现在句中，但仍保持着独立的句法位置。如：

（19）雨杭，你不要生气，你想想看，这些年来，我试探过你多少次，明示暗示，旁敲侧击，可你哪一次给过我和平的答复？

（20）我很幸运，你想想看，有这么多比我聪明的科学家都还没有得诺贝尔奖，因此你就可以了解我为什么不能太把它当一回事。

我们认为，"VV 看"作为话语标记的功能来源于表示尝试的"VV 看"。在形式上，表示"尝试"意义的"VV 看"后面常常没有宾语，或者有标点符号与宾语隔开，否则"看"的意义比较实在；在意义上，"VV 看"期待"尝试"的结果，因此要居于"结果"之前，而当"结果"作为一种主观上的判断或态度表示而被凸显和强调时，"VV 看"就有了话语标记的倾向。

"结果"作为一种主观上的判断或态度表示而被凸显和强调，这对"VV 看"中"V"的语义有要求，即"V"要具有表达主观判断或态度的意义，一般来说，"V"应是表达"感知"意义的动词，如"想""说"等。如：

（21）你说说看，大学生一宿不睡，又浏览黄色网站，怎不让人担忧？

另一方面，作为话语标记，结构内部的语义已经不再凸显，整个结构的凝固性较强，使用频率较高。如前所述，当"VV 看"后带有宾语时，"看"倾向于实在意义即"测试"意义的理解，结构也倾向于连谓形式的"VV＋看宾"，而不是动宾形式的"VV 看＋宾"。但在感知意义明显、结构凝固性强的"VV 看"中，即使带宾语，仍然倾向于动宾形式的"VV 看＋宾"的理解。如：

（22a）这些种子都种种看能不能活。

（22b）？这些种子都种种看，能不能活。

（23a）你想想看我落到了什么样的境地。

（23b）你想想看，我落到了什么样的境地。

可见，这里的"想想看"的凝固程度是要高于"种种看"的，这也是其能够虚化为话语标记的基础。

28.4 小结

我们说，"VV 看"是一类特殊的结构，因为在语法和语义上，动词重叠"VV"后都排斥动态助词和补语成分，可以说，能够出现在"VV"后的非宾语成分，几乎只有"看"。

"看"可以出现在"VV"后，主要是因为其表达的"尝试"意义和"VV"语义上的契合，动词重叠需要尝试语境的支持，而"看"也虚化为一个助词，专门表达"尝试"意义。这使得"VV 看"成为一个构式。

结构上的凝固性、语义上的主观性，使得"VV 看"结构进一步虚化，进而语法化为一个话语标记。

29. 双音节动词重叠成的"AABB"式和"ABAB"式有什么不同？

一般认为，"ABAB"式是动词的重叠形式，而"AABB"式是形容词的重叠形式。但实际上，能够进入"AABB"式的词语很多，如"三三两两""边边角角""形形色色"等体词性成分，"粗粗大大""毛毛愣愣""上上下下"等谓词性成分。

李珊（2003）将动词的"ABAB"式重叠称为短时体，而将动词的"AABB"式称为绵延体，都作为动词重叠的形式看待。而更多的学者则认为"AABB"式并不属于动词重叠。

不管怎样，动词的"ABAB"式和"AABB"式在形式、语义及句法功能等方面都存在较大差异，不能等同。我们将动词重叠的基本语法意义确定为"主观动势小量"，那么显然"AABB"式并不具有这一基本语法意义。因此，从本文的角度，"AABB"式不属于动词重叠。

"AABB"式动词重叠形式在汉语史上很早就已经存在了。太田辰夫（1987）认为："这种形式从古到今都是反复态。如：'来来去去''打打闹闹'……前面说过，也有称为状态词的，但也有极少数是动词的。"

从太田辰夫的论述中我们可以看出两点：一是动词"AABB"式的语法意义，表示反复态；二是进入"AABB"式的动词，要具有状态性，是状态词。

我们也主要从这两个方面来考察动词的"AABB"式。

29.1 "AABB"式的语法意义

29.1.1 "AABB"式的基本意义

关于动词"AABB"式的语法意义，学界讨论很多，认为主要有三种意义：

一是表示动作频繁、反复地进行。吕叔湘（1942）就称之为"屡发相"；何融（1962）则认为其表示的是"动作的频繁和绵延"；徐正考（1996）则认为表示"动作行为的久长和反复多次"；李珊（2003）认为表示"动作的频繁和绵延"，称之为"绵延体"。

二是强调"轻松随便"的语法意义，如常敬宇（1983）认为"表示说话人认为某种动作行为不重要、微不足道，只不过是泛说，不实指某一具体的动作行为，常含有一种轻松、悠闲的意味"。

三是表示"大量"意义。李宇明（1996）认为"AABB"式是复叠结构，语法意义是加大动量；孙宜志（2006）赞同这一观点，并认为这里的动量可以是动作的次数、时间，还可以是动作造成结果的状态性，在不同语句中表现出不同的意义。

也有学者认为，动词的"AABB"式可以表达多种意义。如李晋霞（1999）认为"单就AABB重叠式本身而言，它的表义内容大致可以分为三类：表动作义、表抽象义和表引申义"。张谊生（2000）认为，动词"AABB"式表示的是交替反复态和频繁绵延态、纷繁复现态和错综纷呈态；储泽祥（2000）认为其表示的语法意义是"兼容性"和"代表性"，前者指主体事物又 A 又 B，后者指叠结式的整体意义并不是 A 和 B 的简单相加，A 和 B 只是与某事情或某事物相关联的动作中的两个，把 A 和 B 提取出来，以代表相关的一系列动作；张静（1979）认为"有的表示动作的轻松或随便……有的表示动作的反复……有的表示动作的轻佻、不正经或令人讨厌……"；周永慧（2000）认为与原式相比，动词"AABB"式在语义上有变化，而具体的变化则与"AABB"式所在的上下文有关，并总结出了 5 种意义的变化，除了张静（1979）提到的三种外，还有"减弱了动作行为的实指性，表示泛指"和"有原式的基本意义，但增加了强调意味"。

我们认为，动词"AABB"式表现出多种意义，这与动词的词义和整体的语用相关，从语言象似性的角度出发，和动词重叠式相反，动词"AABB"式的基本语义是表示客观大量。

首先，动词"AABB"式表达的是"大量"的意义，这一意义主要体现在动作行为或者结果状态的持续反复上。如"蹦蹦跳跳"表示的是反复地"蹦"和"跳"，"缝缝补补"是"缝"了又"缝"、"补"了再"补"的意思。且这种重复不是反复一次，而是持续反复进行。

有时，反复的并不是动作行为本身，而是动作造成的结果状态。如"起起伏伏""来来往往"，这与动词在语义上凸显结果还是凸显动作有关。

其次，这种"大量"的意义是客观上的，这与动词重叠的主观性不同。如：

（1a）他的身体轻轻地摇晃。

（1b）*他的身体轻轻地摇摇晃晃。

（2a）你的衣服需要简单地缝补一下。

（2b）*你的衣服需要简单地缝缝补补。

（3a）他迅速地蹦跳着走了过来。

（3b）*他迅速地蹦蹦跳跳地走了过来。

当句中有"小量"意义的表达倾向时，不能使用动词"AABB"式。因此，我们说动词"AABB"式表达的量并不是主观上的量，而是客观上的量。

另外，动词"AABB"式表现出的"大量"意义可以通过动作行为的反复表现出来，也可以通过动作结果状态的反复表现出来，但无论哪一种，动词"AABB"式整体都有表示状态的倾向。这是受"AABB"整体的构式意义影响的，不仅是动词进入"AABB"构式，其他词语进入"AABB"构式也一样，具有表示状态的倾向，如"三三两两"（数词）、"斑斑点点"（名词）、"桩桩件件"（量词）、"花花绿绿"（形容词）等。这些词语在进入"AABB"构式之后，虽然可以在一定程度上保留原用法，但更倾向于表示某一状态。

动词进入"AABB"式之后，动作性会有所减弱，更凸显状态性，这可以从以下几个方面得到证明。

动词"AABB"式后不能带宾语。如：

（4a）他摇晃着身体。

（4b）*他摇摇晃晃着身体。

（5a）他上了船，又下了船。

（5b）*他上上下下了船。

动词"AABB"式不能带动态助词"了""过"等。如：

（6a）*他蹦了蹦跳了跳。

（6b）*他蹦蹦了跳跳。

（6c）*他蹦蹦跳跳了。

其中例（6a）只能理解为两个动词重叠的"A了A"形式，而不是"AABB"形式。有时，"AABB"式可以带"着"，但表示的不是动作的进行，而是状态的持续。如：

（6d）几天以前还有一个快乐年轻的女儿在蹦蹦跳跳着。

动词"AABB"式最常见的语法位置是定语和状语，其次才是谓语。我们在北京大学 CCL 语料库中检索了"蹦蹦跳跳"，共检索出 226 例，而做谓语的只有 66 例，占比还不到 30%。而"蹦蹦跳跳"已经是动词"AABB"式中保留动作性较强的了。如：

（7）一个小学生蹦蹦跳跳走在六里桥的过街天桥上。

（8）卖主何以不征求买主的意见，就将蹦蹦跳跳的鱼儿弄成直挺挺的死鱼？

（9）军需助理黄新良 5 岁的女儿黄海琴，每天夜里睡觉前都在床上蹦蹦跳跳，唱个不停。

动词"AABB"式即使出现在谓语位置上，也常常和"的"一起出现，构成"AABB 的"形式。李珊（2003）认为，这个"的"是一个词缀，"AABB 的"形式是一个词。我们并不同意李珊（2003）的观点，但是从中我们看到，动词"AABB"式和"的"的搭配是常态。如：

（10a）有什么话只管说，别拉拉扯扯的。

（10b）？有什么话只管说，别拉拉扯扯。

（11a）都什么时候了，你还嘻嘻哈哈的？

（11b）？都什么时候了，你还嘻嘻哈哈？

可以看出，不带"的"的句子在可接受度上要差一些。我们认为，这个"的"正是表示状态的词语常用的助词。如形容词重叠式做谓语也需要有"的"。

（12）她的眼睛红红的。

（13）湖水碧绿碧绿的。

（14）今天的饭怎么黏黏糊糊的？

可见，动词"AABB"式在这一用法上和形容词重叠式较为接近，表达的都是一种状态意义。

动词"AABB"式在语义上强调大量、凸显反复，而反复就是一种状态。在语义上侧重多次、大量的反复，必然会削弱动词的动作性，从而更具状态性。如：

（15a）他已经走了很久。

（15b）他走啊走啊走啊，终于走到了尽头。

（15c）他走着走着，突然摔倒了。

（15d）他走来走去，一直拿不定主意。

（15e）他走走停停，一路欣赏着风景。

例（15）这组句子中，b、c、d、e 都表现出了显著的状态性，在语义上都强调多次、大量的反复状态。在句子中的表现，就是一般要求还有后续的动作行为的说明，而不倾向于做句子的收尾。

因此我们说，动词"AABB"式在语义上表现为"客观反复大量"，具有状态性。

29.1.2 "AABB"式的引申意义

如前所述，和动词基式或者相应的语素意义相比，动词"AABB"式往往会附加其他意义，如表示轻松随便、表示轻佻不规矩、减弱动作性而加重语气等。这些附加语义其实都是由动词意义和语境意义带来的。

动词"AABB"式的基本意义是表示大量的反复，如果进入"AABB"式的两个动语素意义相近，则带有动作连续反复的意义；如果进入"AABB"式的两个动语素意义相反，表示不同的动作交替进行，则带有繁忙、杂乱的意味。

（16）而长江从未进行过系统治理，只是修修补补用了几十年，运力远未充分发挥。

（17）一场没有绝对胜负方的"战争"，每天都在家庭中一再上演。来来回回地博弈，只为了争夺家庭中的话语权。

动词"AABB"式表示多次、大量的"反复"意义，如果进入动词"AABB"式的两个动语素在语义上表示日常的动作行为，那么就会带有"轻松""悠闲"的意味。

（18）街道上，汽车扬起烟尘，人们在说说笑笑中赶路。

（19）主席和子珍一会儿说说笑笑，一会儿又打打闹闹，主席还是喜欢跟贺子珍逗着玩，但每每的结果却仍是真打起来。

如果进入动词"AABB"式的两个动语素在语义上带有负面色彩，在表示多次、大量的语义中会进一步加深这种负面色彩，从而带有不庄重、不正经、令人厌恶等语义色彩。如：

（20）有的为了追求个人名利，热衷于拉关系、串门子，把吹吹拍拍、拉拉扯扯这种极为庸俗的作风带到党内来。

（21）这批贵族大臣是些贪得无厌的家伙，吵吵嚷嚷地都想多拿一些。

多次、大量的重复，在语义上往往更具有强调意义，尤其是进入动词"AABB"式的两个动语素在语义上相反时，相反相成的修辞方式使强调色彩更加明显。如：

（22）经过考察，他在党旗下，庄严地立下誓言：生生死死，忠贞到底！

可见，动词"AABB"式具有多种附加意义的表达，但实际上都是其基本语义在语境、句义之中的引申。而实际上，这种附加的意义并不是一定必然的。如：

（23）我坚持不要，他坚持要给我，两个人拉拉扯扯了半天，最后我只得收下了那5块钱。

这里的"拉拉扯扯"就是基本动作的"反复"意义，并不具有不庄重等贬义色彩。

29.2 "AABB"式的构成

29.2.1 "AABB"式的构成方式

之所以不将动词"AABB"式看作动词重叠式，还有一个原因就是动词"AABB"式不一定具有基式。如"吃吃睡睡""写写算算"并不存在相应的基式动词"吃睡"和"写算"。周永惠（2000）将动词"AABB"式的结构方式分成以下几个类型：

一是具有基式（原式）"AB"的，如"摇摇摆摆"的基式"AB"是"摇摆"。这一类中的"A"和"B"不一定都是语素，如"跟跟跄跄"的基式"跟跄"是一个单纯词。

二是动词"AABB"式虽然没有基式"AB"，但是"A"和"B"都独立成词，如"跌跌撞撞"的"A"和"B"是"跌""撞"，各自独立成词。这一类在周文中也算作具有基式的动词"AABB"式。

三是基式是"ABB"的，如"病病歪歪"的基式是"ABB"的"病歪歪"，这一类在周文中不看作具有基式的动词"AABB"式。

四是动词"AABB"式的"BB"为词缀的，但又没有"ABB"基式的，如"骂骂咧咧"，"咧咧"可以看作一个词缀，但是又没有"骂咧咧"形式。

周文中，只将前两类看作动词"AABB"式，并认为其从结构上可以看作"AB的扩展式"和"AA＋BB"式。

我们认为，动词"AABB"式从内部结构和整体语义上看确实存在差异，有些动词"AABB"式内部结构和语义都结合得比较紧密,整体上有成词倾向,而有些动词"AABB"式在结构和语义上都比较松散。如:

(24)离开了稿子,这位县委书记竟不知什么该讲什么不该讲了,变得吞吞吐吐,十分狼狈。

(25)一个人要是在他生命的青年时代,只知道吃吃睡睡,他还算什么东西。

显然,"吞吞吐吐"在语义上结合得非常紧密,和"吞吐"相比,整体意义变化较大,从"吞入""吐出"的意义引申到说话、表达方面;而"吃吃睡睡"则仍保留着"吃""睡"的基本意义,只是在"大量"的语义渲染下强调这一状态。

动词"AABB"式由于表示多次、大量的反复,因此会削弱动作性,增强状态性,其中一个表现就是会减弱动作行为的实指性,表示泛指。这也是动词"AABB"式通常会附加有比喻意义、色彩意义等的基础。这使得动词"AABB"式在语义和结构上都倾向于成词。如"搂搂抱抱"附加了不庄重的贬义色彩、"磕磕绊绊"常用来比喻挫折或困难等。

李晋霞(1999)将动词"AABB"式的意义分为"动作义""抽象义"和"引申义",其实就是看到了动词"AABB"式在结构和语义上的差异化。显然,从表示"动作义"到表示"引申义",动词"AABB"式的成词化程度越来越高。

我们看到了动词"AABB"式的内部差异后,也要看到动词"AABB"式的同形异构形式。如前所述,"AABB"式不仅是一个动词复叠的形式,它也可以容纳名词性成分、形容词性成分等多种性质的成分,尤其是形容词性成分进入"AABB"式,更容易和动词"AABB"式发生混淆。如周永惠(2000)提到的由"ABB"式扩展为"ABAB"式,这里"ABB"式就是典型的形容词性形式,虽然"病"是动词,但是"病歪歪"就已经具有形容词性质了,扩展之后的"病病歪歪"也同样属于形容词性质的"AABB"式。再如"偷偷摸摸",看起来"偷"和"摸"都是动词,但实际上,无论从"偷偷"上看,还是从"偷摸(地)"上看,"偷偷摸摸"都应该属于形容词性质的"AABB"式。再比如"清楚",基式既有动词性质也有形容词性质,那么"清清楚楚"是属于哪一类的"AABB"式?这在语义上很难区分开来,因为"清楚"两个词性的差异表现就在于能否带宾语。如：

（26）我很清楚他的为人。

而"AABB"式是不能带宾语的，且即使是动词"AABB"式，动作性也会减弱，因此难以判断。如：

（27）经《中国时报》的朋友们介绍，再查阅地图，便清清楚楚了："垦丁在台湾，犹如鹿回头在海南！"

我们更倾向于认为这是形容词性的"AABB"式，原因首先在于"清"和"楚"都不是动词性的语素。而更重要的是，"清清楚楚"并不表达反复的"大量"意义，这是动词"AABB"式的基本意义，不符合这一意义，不应属于动词"AABB"式。

也就是说，排除掉同形异构形式后，动词"AABB"式是一个从词到语的连续统。

29.2.2 "AABB"式的构成成分

动词"AABB"式的构成成分主要有"A"和"B"两个动词性成分，它们可能是动词性语素，也可能只是音节，但整体"AB"具有动词性意义。后者如"踉踉跄跄""支支吾吾"，但这类"AABB"式相对较少。这里，我们主要从"A"和"B"的关系来看待"AABB"式。

一般来说，在动词"AABB"式中，"A"和"B"的关系主要有三种：近义关系、反义关系和类义关系。

"A""B"是近义关系的动词"AABB"式如"敲敲打打""挑挑拣拣""拉拉扯扯""蹦蹦跳跳""搂搂抱抱""洗洗涮涮""跌跌撞撞""遮遮掩掩""勾勾搭搭""哭哭啼啼"等。由于"A"和"B"表示的动作相近，甚至难以区分，如"蹦"和"跳"，所以这类动词"AABB"式在语义上并不侧重"A"和"B"的动作交替与反复，而是表示某一客观动作的大量反复进行，如"敲敲打打"在表义上并不区分是"敲"还是"打"，而只表示这一动作的大量反复进行。因此，能够进入这类"AABB"式的动词性语素，表示的动作多具有动作性。也正因为在语义上对"A"和"B"不进行区分，因此这类动词"AABB"式在内部结构上往往比较紧密，和原动词性语素相比，往往带有引申意义或色彩意义。

　　"A""B"是反义关系的动词"AABB"式如"来来回回""上上下下""进进出出""吞吞吐吐""开开关关""分分合合""增增减减"等。由于"A""B"是反义关系，因此两个动作都要强调出来。当施事为单一个体时，"AABB"式通常强调的是两个动作交替进行；当施事不为单一个体时，"AABB"式往往强调的是"有的做A，有的做B"，带有繁忙、杂乱的意味。由于"A"和"B"是反义关系，因此理论上只有当"A"完成之后才能开始"B"，反之亦然。如先要完成"来"，才能开始"回"，"回"以后才能再"来"，因此和表示近义关系的"AABB"式不同，能够进入反义关系"AABB"式的动词性语素，一般要强调结果性，而不是动作性。表示反义关系的动词"AABB"式，由于凸显"A"和"B"两个动作，所以在结构和语义上一般不如近义关系的动词"AABB"式凝固程度高，通常和"A""B"原本的意义相差不大，带有强调意味。

　　"A""B"是类义关系的动词"AABB"式如"吃吃睡睡""说说笑笑""写写算算""打打杀杀""吃吃喝喝""读读写写""唱唱跳跳"等。类义关系的"AABB"式由于"A"和"B"是不同的动作，因此在语义上凸显两个动作行为的交替反复，但与反义关系的"AABB"式不同，它不需要完成"A"动作再进行"B"动作，因此"A"和"B"两个动作并不是规律交替的，而是穿插进行甚至同时进行的。也因为这个原因，"A"和"B"也无须凸显结果性，而是要凸显动作性。可以看出，表示类义关系的动词"AABB"式介于表示近义关系和表示反义关系的动词"AABB"式之间，在结构和语义上的凝结程度也一样介于二者之间，"A"和"B"在语义上关系比较近的，在结构和语义上的凝结程度也比较高，"A"和"B"在语义上关系比较远的，在结构和语义上的凝结程度就比较低。如"吃吃喝喝"就比"吃吃睡睡"凝结程度要高。

　　也就是说，强调动作性的动词"AABB"式中的"A""B"，必须是近义或类义关系，而强调结果性的动词"AABB"式中的"A""B"，只能是反义关系。在结构和语义的凝固度上，一般来说，近义关系＞类义关系＞反义关系。而凝固度越高，越容易具有引申意义。

　　当然，动词"AABB"式的凝固度不仅和语义有关，也与其他因素有关。如和"A""B"的语法属性有关，不成词的"A""B"组成的"AABB"式，在凝固度上一般要高于成词的 "A" "B" 组成的 "AABB" 式。再如和是否具有基式 "AB" 有关，一般来说，具有基式 "AB" 的动词 "AABB" 式，在凝固度上要高于不具有基式 "AB" 的动词 "AABB" 式，或者说，通过 "AB" 扩展形成的动词 "AABB" 式，在凝固度上要高于 "AA＋BB" 形成的动词 "AABB" 式。

29.3 小结

总之，"ABAB" 式是双音节动词的重叠形式，具有构形的特点，表达的基本语法意义是 "具有'主观积极'意义的'动势小量'"；而 "AABB" 式则不属于动词重叠，它既可能是词语的复叠形式，也可能是一种构词形式，基本的构式意义是表达 "客观上的'反复大量'"。由于其表示的动作行为需要多次、大量地反复进行，从而往往具有一种 "过分量" 的意义，其引申或附加的色彩意义通常为消极的、贬义的。

从动词的基式来看，"ABAB" 式的基式是 "AB"，要求 "AB" 具有可持续或可反复的较强动作性；而 "AABB" 式则可以没有基式，其形成过程更像是通过单独的 "A" 和 "B" 直接构成 "AABB" 式，当然，在这一过程中，对 "A" "B" 的动作性和结果性及 "A" "B" 的语义关系是有一定要求的。在追求创新性的言语表达中，如文学创作中，符合语义关系和自身属性的 "A" 和 "B"，可以较为自由地形成 "AABB" 式。如：

（28）一碗煮花生任你吃，傣家姑娘纺着线，微笑着陪你谈谈讲讲。那一晚，很有些使人难忘。

（29）两人便在雪地中翻翻滚滚地打了起来。

（30）我们每人都有个开始，每个人都在门槛上跌跌爬爬。

（31）要创设条件，让孩子摸摸碰碰，或拆装一些适合于他们的组合玩具。

第五部分　动词重叠的偏误与句法功能

30. 为什么不能说"看看一本书"？

典型错误

* 你应该看看一本书。

* 咱们讨论讨论两个问题。

* 我想尝尝一些肉。

* 你们可怜可怜一个人吧！

* 我们应该奖励奖励小王一笔奖金。

原因分析

　　一般认为，动词重叠式具有排斥数量词语的强烈倾向。有人认为，这是因为动词重叠式表示的量意义是模糊的，因此不能和表示精确量的数量词语搭配；也有人认为，动词重叠式不能带数量词语，是受到宾语有定、无定的限制。孙朝奋（1994）、李宇明（1998）等都明确指出，动词重叠式的宾语应该是无定无指的，或者是有指有定的，而不能是有指无定的。

　　将动词重叠式的宾语限制界定为无定成分，比界定为数量成分要合理，实际上动词重叠式的宾语排斥的不是数量，而是未知。如：

　　（1a）* 咱们讨论讨论两个问题。

　　（1b）咱们讨论讨论这两个问题。

例（1b）中的宾语同样是数量成分，但是可以作为动词重叠式的宾语。因为指示代词"这"的存在，例（1b）的宾语显然是已知的、有定的。

一般认为，典型的未知、无定的形式是通过"数＋量＋名"形式，尤其是"一＋量＋名"形式来实现的，但这并不意味着所有的"数＋量＋名"形式都是无定的。如：

（2a）＊他抬了抬一只手，发现麻木感已经消失了。

（2b）他抬了抬一双手，发现自己已经恢复了自由。

例（2b）的可接受度比例（2a）要高得多，因为一个人一般有两只手，同样是"一＋量＋名"的表达，"一只手"是不确定的、未知的，倾向于无定的意义表达；而"一双手"则具有囊括性，倾向于有定的意义表达。我们可以说，带有囊括性的全体意义的"数＋量＋名"倾向于有定意义表达。如：

（3a）＊请可怜可怜一个人吧！

（3b）流亡者：不管您是谁，请可怜可怜一个被追捕的人吧！

例（3b）是可以接受的句子，而例（3a）不行，原因同样在于例（3b）中宾语的有定性。"一个被追捕的人"虽然使用的是"一＋量＋名"形式，但实际上就是指"流亡者"，也就是说话人自己，因此在所指上是明确的、有定的。

之所以未知成分不能做动词重叠式的宾语，和句子的焦点有关。宾语位置通常是默认的焦点位置，而未知成分更易于充任自然焦点，但是在动词重叠句中，一般要以动词重叠式为焦点，因此会产生语义冲突。而其他限定成分，如无指成分、类指成分、定指成分等都不是强焦点成分，不会产生语义冲突。

有时，在刻意降低宾语位置焦点性的语境中，一些无定成分也可以充任动词重叠式的宾语。如：

（4）全家人在一起看看光碟、聊聊天儿、讨论讨论一些书上的问题，过一个安全、开心的五一。

例（4）是一个表示惯常行为的语境，动词重叠式在句中表达的是"轻松""随便""闲适"的意义，在语义上更侧重做什么动作行为，对宾语往往不会过多关注。如：

（5a）周末，我们在一起看看电视、聊聊天儿。

（5b）* 周末，我们在一起看看《还珠格格》这部电视剧、聊聊小张和他老婆离婚的话题。

例（5a）是表达"轻松""闲适"意义的句子，而例（5b）则很难有这样的语义理解，原因就在于例（5b）刻意地凸显了宾语，反而削弱了"随便做做"这样的"轻松""闲适"意义。也就是说，在这样的语境中，宾语不应该被凸显，不宜成为焦点，这也是例（4）可以容纳无定宾语的原因。

总之，一般来说，动词重叠的宾语不能是无定的，除非是在特殊的语境中。

动词重叠对宾语的有定性的限制，还表现在双宾语句中。双宾语句中，直接宾语一般是无定的指称成分，因此与动词重叠式做谓语会产生语义冲突。如：

（6）* 我们应该奖励奖励小王一笔奖金。

（7）* 学校布置布置我们一项任务。

对直接宾语有无定要求的双宾语句一般是表示"给予""取得"等带有位移意义的，不带有位移意义的双宾语句一般对直接宾语没有无定要求，动词重叠可以出现在这一类双宾语句中。如：

（8）你教教他数学。

（9）你叫叫他爸爸。

正确表达

所以，上述典型错误的原因在于将动词重叠和无定宾语搭配，正确表达应或者不使用动词重叠，或者换用无指、类指、定指等宾语成分。

你应该看一本书。／你应该看看这本书。／你应该看看书。

咱们讨论两个问题。／咱们讨论讨论这两个问题。／咱们讨论讨论问题。

我想尝一些肉。／我想尝尝这些肉。／我想尝尝肉。

你们可怜可怜这个人吧！／你们可怜可怜我吧！

我们应该奖励小王一笔奖金。／我们应该奖励奖励小王。

31. 为什么不能说"不/没看看书"？

典型错误

* 我没看看书。

* 咱们不讨论讨论这个问题。

* 你不应该想想这件事。

* 让他别唱唱这首歌！

原因分析

　　一般认为，动词重叠不能出现在否定句中。如吕叔湘（1983）就明确指出这一点。朱德熙（1982）进一步分析认为，动词重叠的否定形式只出现在两种情况中：一是"不……不……"结构的前一否定部分，如"不调查调查就不清楚"；二是在反问句中，如"你怎么不问问"。刘红曦（2000）又提出，双重否定句也可以容纳动词重叠式，如"他不得不考虑考虑春节后的工作安排"。

　　动词重叠不能出现在否定句中，主要与动词重叠的"主观积极"意义有关。因为"主观积极"也就意味着"肯定"，而"否定"也就变成了"主观消极"，不再接受动词重叠式入句。如：

　　（1）我想说说这件事。——* 我不想说说这件事。

　　（2）让他唱唱这首歌。——* 让他别唱唱这首歌。——* 别让他唱唱这首歌。

　　否定形式不等于否定意义，有些否定形式是可以表达肯定意义的，比如否定形式的反问句、双重否定形式等。我们发现，在这类句子中，动词重叠是可以出现的。如：

　　（3）你不想说说这件事吗？

　　（4）我不得不让他唱唱这首歌。

而相反，如果是肯定形式的反问句，表达的是否定意义，那么即使形式上是肯定的，也不能接受动词重叠式。如：

（5）* 这件事你难道可以说说吗？

（6）* 你难道能让他唱唱这首歌吗？

除了反问、双重否定等能够表达肯定意义的否定形式表达外，否定形式的动词重叠还可以出现在虚拟的条件句、疑问句中，同样也表达肯定的意义。如：

（7）这件事你不说说我们怎么知道呢？

（8）你怎么不让他唱唱这首歌呢？

显然，这里虽然是否定形式，但是全句的意义仍然是希望动作行为发生的肯定意义，满足动词重叠的"主观积极"意义要求。

总之，动词重叠式并非不能被否定，而是动词重叠式不能出现在否定的"消极"意义语境中。因此，无论是其肯定形式还是否定形式，都要求所处语境是主观积极的、肯定的。

正确表达

所以，上述典型错误的原因在于将动词重叠置于否定、消极的语境之中，正确的用法是不使用动词重叠，或者将语境义修正为积极的、肯定的。

我没看书。/ 你就没想着看看书吗？

咱们不讨论这个问题。/ 咱们不能不讨论讨论这个问题。

你不应该想这件事。/ 你难道不应该想想这件事吗？

让他别唱这首歌！/ 你怎么不让他唱唱这首歌呢？

32. 为什么不能说"看看过/着书"，
也不能说"正在看看书"？

典型错误

*我看看过这本书。

*我正看看着书。

*他正在收拾收拾东西。

*我唱唱着歌呢。

*我正试试衣服呢。

原因分析

一般认为，动词重叠出现的典型时态是未然时态，这是具有显著倾向性的。而在已然时态中，动词重叠要受到较大的限制。而在表示进行时态时，动词重叠受到的限制是最大的。

严格来说，"进行"是一种语法上的体范畴，而动词重叠具有构形重叠的色彩，在表达上同样具有体意义。因此，一般来说，动词重叠不再接受其他体范畴的修饰，因此与"了""着""过""起来""下去"等表示体范畴的动态助词都不能够搭配或搭配时会受到较大的限制。

动词重叠式表示的是量化的意义，即需要体现量的存在。而这一意义的体现和经验体、进行体的意义表述是存在语义冲突的。

经验体表达的是曾经完成过某动作行为的经验，作为经验，对该动作行为的完成应该是完整的、完全的，而不仅仅是小量的，或者说是尝试的经验。因此，在"过"的语义管辖范围内，是不应出现量意义的。如：

（1）吃过一点儿。——*吃一点儿过。

（2）去过一次。——*去一次过。

同样，动词重叠表示的是量意义，也不能出现在"过"的语义管辖范围之内。

进行体表示当下的时间点正在进行的连续的动作行为，那么这个动作行为应该具有连续性，即在任何一个时间节点上，该动作行为都是同质的。如：

（3）骏马在草原上奔腾着。

（4）佛库伦听了大姐的话，惊恐的神态淡了些，但仍然使劲摇着头。

（5）人们正在慢慢地滋生着一种抵抗力。

进行体可以表示动作的持续进行，如例（3）、例（4）；也可以表示状态的持续进行。在其所表示的时间过程中，该动作行为或状态是同质的。如截取例（3）的任何一个时间节点都是马"奔腾"的动作；截取例（5）的任何一个时间节点都是抵抗力"滋生"的状态。例（4）的"摇头"是一个瞬时动词，虽然客观上并非任意一个时间节点都在"摇头"，但由于这一动作是"瞬时"的，所以这种时间上的差异性是可以忽略的，仍然可以每一个瞬间都是在进行该动作。

进行体的这一意义是排斥动量的，因为有量的变化往往意味着异质。动词重叠表示的量具有"反复"意义，如"摇摇头"不会只摇一下，而且"摇摇头"是需要一定时间的，那么就不可能在每个时间节点都"摇摇头"，这就与进行体的意义产生了冲突。

动词重叠式在体的表达上与经验体、进行体冲突；在语义上，也与经验体、进行体冲突。因此，动词重叠式不能与动态助词"过"和"着"搭配使用。

李珊（2003）认为，有时也可以见到一些"过""着"附加于动词重叠之后的例子，尤其是"着"，并认为老舍笔下动词重叠带"着"的例子很多。如：

（6）嘴唇嗫嗫着／鼻子也抽抽着／头往一边歪歪着／眉毛老皱皱着／一大股黑烟弯弯着

我们认为，这里的"VV 着"并不是"动词重叠＋着"形式。从我们对动词重叠的界定来看，动词重叠的基本语法意义应该是表示主观的"动势小量"，不具有这一基本意义的"VV"式都不是动词重叠式，而是同形异义的其他形式。

动词重叠凸显的是动作性，而例（6）中的表达显然凸显的是对状态的描写，这里的"VV"不能替换为"V—V""V—下"等相近形式，并不是对动态的描述。这类"VV"，我们认为与"AABB"式存在一定的关系，和形容词的"AA"重叠式相近，都是侧重对状态的描写和表述。

综上所述，动词重叠式在体的表达上与经验体、进行体冲突；在语义上，也与经验体、进行体冲突。因此，动词重叠式不能与动态助词"过"和"着"搭配使用。

正确表达

所以，上述典型错误的原因在于将动词重叠置于经验体、进行体的范畴之中，从而造成了语义冲突，正确的用法是不使用动词重叠。

我看过这本书。

我正看着书。

他正在收拾东西。

我唱着歌呢。

我正试衣服呢。

33. 为什么不能说"看看了书""看看书了"？

典型错误

*我看看了书。

*他收拾收拾东西了。

*他说了说话。

*上飞机前，他们都抱抱我。

*我安慰了安慰她。

原因分析

如前所述，动词重叠出现的典型时态是未然时态，而在已然时态中，动词重叠要受到一定的限制。而作为具有体意义的动词重叠，也不再接受其他体意义同时出现。因此，作为表达完成体的动态助词"了"，一般不与动词重叠搭配，没有"VV 了"式。

但是，动词重叠式中包括"V 了 V"式，在一定程度上也可以表达"VV"的完成体意义。受音节数量的影响，"V 了 V"式中只能容纳单音节动词，而双音节动词没有相应的"V 了 V"式。

之所以说"一定程度上的完成体"，是因为"V 了 V"式并不等同于"VV"式的完成。如双音节动词的"ABAB"式重叠形式，就没有相应的完成形式，即没有"AB 了 AB"式。此外，还有能进入格式的动词不同、表达的意义不同、出现的语境也不同等差异，如果使用完成体"V 了 V"式，那么其原有的"意愿""祈使""尝试""致使"等意义便会随之丧失。详细的相关论述可以参见本书第四部分的"25. 'V 了 V'式就是表示完成的'VV'式吗？"。

"V 了 V"式主要在以下动词重叠的语境中使用：

一、对已然动作行为的叙述，具有"小量"意义。

（1a）我昨天去医院看了看她。

（1b）＊我昨天去医院看看她。

（2a）这个问题我想了想，还是觉得暂时不告诉你为好。

（2b）＊这个问题我想想，还是觉得暂时不告诉你为好。

这类句子侧重表达某一动作行为的已然状态，即强调动作行为的完成，因此必须使用"V 了 V"式作为完成体表达。

二、对已然动作行为的描述，强调"描述性"意义。

（3a）他看了看表，回房间睡觉了。

（4a）他昨天什么也没做，看了看书、玩了玩电脑就睡觉了。

这类句子侧重表达的是对动作行为的描述，强调的是动作行为本身，而不是完成的状态，因此不使用"V 了 V"式作为完成体表达也没有太大的语义差异。

（3b）他看看表，回房间睡觉了。

（4b）他昨天什么也没做，看看书、玩玩电脑就睡觉了。

这两组例子相比，使用"V了V"式的a组更凸显"完成"的意义。因此，如果这类句子强调"完成"意义，仍然要使用"V了V"式。

（5a）他认真地读了读说明书，开始组装这些零件。

（5b）*他认真地读读说明书，开始组装这些零件。

显然，这里的"读说明书"是要"读完"的，而不能只读一部分，因此要使用"V了V"式。

"V了V"式出现的这两种语境似乎比较类似，但实际上并不相同。第一种语境强调动作的完成，通常有明显的时间提示，如例（1a）中的"昨天"，例（2b）中的后续句；第二种语境或者没有明显的时间提示，如例（3a）；或者虽然有时间，但强调的是动作行为本身，如例（4a）。第一种语境要使用"V了V"式，第二种语境在强调"完成"意义时也要使用"V了V"式。

可以看到，在已然的时态中，动词重叠可以有两种形式，一是"V了V"式，二是"VV"式。前者强调动作行为的完成，而后者更强调动作行为本身。因此，我们可以将"V了V"看成一种完成体，但和"V了"相比，"V了V"只能表现已然时态下的完成。

"了"除了表示完成体的动态助词"了$_1$"外，还有一个用在句末、表示语气的语气词"了$_2$"。用在句尾的"了"，并不仅仅是表达语气的"了$_2$"，常常还带有"完成""实现"的意义，即"了$_{1+2}$"。尤其是句中有量化成分时，"了"常常对量化信息比较敏感。如：

（6）我已经吃两碗饭了。

（7）他离开这座城市一年了。

显然，这两个句子中"了"的"完成"意义针对的是量化部分"两碗"和"一年"，其仅仅表示量的完成，而不表示动作行为"吃"和"离开"的完成，即还在继续"吃""离开"的状态。

动词重叠具有量化意义，表示"动势小量"，带有"短暂完成"的意义，因此不可能在语义上完成了量而没有完成动作行为，这与"了"的语义相冲突。这也是为什么不能说"VV 了"的原因。

出现在句尾的"了"也是如此,其不能表现动词重叠的量的完成,因此也不能说例(8a)。如果一个句子中,动词重叠和"了"共现(除了"V 了 V"),那么动词重叠不能出现在"了"的语义管辖范围内,即"了"表示的是其他成分的完成或实现,而不能是动词重叠的完成或实现。

(8a)* 他收拾收拾东西了。

(8b)他得收拾收拾东西了。

(8c)他收拾收拾东西离开了。

(8d)他想收拾收拾东西了。

例(8b)~(8d),"了"支配的分别是"得""离开"和"想",三个句子中的"收拾收拾"都没有出现在"了"的语义管辖范围内,因此是成立的句子。

正确表达

从前文的分析中可以看出,"典型错误"中五个例句的错误原因有所不同。"我看看了书"的错误在于表达"完成"意义的"VV"的语法形式是"V 了 V",因此句子应该修改为"我看了看书";"他收拾收拾东西了"的错误在于动词重叠不能出现在"了"的语义管辖范围内;"他说了说话"的错误在于"V 了 V"并不能对应所有"VV"的完成体,或者说有些"VV"是没有完成体的,"说"不具有描述性,不符合"V 了 V"式的语境要求,可以在语境中增加时间因素和描述性特征来凸显"完成"意义;"上飞机前,他们都抱抱我"中具有明显的时间因素,凸显了"完成"意义,因此应该使用"V 了 V"式;"我安慰了安慰她"的错误在于双音节动词受音节数量的影响,没有"V 了 V"式。

所以,上述典型错误的正确表述如下:

我看了看书。

他该收拾收拾东西了。

他和我说了说注意事项就离开了。

上飞机前,他们都抱了抱我。

我安慰安慰她。

34. 为什么不能说"你想想明白"?

典型错误

* 这件事你要想想明白。

* 他跑跑过来了。

* 你等等一会儿。

* 我看看得很清楚。

* 我走走到超市。

原因分析

　　一般认为,动词重叠式本身就带有动补结构的特征,"VV"式具有量化补语的特点,因此动词重叠式后面不能再带有补语成分。汤廷池(1979)、李宇明(1998)、石毓智(2003)等都表达过这一观点。

　　在普通话中,动词重叠式一般是不能带补语或者类补语成分的,这包括各类补语成分,也包括"了""着""过""起来""下去"等动态成分。能够出现在普通话动词重叠式之后的类补语成分只有一个,就是"看",并与之组合成"VV看"构式。

　　一般认为,普通话中的"VV看"构式是受到了吴方言语法的影响,吸收了吴方言中的相关形式形成的。而在吴方言中,动词重叠"VV"式后面搭配补语成分,是一种常见的语法表述,甚至我们在调查中发现,相当一部分普通话水平较高的吴方言母语者(普通话水平二甲及以上),在使用普通话进行表述时,并不能发现这是方言语法。

　　除吴方言以外,还有不少的方言中都可以使用"动词重叠+补语"的语法形式。我们在北京大学 CCL 语料库中对常见的"动词重叠+补语"形式如"想想清楚""看看清楚""问问清楚""想想明白""做做好""弄弄好"进行了检索,发现这些用例绝大多数出现在南方作家的作品之中，但也有部分出现在如河北作家，甚至北京作家的作品之中。如：

（1）睡觉之前，她去要了一盆热水来，要我和她一道洗洗干净。（郁达夫）

（2）我想想明白了，点点头："达达是 19，那你们是 20 进制……"（刘慈欣）

这正如储泽祥（1994）、邢福义（1997）认为的那样，"重叠式动词带形容词作结果补语（VVA 式）主要见于吴方言区的作家作品中，近几年北方方言区的作家作品中也开始出现，正处于向普通话过渡的交融时期"，"近年来，这样的用法渐渐多了起来"。钱乃荣（2000）更认为这种形式已多见于普通话小说、散文。

除了方言以外，古代汉语、近代汉语中都保留有"动词重叠＋补语"的用法。崔山佳（2003）、贺卫国（2006）、李文浩（2009）等研究都证明了这一点

我们考察发现，不少方言区都有"动词重叠＋补语"的用法，李文浩（2010）列出广东、广西、台湾、福建、浙江、江苏、上海、安徽、云南等多个地区。从方言区看，"动词重叠＋补语"的使用地区主要分布在闽语和吴语中，其次是粤语和徽语，西南官话也有一部分。从"动词重叠＋补语"的类型来看，主要使用的是黏合式补语，而不使用组合式补语，在各方言表达中都没有见到动词重叠后搭配"得"标记补语的用法，个别方言中有搭配通过介词引介的处所补语的用法，但数量不多。各方言中主要存在的"动词重叠＋补语"形式的补语有三种：

结果补语——看看清楚、吹吹干。

趋向补语——爬爬起来、冲冲出。

数量补语——洗洗一下、等等几分钟。

从古代汉语到现代汉语，动词重叠经历了从表"量增（大量）"到表"量减（小量）"的过程。我们也发现，方言中保留的"动词重叠＋补语"形式，相当一部分表示的是"量增（大量）"意义，表示"量减（小量）"意义的"动词重叠＋补语"形式主要集中在吴方言。这也是使用"动词重叠＋补语"形式的地区众多，而我们一般认为普通话中"动词重叠＋补语"形式来源于吴方言地区的原因。

从吴方言的两个代表方言，即上海话和苏州话来看，其中的"动词重叠＋补语"形式主要是"动词重叠＋结果补语"形式。而我们搜索北京大学 CCL 语料库也发现，较为广泛使用的"动词重叠＋补语"形式是"动词重叠＋结果补语"形式。

按照现有的普通话语法标准，我们仍然将"动词重叠＋补语"形式看作方言语法，但也要看到，这类语法形式，尤其是"动词重叠＋结果补语"形式，正在融入普通话的语法之中。这种融入并非直接融入"动词重叠＋结果补语"结构，而是类似于熟语，融入的是"洗洗干净""说说清楚""问问明白"等有限的结构。也就是说，即使我们认为上述结构是普通话中的合法的结构，其也不具有类推性。如我们在微博语料中发现了不少"动词重叠＋结果补语"结构。

（3）人在做，天在看，睁大你的眼珠看看清楚！指甲会长出来的好不好！

（4）你得想想明白："你究竟是愿意跟一帮人分吃蛋糕呢，还是喜欢一个人独吃牛粪？"

除了结果补语以外，我们在语料库中也发现了数量补语的用例，但数量不多，且补语多为"一番"。

（5）这女人该教训教训一番。

这与"一番"自身表示模糊量的意义，而不排斥其他量的表达有关。如还有这样的用例：

（6）母女俩把食物与衣物送到余家，将小明交返他父亲，又再三叮嘱一番，才告辞出来。

可见，"一番"还可以和"再三"等表量结构搭配，并不会造成语义冲突，这也是其可以和同为表量结构的动词重叠组合使用的语义基础。

此外，我们还发现，在"动词重叠＋结果补语"形式中，动词主要为单音节动词；而在"动词重叠＋数量补语"形式中，动词主要为双音节动词。我们认为，这与两者的来源有关，"动词重叠＋结果补语"形式多来源于吴方言中的相应表达，具有口语性；而"动词重叠＋数量补语"形式应该是受古代汉语、近代汉语语法的影响，具有书面语的特征。

正确表达

前述"典型错误"中的句子，除了"这件事你要想想明白"可以商榷外，其他例句的错误都在于动词重叠式不能再带补语成分，因此或者不使用动词重叠式，或者不带补语成分。

而对于"这件事你要想想明白"，本文仍将其看作不规范的语句，但也认可其属于正在融入普通话之中的语法结构。

前述句子的正确表达如下：

这件事你要想明白。

他跑过来了。

你等一会儿。

我看得很清楚。

我走到超市。

35. 为什么不能说"她试试的这件衣服"？

典型错误

*她试试的这件衣服。

*我们讨论讨论的问题。

*你们谈谈的事情。

*我研究研究的问题。

原因分析

一般认为，动词重叠式不能直接做定语修饰名词性成分，即使是构成"的"字结构，直接做定语的也比较少，更多定语位置上的动词重叠式要带有其他成分。

动词重叠式也并非不能做定语，而是在语义上有一定的要求。

一、动词重叠式直接充任定语时，在语义上一般要表示中心语的内容。

（1）当时特别入迷，觉得好神奇，有种自己去那里看看的冲动。

（2）退休以后，他过上了养养花、遛遛鸟的生活。

在语义上，动词重叠式必须表示中心语的内容，才可以进入定语位置。如"看看"是"冲动"的内容，"养养花、遛遛鸟"是"生活"的内容。此时，动词重叠式可以带"的"后直接做定语，如例（2）；但更多情况是和其他成分组合，共同做定语，如例（1）。因为对"内容"的阐述往往不是一个动词重叠结构能表达清楚的。

二、定语位置上是表示"意愿""祈使"意义的小句，要求使用动词重叠式，动词重叠式可以做定语的一部分。如果动词重叠式是小句的主要谓词，那么也可以看成动词重叠式做定语。如：

（3）这是我们都想讨论讨论的问题。

（4）这是应该研究研究的问题。

（5）需要和你谈谈的事情。

三、如前所述，动词重叠对焦点较为敏感，易于充任句子的焦点，如果句中有表示焦点的标记，使动词重叠式在焦点之中，那么动词重叠式更易于出现在定语位置。如：

（6a）我现在忙得很，连跑跑步的时间都没有。

（7a）我连看一看的权利都没有吗？

这类句子一般可以有如下变换：

（6b）我现在忙得很，连跑跑步都没有时间。

（7b）我连看一看都没有权利吗？

如果句子不存在焦点结构，同样的定中结构的可接受度会大大降低。如：

（8a）＊这事情又不难，你跑跑步的时间就能做好。

（8b）这事情又不难，你跑步的时间就能做好。

（9a）＊我有看一看的权利。

（9b）我有看的权利。

综上所述，动词重叠式做定语修饰名词性成分一般只限于两种情况：一是动词重叠在语义上表示中心语的内容，二是动词重叠前有凸显"意愿""祈使"意义的成分。而存在于焦点结构中的动词重叠式，更容易出现在定语位置上。

正确表达

前述"典型错误"中的句子，其错误都在于没有满足动词重叠式做定语的两个条件，或者不使用动词重叠，或者在句中凸显出相应的条件。正确表达如下：

她试的这件衣服。——想让她试试的这件衣服。

我们讨论的问题。——我们应该讨论讨论的问题

你们谈的事情。——我们必须得谈谈的事情。

我研究的问题。——我们能研究研究的问题。

36. 为什么不能说"我喜欢玩玩"？

典型错误

*我喜欢玩玩。

*我知道可怜可怜他。

*对我帮助最大的是弹弹钢琴。

*我是看看。

*对这些同学予以鼓励鼓励。

*我们需要再进行商量商量。

原因分析

一般认为，动词重叠在宾语位置上要受到较大的限制，李宇明（1998）、李珊（2003）等研究认为，动词重叠式做宾语时，动词只有"是"等有限的几个。

"是"是动词重叠式做宾语时比较常见的动词，但一般前面还要受到"只""不过"等词语的修饰。总之，句子要体现一定的"小量"意义或随意、随便的语气。如：

（1a）*我是看看。

（1b）我只／就／不过是看看。

（1c）我是看了看，但是没上手。

（1d）我是看了看，怎么了？

（1e）我来这儿也是看看，没在这儿就算了嘛。

（2a）*我喜欢的是玩玩。

（2b）我喜欢的只不过是玩玩。

除了"是"以外，其他一些判断动词或带有判断动词性质的准判断动词也可以带动词重叠式做宾语，但句子同样要体现一定的"小量"意义或随意、随便的语气。如：

（3）我现在也算见了见世面。

（4）我这么做就等于给大伙儿助助兴。

除了判断动词以外，一些具有"意愿"意义的心理动词等可以带动词重叠式做宾语，如"想"等。

（5）我想尝尝。

（6）我打算试试。

表示"意愿"意义的心理动词，对动词重叠式充任宾语的要求是比较自由的，"意愿"本来也符合动词重叠式的意义表达。从另一个方面来看，表示意愿的心理动词一般要求宾语具有较强的动态性和述谓性，这也符合动词重叠式的语法功能要求。如：

（7a）A：你想什么？

　　　B：*我想尝尝。

（7b）A：你想做什么？

　　　B：我想尝尝。

在例（7）中，"尝尝"保留了较强的动态性和述谓性。这与例（8）、例（9）

中的情况不同。

（8）A：你喜欢什么？

　　B：我喜欢玩。

（9）A：你知道什么？

　　B：我知道可怜他。

这两个例句表明，"喜欢"和"知道"后面的动词性宾语更多地体现出指称性，而不是述谓性。因此，在"喜欢""知道"这类动词后的宾语位置上，必须表现出一定的动态性和述谓性才能允许动词重叠式进入，句子需要表现出符合动词重叠意义的表述。如：

（10）我呀，没事的时候喜欢玩玩数独。

（11）我知道，应该多可怜可怜他。

总的来说，动词重叠具有较强的动态性和述谓性，因此出现在宾语位置时，也要保留这一特征。同时，动词重叠在宾语位置时，也要保留自身表达"动势小量""动作重复"等语义特点，所以一些谓宾动词，比如形式动词，即使在宾语位置保留了较强的动态性和述谓性，但是往往不带有"小量""重复"等语义特征，也不能接受动词重叠式。如：

（12）* 对这些同学予以鼓励鼓励。

（13）* 应该对这样的行为进行批评批评。

从形式上看，形式动词虽然要求带谓词性宾语，但对宾语的扩展形式是有限制的。一般来说，形式动词的谓词性宾语，只有前扩展，而没有后扩展。即前面可以加定语（状语），但后面不能加宾语、补语。如：

（14）加以研究——加以充分研究——* 加以研究科学——* 加以研究下去

（15）进行调整——进行机构调整——* 进行调整机构——* 进行调整好

我们说，动词重叠在语法上表现出近似动补结构的一面，因此也不能出现在形式动词后面充任宾语。

反之，句中如有符合动词重叠的"小量""重复"语义特征的成分，则可以出现动词重叠式。如：

（16）这位同学还是值得表扬表扬的。

例（16）中的"还是"凸显了句子的"小量"意义，"值得"也不排斥动作行为的重复。

如果是动词重叠出现在小句中做宾语，则相对比较自由，只要小句的意义能够接受动词重叠式即可。如：

（17）我觉得你可以见见她。

（18）我保证你想尝尝它的味道。

正确表达

除了和一些能愿动词、情态动词组合外，动词重叠在宾语位置上要受到较大的限制，这是因为动词重叠在宾语位置上也要保留自身的动态性和语法意义。动词重叠式比较常见的是做判断动词的宾语，但要求句子带有"小量"意义或随便、随意的语义色彩。

形式动词虽然要求宾语是谓词性成分，但在形式上一般要求宾语不是动宾或者动补结构，在语义上其宾语也不具有"小量""重复"的语义特征。因此，形式动词的宾语一般不能是动词重叠式。

表示"意愿"意义的心理动词，虽然对动词重叠式充任宾语的要求比较宽泛，但也同样要求宾语具有较强的动态性和述谓性，否则则要求句子带有"小量"意义或随便、随意的语义色彩。

前述"典型错误"主要是因为句子缺少量意义或随便、随意的语义色彩，可以在句中增加相应的语义成分或不使用动词重叠，对于句子本身有"大量"意义而无法增加"小量"语义成分的，或者强调一次性动作行为的，只能不使用动词重叠，如"对我帮助最大的是弹钢琴""对这些同学予以鼓励"。正确表达如下：

我喜欢玩。/ 我平时就是喜欢玩玩数独。

我知道可怜他。/ 我知道，应该多可怜可怜他。

对我帮助最大的是弹钢琴。

我只 / 就 / 不过是看看。

对这些同学予以鼓励。

我们需要再进行商量。

37. 为什么不能说"我已经去了去上海"?

典型错误

*我已经去了去上海。

*我们一直讨论讨论问题。

*我曾经听听这个音乐。

*他还在给孩子们讲讲故事吗?

原因分析

一般认为,动词重叠出现的典型时态是未然时态,这是具有显著倾向性的。而在已然时态和进行时态中,动词重叠要受到较大的限制。其中一个表现就是动词重叠不能受表示已然时态和进行时态的副词的修饰,如"早已""已经""业已""曾经""一直""在""正"等。

如前所述,动词重叠式后不能带"了""着""过"等动态助词,在已然时态中,表示"完成"意义时可以使用"V了V"式,但并非所有的"VV"都有对应的"V了V"式。

"V了V"虽然是已然的表述,但在用法上,其更强调一种伴随状态的完成,而不是动作行为本身的完成。如例(1)、例(2)在表义上似乎都不够完整,还需要有后续事件的支持,例(3)、例(4)在表义上更加完整。

(1)我昨天去医院看了看他。

(2)我昨天翻了翻这本书。

(3)我昨天去医院看了看他,他已经恢复得差不多了。

(4)我昨天翻了翻这本书,里面有些内容不适合小孩子。

但是在受已然副词修饰时,强调的是动作行为本身的完成,可以没有后续事件。如:

（5）我已经去医院看了。

（6）这本书我昨天已经看过了。

也就是说，"V 了 V"在表示"已然"或"完成"的意义上，与一般的"V 了"是有所区别的。从形式上看，"了"出现在具有量化意义的动词重叠中间，也意味着动作行为还有后续，这与其他量化结构的表现是相似的。如：

（7a）我（*已经）去了一次。

（7b）我（已经）去一次了。

例（7）中，"了"的不同位置对量意义的影响是不同的，导致和"已经"的搭配也存在差异。动词重叠也是量化结构，"了"在量化结构中间同样会带来意义的差异。如：

（8）他拧了拧螺丝，发现螺帽已经滑丝了。

（9）他想了想，回答道……

显然，"拧了拧"并没有成功地完成"拧"的动作行为，"想了想"也不是已经深思熟虑过了。可见，"V 了 V"式和典型的完成体在表义上还是存在差异的。不能受表示已然完成的"已经"等词语的修饰也是因为这个原因。

综上所述，动词重叠不能受表示已然时态和进行时态的副词的修饰。虽然有表示"完成"意义的"V 了 V"式，但"V 了 V"通常表示的是"小量"的量意义的完成，和典型的"V 了"完成体有所差异。

正确表达

前述"典型错误"的原因就在于动词重叠不能受表示已然时态和进行时态的副词的修饰，在这样的时态限制下，不能使用动词重叠式。正确表达如下：

我已经去了上海。

我们一直讨论问题。

我曾经听过这个音乐。

他还在给孩子们讲故事吗？

38. 为什么不能说"帮帮我抬"?

典型错误

*麻烦你帮帮我抬这个箱子。

*我要带带父母出去玩。

*你去劝劝他多参加活动。

*我们派派他去观察敌情。

原因分析

在兼语结构中,动词重叠式不能充当前一个谓词性成分的谓语,这与动词重叠式对焦点的要求有关。动词重叠具有较强的述谓性,更适合充任句子的焦点,而对兼语结构来说,焦点显然在第二个谓词性成分上。如:

(1a)*麻烦你帮帮我抬这个箱子。

(2a)*我要带带父母出去玩。

如果在句中需要使用动词重叠式,那动词重叠式应该出现在第二个谓词性成分中。如:

(1b)麻烦你帮我抬抬这个箱子。

(2b)我要带父母出去玩玩。

还有一种可能的表达是破坏兼语结构,使两个谓词性成分彼此具有一定的独立性,都具有一定的焦点性。如:

(3)麻烦你帮帮我,抬一下这个箱子。

(4)你去劝劝他,多参加参加活动。

正确表达

前述"典型错误"的问题在于动词重叠式不能充当前一个谓词性成分的谓

语，如有动词重叠的表达需求，一般是后一个谓词性成分的谓语使用动词重叠式。因此，正确表达为：

麻烦你帮我抬（抬）这个箱子。

我要带父母出去玩（玩）。

你去劝他多参加（参加）活动。

我们派他去观察（观察）敌情。

39. 为什么可以说"拜托你们一下"，
但不能说"沟通关系一下"？

典型错误

* 沟通关系一下。

* 回看监控一下。

* 摆谱儿一下。

* 鞠躬一下。

原因分析

从句法上看，"V 一下"在结构上没有"VV"紧凑，"一下"可以单独成一个音步，单独做一个句法成分，而"VV"除了插入"了"以外，一般不能分开。

"V 一下"在结构上比较松散，可以作为典型的动补结构出现，在动词后出现表人宾语，尤其是代词宾语时，常常将宾语置于"一下"之前，构成"V + O + 一下"结构。如：

（1）你去好好安慰他一下。

（2）你去好好安慰一下他。

受音节的限制，在"V + O + 一下"结构中，双音节的"V"可以接受单音

节或双音节的"O",而不能接受多音节的;单音节的"V"则一般只能接受单音节的代词作为"O"。如:

（3）你去安慰老王一下。

（4）＊你去安慰大老王一下。——你去安慰一下大老王。

（5）＊你去找小王一下。——你去找一下小王。

除了表人名词及相应的代词外,一般的名词性成分是不能进入"V＋O＋一下"结构的。如:

（6）＊我思考问题一下。——我思考一下问题。

如果其他类型的名词进入"V＋O＋一下"结构,那么这时的"一下"并不是表示小量的"一下₂",而是表示数量的"一下₁"。如:

（7）你打那个人一下。

这里的"一下"只能理解为表示数量的"一下₁"。

"V一下"的这个特征实际上反映了"一下"从"一下₁"到"一下₂"的演变过程。

离合词在表达"小量"意义时,可以有"VVO"和"V一下O"两种形式,如"摆摆谱儿""鞠一下躬"等。

正确表达

如前所述,能够进入"V＋O＋一下"结构中的"O",通常要是表人名词及相应的代词,且在音节数量上要受到"V"的限制。因此,"典型错误"中的句子可以修改如下:

沟通一下关系。

回看一下监控。

摆一下谱儿。

鞠一下躬。

第六部分 动词重叠的偏误与句式句类

40. 为什么不能说"她试试这件衣服吗"？

典型错误

* 她试试这件衣服吗？

* 你试了试这件衣服吗？

* 你考虑考虑这个问题了吗？

* 让他洗洗衣服吗？

原因分析

一般认为，动词重叠出现在是非问中要受到限制。我们认为，作为量化结构的动词重叠式，是对焦点敏感的语义成分。而疑问句是一种强焦点的句子，需要对方做出回答的疑问部分，一定是全句的焦点所在。而动词重叠是不适合作为疑问焦点的，因为动词重叠具有量意义，如果作为疑问焦点，那么一般来说在表义上是针对量来发问的。如：

（1）你买了三本词典吗？

显然，在没有重音等其他表达焦点的手段时，这里的疑问焦点是"三本"，而不是"词典"。而量意义比较凸显的动词重叠式不能是疑问焦点所在，因为动词重叠式所表示的量是模糊的、主观的，无法对其进行发问。如：

（2a）* 你转了转这个转运轮吗？

（2b）* 你转转这个转运轮了吗？

在已然的描述动作的语境中，动词重叠式凸显的是"小量"意义，一般不能做疑问焦点，无论是"V 了 V"式还是"VV"式。

除非句子的疑问焦点落在其他成分上，而不是以动词重叠为焦点。因为动词重叠是焦点敏感成分，因此句子要有其他疑问焦点，这个成分的焦点敏感性要更强。如：

（3a）你每天都要转转这个转运轮吗？

（3b）昨天是你转了转这个转运轮吗？

（3c）你昨天只是转了转这个转运轮吗？

这组句子中，用"每天""是""只是"等词语凸显了焦点，使动词重叠不再作为疑问焦点，句子也成了可接受的句子。

在未然的语境中，动词重叠一般表示的是意愿、祈使和尝试，这和人称、动词词义等多种因素有关。

在表示意愿的语句中，人称多为第一人称，也可为第三人称。但是由于第三人称的主观性较弱，在表示意愿时实际上是由说话人代表的，因此一般要有表示意愿的动词。如：

（4a）我玩玩。

（4b）我想玩玩。

（5a）* 他玩玩。

（5b）他想玩玩。

可以看到，同样表达意愿，第一人称可以不使用表示意愿的动词，而第三人称如不使用，句子将变得不可接受。

在变换为一般疑问句时，第一人称要变为第二人称，而从第二人称角度表达意愿，显然也是由说话人代表或猜想的，因此有表示意愿的动词，句子的可接受度会更高。如：

（6a）? 你玩玩吗？

（6b）你想玩玩吗？

同样，第三人称的意愿句变换成一般疑问句时，也要有表示意愿的动词。如：

（7a）＊他玩玩吗？

（7b）他想玩玩吗？

表示"祈使"意义的句子，在变换成一般疑问句之后，会丧失祈使性，因此在一般疑问句中不能使用动词重叠式。如：

（8a）你考虑考虑这个问题！

（8b）＊你考虑考虑这个问题吗？——你考虑这个问题吗？

（9a）让他洗洗衣服！

（9b）＊让他洗洗衣服吗？——让他洗衣服吗？

除非句中有情态动词等可以加强"祈使"意义的表达。如：

（8c）你可以考虑考虑这个问题吗？

（9c）我能让他洗洗衣服吗？

表示"尝试"意义的句子，往往也带有"意愿"或"祈使"的意义，同样受之前规律的制约，但能够凸显"尝试"意义的一般疑问句，往往可接受度更高，这也和动词自身的意义有关。如：

（10a）＊你看看吗？

（10b）？你玩玩吗？

（10c）你试试吗？

此外，"尝试"意义带有主观性，一般不能以第三人称的角度表示尝试行为，变换成一般疑问句也是如此。如：

（11a）＊他试试。——让他试试。

（11b）＊他试试吗？——能让他试试吗？

可以看出，第三人称只能以祈使句的形式表达"尝试"意义，变换成一般疑问句也要遵守祈使句的规则。

正确表达

综上所述，在不同的语境中，动词重叠的表义情况是不同的，因此变换成一般疑问句的条件也有所不同。语境、词义、人称等都会对变换产生影响，前述

"典型错误"中的句子，其错误原因也有所不同。

"她试试这件衣服吗"的错误原因在于人称，可以换成第二人称，如果要保留第三人称，需要增加表示意愿的动词。"你试了试这件衣服吗"的错误是在已然时态中，动词重叠凸显小量，不能做疑问焦点，需要有其他的疑问焦点。"你考虑考虑这个问题了吗"的错误如果是在已然语境中就和上文类似，而如果丢弃已然语境，则要增加"祈使"意义。"让他洗洗衣服吗"的错误也在于"祈使"意义的丧失，需要增加"祈使"意义。

正确表达如下：

你试试这件衣服吗？ / 他想试试这件衣服吗？

你只是试了试这件衣服吗？

你可以考虑考虑这个问题吗？

能让他洗洗衣服吗？

41. 为什么不能说"你去见见谁"？

典型错误

* 你去见见谁？

* 你想怎么测量测量高度？

* 你问问什么？

* 你考虑考虑哪个？

原因分析

一般认为，动词重叠在特指问中是受到较大限制的。张爱民、杜鹃（2005）认为，在选择问、是非问和特指问三种疑问形式中，含有动词重叠式的特指问句的可接受度是最低的。

一般来说，含有动词重叠式的特指问句是不可接受的，除非动词重叠式不在疑问的语义管辖范围内。如：

（1）谁想看看这本书？

（2）有什么东西是你想尝尝的吗？

（3）你试试这件衣服看怎么样？

可以看到，疑问的语义管辖范围不在动词重叠表达的谓词性结构中，句子是可以使用动词重叠式的。

而当疑问的语义管辖范围在动词重叠表达的谓词性结构中时，包括对谓语动词的动作行为的提问和对宾语的提问等，一般不能使用动词重叠式。如：

（4）*你怎么测量测量高度？

（5）*你去见见谁？

这两种提问方式的句子，除非是回声问，否则不使用动词重叠式。

动词重叠式表达的是动作行为本身的一种情态，而在疑问的语义管辖范围中，动作行为是不能带有这种情态限制的。如：

（6）*你刚才美美地吃了什么？

（7）*你刚才美美地怎么吃的蛋糕？

可见，无论是对动作行为提问还是对客事宾语提问，表达动作情态的"美美地"都不能出现，而动词重叠也是如此。

疑问意味着未知，而对未知的事物，是不能进行具体的修饰和限定的。动宾关系是句法中结合最为紧密的一种关系，一起表达一个事件，无论是动作行为的未知还是客事的未知，都是所表达事件的未知，因此不适合有相应的修饰。动作行为如此，客事宾语也是如此。如：

（8）*你刚才吃了一个红红的什么？

综上所述，在特指疑问句中，在疑问的语义管辖范围之中，不能使用动词重叠式。

正确表达

前述"典型错误"的语句中，错误原因都在于动词重叠式处于疑问的语义管辖范围之中，所以不应该使用动词重叠式。

正确表达如下：

你去见谁？

你想怎么测量高度？

你问什么？

你考虑哪个？

42. 为什么不能说"你是不是看看她"？

典型错误

*你是不是看看她？

*你打打不打打球？

*你下午去打打球还是去跑跑步？

*他晚上去看看电影不？

原因分析

在各类疑问句中，选择问和正反问其实是对动词重叠要求限制较低的疑问形式。

首先，选择问实际上就是针对两个陈述形式提问，选择其一。这两个陈述形式越独立，对动词重叠的限制越小，反之则会对动词重叠产生一定的限制。如：

（1a）我下午是去打打球呢，还是去跑跑步呢？

（1b）？我下午是去打打球还是去跑跑步？

这里，例（1a）的可接受度要比例（1b）高。这是因为在选择中，作为选择对象而在句式中对举的两部分，在量意义上要尽可能相同。如例（2a）的可接受度就要高于例（2b）。

（2a）你买了两本杂志还是两本画册？

（2b）？你买了两本杂志还是三本画册？

对于例（2b），一个解决的办法就是将其尽可能分开，减少对举的影响，如例（2c）。

（2c）你买了两本杂志，还是买了三本画册？

动词重叠也是一种量的表达方式，同样存在这样的问题，而且动词重叠所表达的量是模糊的，如在例（1）中，很难说"打打球"和"跑跑步"在量上是相同的。因此，对动词重叠出现在选择问中来说，两部分越是分开，句子的可接受度越高。

其次，在正反问中，由于动词重叠是对焦点敏感的量化形式，因此疑问焦点不能落在动词重叠上，否则便成了对量的疑问。如：

（3）＊你打打不打打球？

（4）＊你试试不试试这件衣服？

如果疑问焦点没有落在动词重叠上，正反问一般是可以成立的。如：

（5）你想不想看看电视？

（6）你去不去逛逛？

需要注意的是，如例（7a）这样的句子，疑问焦点仍然落在动词重叠上。

（7a）＊你是不是看看她？

"是不是"实际上只是附加的正反问标记，"是"并不具有实际意义，也就是说，例（7a）相对应的陈述形式是"你看看她"而不是"你是看看她"。因此，"是不是"的疑问焦点并不是指向"是"，而仍然是指向"看看"。因此，我们要在句子中加入其他疑问焦点，句子的可接受度就会相应加强，如例（7b）。

（7b）你是不是想看看她？／你是不是要看看她？／你是不是去看看她？

还有一种省略形式的正反问，这种正反问在形式上接近是非问，实际上受到的制约也与是非问一致，相关规则参见本书第二部分的"16.3是非问"，此处不赘言，仅举例如下：

（8a）你晚上想去看看电影不？

（8b）＊他晚上去看看电影不？

另外，选择问中对动词重叠的限制还与人称有关。如前所述，动词重叠在疑问句中要保留意愿性、祈使性或者"尝试"意义。而对于选择问来说，是要求听话人做出选择，那显然会造成句子"祈使"意义的丧失。因此，对于有动词重叠式的疑问句来说，是否具有意愿性较为重要。在选择问中的表现就是，第一人称受限制较小。如：

（9a）下午我们做什么？玩玩电脑，还是打扫打扫房间？

（9b）*下午你做什么？玩玩电脑，还是打扫打扫房间？

（9c）今天下午，你想玩玩电脑，还是想打扫打扫房间？

因为第二人称的意愿性较弱，所以可接受度较低，如例（9b）。而如果突出意愿性，如例（9c），句子的可接受度就会高很多。

综上所述，动词重叠在进入选择问时，要受到对举的两个选择式间平衡的限制，同时也要受到人称的限制；而正反问则主要注意疑问焦点不能是动词重叠式。

正确表达

前述"典型错误"的句子中，"你是不是看看她"的问题是将正反问的疑问焦点指向了动词重叠，可以增加焦点以提高可接受度。"你打打不打打球"更是直接将动词重叠作为正反问的疑问焦点，也需要另外增加疑问焦点。"你下午去打打球还是去跑跑步"一个是和选择问的人称有关，一个是动词重叠的选择问更倾向于将对举项分别表示。"他晚上去看看电影不"是省略形式的正反问，要受到是非问的规律的影响，需要增加表示意愿的词语。

上述句子的正确表述为：

你是不是想看看她？

你想不想打打球？

我们下午去打打球，还是去跑跑步？

他晚上想去看看电影不？

43. 为什么可以说 "把东西称称"，
但不能说 "把东西举举"？

典型错误

＊把东西举举。

＊把马骑骑。

＊把文章写写。

＊把衣服买买。

原因分析

关于 "把" 字句，学界公认的典型意义是 "处置义"，张旺熹（2001）用空间位移图式及其隐喻拓展所产生的变体图式解释了大部分 "把" 字句的语法意义，他认为："典型的 '把' 字句表现的是一个物体在外力作用下从甲点位移至乙点的过程，其凸显的焦点是物体（'把' 后名词）位移的终点（方向），所以，典型的 '把' 字句总是有补语成分。"

动词重叠不带有其他补语成分，因此只能依靠重叠形式来凸显 "结果" 意义。而动词重叠又显然不具有 "位移" 意义，那么就应该具有 "隐喻位移" 意义，即可以反映事物的变化过程，凸显结果。一个完整的隐喻位移过程应该包括射体（事物）、位移（动作行为）、起点（初始状态）和终点（结果）。

要凸显隐喻的位移过程，那么就要求射体在起点和终点分别表现出不同的状态，且两者的差异性越大，隐喻位移就越容易实现。张谊生（1997）认为，"把 + N + VV" 祈使句成句的语用因素是："N 处于不如意、待加工的状态之中，亟待改变和处理。" 这其实就是在强调隐喻起点和隐喻终点的状态差异。因为动词重叠具有 "主观积极" 意义，因此从起点到终点的隐喻位移通常是 "积极" 意义，即通常是从"不如意"到"如意"的变化过程。但实际上，我们在讨论"主观积极"意义时，其实更多的是讨论隐喻终点是积极的，而隐喻起点可能未必是不积极的。如：

（1a）你把这本书读读。

（2a）你把这个东西称称。

当然，如果隐喻起点是不如意的，那么隐喻位移就更明显，动词重叠式就更容易出现在"把"字句中。如：

（1b）你把这本书仔细读读。

（2b）你把这个东西好好称称。

这两个句子，带有之前读得不仔细、称得不好的意思。

如果我们在语境中能够凸显隐喻位移，那么会容纳更多的动词进入"把"字句动词重叠。我们可以在语境中凸显隐喻起点。如：

（3）别光说话不喝酒啊，这酒怎么不见下呢？来来来，大家都把酒喝喝。

在例（3）中，前面的话语强调了"要把酒喝下去"，因此在语境中凸显了"酒"的"主观待处置"意义，从而凸显了隐喻位移。

我们也可以在语境中凸显隐喻终点。如：

（4）来来来，大家都把杯中酒喝喝，时间有点儿晚了，今天就到这儿了。

显然，例（4）强调的是"把杯中酒喝完"，因此在语境中凸显了"酒"的"积极处置"意义，从而凸显了隐喻位移。

除了凸显隐喻位移的起点和终点外，我们还可以在语境中凸显位移过程。如：

（5a）＊你把箱子举举。

（5b）你把箱子向上举举。

"向上"强调了"举"的方向，因此在语境中凸显了隐喻位移的过程，因此例（5b）成立，而没有这一意义的例（5a）则不成立。

正确表达

综上所述，动词重叠式充任"把"字句谓语动词的前提是凸显隐喻位移的过程，而"典型错误"中，句中动词和宾语的语义关系不能凸显隐喻位移的过程，因此不能使用"把"字句。

修改如下：

举举这个东西。

骑骑马。

写写文章。

买买衣服。

44. 为什么可以说"把箱子举了举"，
但不能说"把箱子举举"？

典型错误

*把箱子举举。

*把盒子掂掂。

*把手拍拍。

*把舌头吐吐。

原因分析

关于"典型错误"中的句子，我们在本书第六部分的"43.为什么可以说'把东西称称'，但不能说'把东西举举'？"中已有论述，其错误的原因已经明确。但这些句子如果加上"了"，进入已然语境，则变成了可以接受的句子。如：

（1）我把箱子举了举……

（2）我用手把盒子掂了掂……

（3）她把手轻轻地拍了拍……

（4）她俏皮地把舌头吐了吐……

这主要是由未然语境中"VV"式和已然语境中"V了V"式语义功能的差

异造成的。

未然语境中的"VV"式进入"把"字句后，表现出来的是"祈使"意义。作为祈使句，其要有明确的祈使要求，即明确听话人需要完成的事件，包括对象、动作行为和预期目的（结果）。这一要求更加深了"把"字句的"处置义"要求，因此要求句子具有"隐喻位移"意义。

在已然语境中，"V了V"式进入"把"字句后，表现出来的是"现场描述"意义，这一意义重在对动作行为的过程进行描述，因此对"处置"意义的要求并不高。因此，例（1）～（4）都是成立的句子。当然，由于"现场描述"意义对后续事件有一定要求，因此这四个句子一般还要有后续的事件表达。

"现场描述"意义重在对动作行为的过程进行描述，因此动作性不强的动词一般不能进入其中。如：

（5）*他把文章写了写……

（6）*他把文章买了买……

不具有"短暂重复"意义的动词，一般也不能进入其中。如：

（7）*他把马骑了骑。

正确表达

"典型错误"中句子的错误原因在前文已有论述。本节指出动词重叠式进入"把"字句的另一种途径，即在已然语境中以"V了V"式进入，表达"现场描述"的意义。

因此，"典型错误"的句子可以修改如下：

我把箱子举了举……

我用手把盒子掂了掂……

她把手轻轻地拍了拍……

她俏皮地把舌头吐了吐……

第七部分　动词重叠的偏误与重叠类型

45. 为什么不能说"你玩一玩看"?

典型错误

* 这个新玩具你玩一玩看。

* 请你欣赏一欣赏这个新节目。

* 我来陪你说一说话。

* 愁愁就白了头。

* 等我一分钟,我换一换衣服就去。

* 他前后望一望,没有看到人影。

原因分析

"V一V"和"VV"在句法结构、语义、语用等方面都存在一定的差异,但是这种差异往往不是强制性的,而是倾向性的。总的来说,"V一V"带有郑重的语气,凸显"一"的数量,语义较重;而"VV"则比较自由、随意,更凸显"时短量小"的意义。

一、句法差异。

第一,当动词重叠所带的宾语是单音节宾语时,尤其是动宾式离合词的重叠形式,倾向于使用"VV"式。如:

(1a)我来陪你说说话。

（1b）＊我来陪你说一说话。

第二，双音节的动词在重叠成"ABAB"式之后，不能插入"一"。如：

（2a）请你来欣赏欣赏这个新节目。

（2b）＊请你来欣赏一欣赏这个新节目。

第三，表示"尝试"意义的"×看"结构，"×"倾向于使用"VV"式。因为"看"在语义上是虚化的，"VV看"更适合作为一个音步。如：

（3a）这个新玩具你玩玩看。

（3b）＊这个新玩具你玩一玩看。

二、语义差异。

第一，从形式上看，"V一V"式和"VV"式的差异在于表示不定量的"一"。在语义上，虽然"一"表示的是不定量，但"一"的存在，或多或少地使得"V一V"式有排斥多量的倾向。如：

（4a）他前后望望，没有看到人影。

（4b）＊他前后望一望，没有看到人影。

在语义上，"前后望"一定不是只望"一"次，所以和"V一V"在语义上有所冲突。反之，如果语义上凸显"一次"，那么使用"V一V"更为合适。如：

（5a）愁一愁，白了头。

（5b）＊愁愁就白了头。

这里的意思是"愁一次就会白头"，因此用"V一V"式更合适。

第二，在形式上，"一"的存在拉长了两个"V"的距离，所以从象似性上看，"V一V"表示的时量更长。如：

（6a）来人远远地大声喊道："等一等！"

（6b）？来人远远地大声喊道："等等！"

从例（6a）中，我们可以感受到喊叫的声音是"等———一———等"这样拉长时长的状态。再如：

（7a）水太烫了，凉一凉。

（7b）？水太烫了，凉凉。

既然是"太烫了"，那么"凉"的时间可能会比较长，例（7a）比例（7b）

更合适。

反过来，"VV"式更适合强调时长较短的情况。如：

（8a）等我一分钟，我换换衣服就去。

（8b）* 等我一分钟，我换一换衣服就去。

第三，在形式上，"VV"结合得比较紧密，成词化程度更高，因此有些"VV"在表义上有虚化的倾向，这一类"VV"不能使用"V 一 V"式。如：

（9a）你看看，连他都能拿第三名。

（9b）* 你看一看，连他都能拿第三名。

三、语用差异

在语用层面，总的来说，"V 一 V"可以看作"VV"的郑重式，即在郑重、严肃的语境中，倾向于使用"V 一 V"式，而在自由、随意的语境中，倾向于使用"VV"式。由于语用层面的差异主要是倾向性的，所以此处不赘言，可参见本书第四部分的"26.'V 一 V'式和'VV'式有什么不同？"。

正确表达

前述"典型错误"的正确表述应该为：

这个新玩具你玩玩看。

请你欣赏欣赏这个新节目。

我来陪你说说话。

愁一愁就白了头。

等我一分钟，我换换衣服就去。

他前后望望，没有看到人影。

46. 为什么不能说"请救一下我的女儿"?

典型错误

*请救一下我的女儿。

*这么多游乐设施,你好好玩一下。

*嘴上说不怕死,那你去死一下看。

原因分析

"VV"和"V一下"在表意上有相近之处。从使用频率上看,"V一下"的使用频率更高,这是因为"V一下"对其中"V"的要求没有"VV"那么苛刻,对"V"的语义、音节及句法形式等方面的要求都比较低。具体可参见本书第四部分的"27. 'V一下'式和'VV'式有什么不同?"。

除了不能使用"VV"的情况,"VV"和"V一下"的差异大多是倾向性的,也就是大多数情况下两者是可以互换的,这也是"V一下"在使用频率上更高的原因。两者比较严格的差异,就是"V一下"不能用于"大量"意义的表述。

在语义上,"VV"强调动作的反复性,也就是说,"VV"凸显的是多次的动作行为,如"摇摇头""摆摆手"都倾向于使用"VV"式;而"V一下"强调的是状态的延续性,也就是说凸显的是一次的动作行为,如"交一下""捡一下"。也就是说,使用"VV"式时,我们认为动作行为是可分解的、重复的多个动作;而使用"V一下"式时,我们更倾向于将动作行为视为一个整体。如:

(1a)? 这么多游乐设施,你好好玩一下。

(1b)这么多游乐设施,你好好玩玩。

这里的"玩"显然是"玩了这个设施玩那个设施,玩了一遍再玩一遍"的意思，因此强调了动作的多反复性，倾向于使用"VV"式。

在表达"尝试"意义时，"VV"动作性强，表达的"尝试"意义更强，也就是说，"尝试"意义越强，越倾向于使用"VV"式。而"V一下"因为不强调反复进行的动态意义，因此"尝试"意义的表达也比较弱，其更倾向于动作行为"成功完成"的意义表达。

在大多情况下，"尝试义"的强弱只是一种倾向，但有些"尝试义"的表达是建立在客观上不可能实现的基础上的，也就是结果必定是不成功的。这类"尝试义"的表达，多使用"VV"式。如：

（2a）? 嘴上说不怕死，那你去死一下看！

（2b）嘴上说不怕死，那你去死死看！

反之，如果不强调"尝试"意义，说话人认为动作行为必然会成功，或者结果是已知成功的，则倾向于使用"V一下"式。如：

（3a）你去写一下你的名字。

（3b）? 你去写写你的名字。

除非听话人是一个还不会写自己名字的幼儿，否则倾向于使用"V一下"式。

在表达"祈使"意义时，"VV"语气较为和缓，带来的言后之力较弱，因此在祈使语境中，"要求"的语义强度也相应变弱，对听话人的限制也显得较为宽松，所要求听话人完成的动作行为往往是自由的；而"V一下"则相反，所要求的动作行为往往是带有强制意味的。正如卢福波、吴莹（2005）所说，"V一下"的任务目的明确，只是语气和缓，"VV"的任务较模糊，即听话人有更多的自由选择接受或者拒绝。这在通常情况下，只是一种倾向性的表达，但对例（4）来说，却是较为重要的。

（4a）* 请救一下我的女儿。

（4b）请救救我的女儿。

显然，在"救命"这件事情上，"恳求"的意味更为明显，甚至有一丝强制的意味都是对救人者的不尊重。可以说，这是一个极端的例子，极端地要求说话人表达极为委婉、礼貌的语气，因此通常只能用"VV"式来表达。

总的来说，"VV"式和"V 一下"式的主要区别在于"V 一下"并不要求动词的可重复性，因此如句中没有凸显可重复性的动词，一般不使用"VV"式，而使用"V 一下"式。除此以外，"VV"式和"V 一下"式的差异大多是倾向性的。但在极端的语境中，这种倾向性会被放大。

正确表达

"典型错误"中的后两个句子其实并不能说是完全错误的，而只是一种倾向，即倾向于使用"VV"式，但第一个句子是一个较为极端的语境，一般要求使用"VV"式。

修改如下：

请救救我的女儿。

这么多游乐设施，你好好玩玩。

嘴上说不怕死，那你去死死看。

47. 为什么可以说"关心关心"，但不能说"睡觉睡觉"？

典型错误

* 睡觉睡觉

* 洗澡洗澡

* 解闷解闷

* 散步散步

原因分析

一般来说，离合动词的重叠形式应该是"AAB"式，即重复第一个语素，如"睡睡觉""洗洗澡""解解闷""散散步"等。

但现代汉语中的离合词内部并不完全一致，有些离合词成词性较强，而有些则尚处于凝结成词的过程之中。表现在语法形式上，有些离合词在"离"时可以插入的成分有限，而有些离合词则"离"起来比较自由。如：

（1）注意——注下意

（2）帮忙——帮下忙——帮个忙——帮个大忙——帮她的忙

显然，虽然同为离合词，但"注意"的成词程度要远高于"帮忙"，后者可扩展的形式更多，更容易表现出"离"的一面。

双音节动词的重叠形式为"ABAB"式，而离合动词的重叠形式为"AAB"式，一般来说，绝大多数离合动词都可以按照"AAB"式来进行重叠，而成词程度较高的词语，则同时也具有"ABAB"的重叠形式。如：

（3）注注意——帮帮忙

（4）注意注意——* 帮忙帮忙

类似的可以具有两种扩展形式的动词还有"关心关心（关关心）""起草起草（起起草）""挑衅挑衅（挑挑衅）"等。

正确表达

如前所述，离合动词的重叠形式一般是"AAB"式，但是一些成词程度较高的离合词，同时也具有"ABAB"的重叠形式。因此，我们可以说"关心关心"，也可以说"关关心"，但"睡觉"只能重叠为"睡睡觉"。

修改如下：

睡睡觉

洗洗澡

解解闷

散散步

48. 为什么不能说"安慰了安慰她"?

典型错误

*我安慰了安慰她。

*我们商量了商量。

*你应该认真调查一调查。

*让他研究一研究这个问题。

原因分析

双音节动词重叠成"ABAB"式之后,一般没有"AB 一 AB""AB 了 AB"等形式,即"ABAB"内部结合紧密,不能插入其他成分。

这主要与动词的音节数量有关,如果"ABAB"之间可以插入某个成分,构成"AB×AB"形式,会在音步表现上产生混乱。

对于五音节的结构来说,汉语一般的音步形式为"2 + 2 + 1"或者"2 + 3",但显然,这两种音步形式都不能满足"AB×AB"格式的需求,而汉语中一般也不存在"2 + 1 + 2"的音步形式。

因此,双音节动词重叠成"ABAB"式之后,不能再插入其他成分。

正确表达

"典型错误"中的句子修改如下:

我安慰安慰她。

我们商量商量。

你应该认真调查调查。

让他研究研究这个问题。

49. 为什么"摇晃摇晃"和"摇摇晃晃"不一样?

典型错误

*他摇摇晃晃脑袋,终于清醒了一点儿。

*他试着摇摇晃晃杆子,还挺结实。

*他摇摆摇摆地走了进来。

*这两株小花在风中不停地摇摆摇摆。

*把答案涂涂改改。

原因分析

李珊(2003)将动词的"ABAB"式重叠称为"短时体",而将动词的"AABB"式重叠称为"绵延体",都作为动词重叠的形式看待。而更多的学者则认为"AABB"式并不属于动词重叠,因为两者在形式、语义及句法功能等方面都存在较大差异。

无论是否将"AABB"式看作动词重叠,其与"ABAB"式的语义差异是显而易见的,尽管不同学者的表述不同,但总的来说,其基本的语义差异是"ABAB"式表示的是"小量"意义,而"AABB"式表示的是"大量"意义。

在使用上,"AABB"式整体有表示状态的倾向,即动词进入"AABB"式之后,动作性会有所减弱,而更凸显状态性。一个突出的语法表现就是动词进入"AABB"式后会失去带宾语的功能。如:

(1a)*他摇摇晃晃脑袋,终于清醒了一点儿。

(1b)他摇晃摇晃脑袋,终于清醒了一点儿。

(2a)*他试着摇摇晃晃杆子,还挺结实。

(2b)他试着摇晃摇晃杆子,还挺结实。

"AABB"式凸显状态性的另一个语法表现就是，其最常见的语法位置是定语和状语。而"ABAB"式主要充任谓语，做定语和状语要受到较大的限制。如：

（3a）＊他摇摆摆地走了进来。

（3b）他摇摇摆摆地走了进来。

（4a）＊摇摆摆的花呀，她也需要你的抚慰……

（4b）摇摇摆摆的花呀，她也需要你的抚慰……

动词"AABB"式即使出现在谓语位置上，也表现出较强的状态性。

（5a）＊这两株小花在风中不停地摇摆摇摆。

例（5a）中，"不停地"表示其后不能使用"小量"意义的"ABAB"式，可以改为使用表示"大量"意义的"AABB"式。

（5b）这两株小花在风中不停地摇摇摆摆。

这里的"摇摇摆摆"主要表现的是状态性，我们可以在"摇摇摆摆"后加上表示状态的"的"或者"着"。如：

（5c）这两株小花在风中不停地摇摇摆摆的。

（5d）这两株小花在风中不停地摇摇摆摆着。

可见，动词"AABB"式在这一用法上和形容词重叠式较为接近，表达的都是一种状态意义。

此外，动词"AABB"式具有较强的状态性，还体现在其一般不能出现在"处置义"的"把"字句中做谓语。如：

（6a）＊把答案涂涂改改。

（6b）把答案涂改涂改。

动词"AABB"式内部成员的语法语义并不平衡，个别成员还保留着较强的动作性，这一类成员的构成语素"A""B"一般都是动作性较强的语素，在表义上表示两个语素的反复、大量进行。如：

（7）他就是把别人的观点拼拼凑凑而已。

（8）昨天晚上，隔壁吵吵闹闹了半宿。

关于动词"AABB"式的更多阐述可以参见本书第四部分的"29. 双音节动词重叠成的'AABB'式和'ABAB'式有什么不同？"。

正确表达

综上所述，动词"AABB"式重叠与动词"ABAB"式重叠不同，前者在语义上表示"大量"意义，凸显状态性，多做定语、状语等成分；而后者在语义上表示"小量"意义，具有较强的动态性，主要做谓语成分。"典型错误"中的句子混淆了"AABB"式与"ABAB"式，修改如下：

他摇晃摇晃脑袋，终于清醒了一点儿。

他试着摇晃摇晃杆子，还挺结实。

他摇摇摆摆地走了进来。

这两株小花在风中不停地摇摇摆摆。

把答案涂改涂改。

50. 为什么可以说"团聚团聚"，但不能说"团团聚聚"？

典型错误

＊团团聚聚

＊安安慰慰

＊调调查查

＊打打扫扫

原因分析

关于动词"AABB"式的构成，本书第四部分的"29. 双音节动词重叠成的'AABB'式和'ABAB'式有什么不同？"已有相关论述。从构成"AABB"式的条件来看，一般认为主要有两个方面的限制：一是"A"和"B"要为并列关系，即在语义上是相近、相反或相关的；二是"A"和"B"在意义上要具有一定的动作性，动作性越强的"A"和"B"，越容易构成"AABB"式。如：

（1）改善——改善改善——＊改改善善

（2）过渡——过渡过渡——＊过过渡渡

"改善"是中补式的结构，因此不能进入"AABB"式；而"过渡"虽然是并列式的结构，但是"过渡"在语义上引申为抽象的表达，指事情或事物由一个阶段逐渐发展而转入另一个阶段，明显不具有动作性，因此也不能进入"AABB"式。

还有一个角度是"A"和"B"的独立性越强，越容易进入"AABB"式，但这个角度是正向的，即可以解释为什么能够进入"AABB"式，而一般不能解释为什么不能进入"AABB"式，因为"AABB"式中，"A"和"B"都缺少独立性的也很常见。

而从如今的语言现状来看，"AABB"式已然成为一种构式，谢瑛（1998）就认为"AABB重叠式，在八十年代，特别是近几年来，进入了一个更加活跃的时期"。虽然谢文中的"AABB"式并不仅指动词的"AABB"式，但实际上，动词的"AABB"式也是如此。在追求创新性的言语表达中，如文学创作中，符合语义关系和自身属性的"A"和"B"可以较为自由地形成"AABB"式，尽管在语感上，这些"AABB"式并不合乎语法。如：

（3）一碗煮花生任你吃，傣家姑娘纺着线，微笑着陪你谈谈讲讲。那一晚，很有些使人难忘。

（4）两人便在雪地中翻翻滚滚地打了起来。

（5）我们每人都有个开始，每个人都在门槛上跌跌爬爬。

（6）要创设条件，让孩子摸摸碰碰，或拆装一些适合于他们的组合玩具。

因此，我们很难明确哪些"AABB"式是合法的，如"典型错误"中的结构，语感上都不符合语法规范，但我们仍然在语料库中搜索到了相关例句，虽然只有一例。

（7）如果我们仅仅满足于打打扫扫、修修补补，头痛医头，脚痛医脚，就会酿成各种"城市病"。

但是我们也发现，和"典型错误"中的其他动词相比，"打扫"是动作性最强的，也就是说，我们仍然可以说动作性越强的"A"和"B"，越容易构成"AABB"式。

"AABB"式结构在内部并不是均值的、平衡的，而是一个连续统。在本书第四部分的"29. 双音节动词重叠成的'AABB'式和'ABAB'式有什么不同？"中，我们从来源上将"AABB"式大致上分为两类，一类是通过"AB"扩展形成的动词"AABB"式，一类是通过"AA + BB"形成的动词"AABB"式。那从意义上看，"AABB"式也有两种倾向：一种是状态性的倾向，这类"AABB"式以通过"AB"扩展形成为主，我们称之为"$AABB_1$"；一类是动作性的倾向，这类"AABB"式以通过"AA + BB"形成为主，我们称之为"$AABB_2$"。前者主要是受形容词"AABB"式的影响，后者则主要是受语言复叠、重复机制的影响。

在语义上，动作性不强而倾向于状态性的动词，构成"AABB"式后，多为状态性倾向。如"端正"，虽然可以做动词，但状态性意义明显，甚至"端端正正"可以完全视为是形容词重叠。而如例（6）中的"摸摸碰碰"，动作性明显，意义也就是"摸一摸、碰一碰"的"复叠"意义。

这样，我们可以说，作为较为活跃的"AABB"式，越是动作性强的"A"和"B"，越容易形成"$AABB_2$"式，如"打打扫扫"。

由于"$AABB_2$"式在语义上表示动作的重复，因此不能重复的、一次性的动作行为不能进入"$AABB_2$"式。因此"典型错误"中的"团聚""安慰""调查"不能进入"$AABB_2$"结构。

而语义中有状态性倾向的"A"和"B"，则易于形成"$AABB_1$"式，如我们在语料库中发现了例（8），虽然也是孤例。

（8）不做图强维新的改革，不做重大的彻底改革，修修补补、应应付付，最后受害最大的首先是宗室、是贵胄、是八旗……

词典对"应付"的释义是：应酬，敷衍；将就，凑合。显然，"应付"在语义上具有状态性倾向。

但显然，"团聚""安慰""调查"也不具有较强的状态性倾向。

正确表达

如前所述，"AABB"式是一种活跃的构式，在追求创新性的言语表达中，如文学创作中，符合语义关系和自身属性的"A"和"B"可以较为自由地进入"AABB"式，哪怕形成的"AABB"式并不符合语感。一般来说，动作性较强的容易形成"$AABB_2$"式，而语义中有状态性倾向的"A"和"B"，则易形成"$AABB_1$"式。

修改如下：

团聚团聚

安慰安慰

调查调查

打扫打扫（特殊情况下也有"打打扫扫"的表达）

第八部分 动词重叠的偏误与语义语用

51. 为什么不能说"我出去出去"?

典型错误

* 我出去出去。

* 他担心担心。

* 让这里爆炸爆炸。

* 手机的电量充满充满。

* 我去买买书。

* 你们来骗骗我。

原因分析

动词重叠的基本语义是表示"动势小量",具有"主观积极"意义,能够进入动词重叠式的动词,要能够满足这一基本语义要求。一般来说,和动词重叠式的意义有语义冲突的动词,不能重叠。

第一,不表示动作性的动词,如情态动词、判断动词、表示心理感知的动词及表示存在、变化、出现、消失的动词一般不能重叠。如:

(1)* 他担心担心。

(2)* 让你具有具有。

第二,不具有"可持续性"或"可反复性"意义的动词,一般不能重叠。如：

（3）＊让这里爆炸爆炸。

（4）＊你诞生诞生。

第三，语义上具有确定的量化意义，尤其极端的量化意义的动词，一般不能重叠，这其实与第二条限制相关，具有极端或固定量化意义的动词，一般是不可反复的，否则会改变量化意义。如：

（5）＊手机的电量充满充满。

（6）＊乌云遍布遍布。

第四，语义上具有"结果"意义的动词一般不能重叠，蕴含的"结果"意义越强，动词越不能进入重叠结构。动作的结果意味着动作的完成，如果结果无法改变，那么意味着这个动词的意义是极端的、绝对的。

具有"结果"意义的动词指的是动作行为发生以后，结果就随之出现，而不存在因动作行为中途停止或不成功而没有结果发生的情况。也就是说，不存在纯粹的动作行为过程。

由于对"结果"的判定并不是绝对的，因此具有"结果"意义的动词也不存在一个绝对的范围，而是存在程度的差异。一般来说，如果一个动词"×"，存在"正在 ×，但是还没'自然结果'"的表述，就说明这个"×"是可以不具有"结果"意义的，但是还要看动词在具体的语句中凸显的含义。如：

（7）我正在看，但是还没看见。

（8）我正在洗，但是还没洗干净。

"见""干净"是"看""洗"的自然结果，因此例（7）、例（8）说明"看""洗"都是不具有"结果"意义的动词。

（9）＊我正在出去，但是还没……

"出去"不能有例（9）这样的表达，说明"出去"是一个具有"结果"意义的动词。从词义上分析，"出去"是一个瞬间完成的动作行为，而当这个动作行为完成时，就带有了结果。因此可以说，这个动作行为和结果是同时发生的，这是一个典型的具有"结果"意义的动词。

（10）我正在买，但是还没买完。

从例（10）看，"买"应该是一个不具有"结果"意义的词语，但是"买"很难进入动词重叠，如：

（11）* 我去买买书。

这是因为例（10）和例（11）中"买"表现出来的意义是有差别的，"买"这一动作行为实际上指的是"一手交钱、一手交货"的瞬间，也就是"买"的动作行为和结果是同时发生的。例（11）就是凸显"买"的这一意义，"买书"实际上就是"一手付钱、一手拿书"的瞬间。但由于日常生活中，"买"之前是要经过"挑选"等过程的，所以例（10）凸显的实际上是"买"之前的过程。因此，如果有意地凸显这一过程，"买"也是可以进入动词重叠式的。如：

（12）这本书你买不到吗？我明天正好去新华书店，我帮你买买看。

显然，例（12）中的"买"凸显的是"寻找""挑选"的过程意义，因此能够进入动词重叠式。

其实，动词重叠式对动词的这些语义限制可以归结为一条主要原则，即动词在语义上要是可短暂重复的，而不能是一次性的动作行为，这里所列举的多条语义限制，都可以归结到这一点上。

第五，除此之外，动词重叠表达的小量意义要具有主观积极性，因此，具有消极语义色彩的动作行为一般不能进入动词重叠。如：

（13）* 你们来骗骗我。

（14）* 我批评批评你。

但是，我们也应知道，除了语义上的限制外，动词重叠还要受到语用上的限制，即使在语义上不满足相应的要求，但在一定的语用环境中可能得到弥补，从而可以进入动词重叠。这里的语境主要指意愿语境、尝试语境和祈使语境。当然，这三个语境并不是截然分开的，而常常是相互融合的。

意愿语境具有较强的主观积极性，从而可以容纳一些非自主动词、非积极意义的动词进入动词重叠。如：

（15）我得批评批评你。

（16）你说对了，我就是想侮辱侮辱你。

尝试语境凸显的是由动作行为短暂反复的小量意义引申表达的"尝试"意

义，因此可以容纳一些不具有"短暂反复"意义的动词进入动词重叠，"尝试"意义越明显，越可以容纳这些动词。如：

（17）说生孩子容易的，你生生看？

（18）让他知道知道，我也不是好惹的。

祈使语境实际上也是在强调意愿，因为说话人对听话人发出祈使，在语义上应该是说话人的意愿所在。因此，在祈使语境中，也可以容纳一些非自主或者非积极意义的动词进入动词重叠。如：

（19）你应该教训教训他。

（20）我还没被骗子骗过，真想见识一下，骗子们呀，你们快来骗骗我吧！

综上所述，动词重叠在重叠条件上受到动词自身的语义的限制，此外也和出现的语境息息相关。实际上，动词重叠的条件就是"词义＋语境"，当两者契合且所表示的意义共同满足动词重叠的要求时，动词可以重叠。

正确表达

前述"典型错误"句子的正确表达如下：

我出去。

他担心。

让这里爆炸。

手机的电量充满。

我去买书。

你们来骗我。

52. 为什么不能说"你们吃吃"?

典型错误

*你们吃吃。

*我喝喝这杯饮料。

*这支笔你写写。

*你穿穿这件衣服。

原因分析

按照前文对进入动词重叠式动词语义和语用条件的讨论,"典型错误"四个句子中的动词语义和句义都是符合的。实际上,这四个句子也不是完全不可接受,我们在语料库中也检索到了相应的动词重叠用例。如:

(1)"特别是回归以后来珠海很方便,有的是为了打理生意,有的就是过来吃吃饭,逛逛街。

(2)全封在山里,想见老百姓都见不着,夏天想喝喝啤酒,喝不了。

(3)我只是做了一位防守责任人应做的事,应多找民工们谈谈,写写他们。

(4)现在你可以把锡兵的制服借来穿穿,我想它很合你的身材。

但是,在语感上,我们还是觉得"典型错误"四个句子的可接受度是比较低的。这是因为这四个句子表达的都是"尝试"的意义,而在"尝试"这一语义中,"吃""喝"有对应的"尝","写""穿"有对应的"试"。所以在表达"尝试"意义时,我们更倾向于使用"尝"和"试",或者在语境中凸显"尝试"意义。如例(5)~(8)在可接受度上就要高很多了。

(5)你们吃吃看。

(6)这杯饮料我喝喝看。

（7）这支笔你写写看。

（8）这件衣服你穿穿看。

在语境中凸显了"尝试"意义的例（5）～（8）的可接受度明显大大提高了，这也从另一个角度证明了，在表达纯粹的"尝试"意义时，对应的"尝"和"试"是被优先使用的。

所谓纯粹的"尝试"意义，就是"尝"和"试"的基本意义，如"我喝喝这杯饮料"中的"喝喝"不是让听话人大口喝，而是"尝尝味道"；"这支笔你写写"中"写写"的实际表义并不是为了"写"，而是为了"试笔"。这就是纯粹的"尝试"意义。

那么，反过来，如果不是表达"尝试"意义，如例（1）～（4）表达的是"意愿"或者"祈使"意义，"尝"和"试"的优先级就没有了。

另外，典型的"尝试"意义来源于动作的小量，"尝""试"都带有明显的小量特征，如果句子带有大量的意味，那么即使具有"尝试"意义，也不优先使用"尝"和"试"。如：

（9）中医上讲，你这个病得补气，西洋参你可以吃吃。

显然，"西洋参"是要长期"吃"才会有效的，所以例（9）虽然表达的是"尝试"意义，但是在量上具有"大量"的意义，不能使用"尝尝"。

正确表达

前述"典型错误"中的四个句子并非完全不可接受，但可接受度不高，可以换用相应的表示"尝试"意义的词语"尝"或"试"，或者在语句中增加表达"尝试"意义的"看"。其正确表达为：

你们吃吃看。/ 你们尝尝。

这杯饮料我喝喝看。/ 你尝尝这杯饮料。

这支笔你写写看。/ 你试试这支笔。

这件衣服你穿穿看。/ 你试试这件衣服。

53. 为什么不能说 "我不小心碰了碰桌子" ？

典型错误

* 我不小心碰了碰桌子。

* 她不情愿地吃了吃亏。

* 面包在车上被挤了挤。

* 社会经济生活被破坏破坏。

原因分析

动词重叠具有量意义，而这个量，学界普遍认为是具有主观性的量。潘国英（2007）明确了动词重叠的主观性和其表达手段，认为动词重叠的主观性在说话人的情感、说话人的视角、说话人的认识三个方面都所有体现。

"典型错误" 中的第一个句子就是潘国英（2007）中的例句（有改动），潘文认为：这里的 "碰" 是非自主动作，对动作者来说，是无意识的，甚至主观上不希望发生这样不如意的事情，所以不能用动词重叠式。

如果说动词重叠的主观性和 "非自主" "无意识" 的意义是矛盾冲突的，那又无法解释这样的句子。

（1）她无意中眨了眨眼睛，让他心中泛起了涟漪。

（2）他开始讲话之前，总是先不经意地摆摆手。

（3）她面对众人的目光，下意识地拉了拉衣服。

我们认为，潘文中的例句不成立的原因并不在于 "不小心" 凸显的是 "非自主" 意义。"非自主" 意义确实和动词重叠出现的典型语境意愿句在语义上有冲突，但是动词重叠并非只能出现在意愿句中，如例（1）～（3）。

这一句子不成立的主要原因在于其 "主观消极" 意义，这与动词重叠的 "主观积极"意义相冲突。"主观积极"意义是动词重叠表现出来的基本意义，具有"主观消极"意义的句子中，不能使用动词重叠。如：

（4）*我不小心碰了碰桌子。

（5）*她不情愿地吃了吃亏。

例（4）、例（5）这两个句子的问题并非出在"不小心""不情愿"上，而是因为"碰桌子"和"吃亏"都是说话人所不希望发生的，句子具有"主观消极"意义。

再如，动词重叠一般不能用在被动句中，因为汉语的被动式多带有"不如意"的主观感觉，也就是具有"主观消极"意义。如：

（6）*面包在车上被挤了挤。

（7）*社会经济生活被破坏破坏。

但汉语的被动式也不是绝对地带有"主观消极"意义，尤其是在当代的语言表达中，汉语被动式的消极色彩正在消解。那么，当表达"主观积极"意义时，被动式中同样可以使用动词重叠式。如：

（8）这样的大众文化就应该被改造改造。

总的来说，汉语的被动式还是对动词重叠式有所排斥的，即使不表达"消极"意义，动词重叠在被动式中的使用也不太自由，只有具有较强的"主观积极"意义时，才能被使用。

综上所述，在具有"消极"意义的表达式中，一般不能使用动词重叠式。这种"消极"意义主要取决于说话人的态度，是一种"主观消极"意义。如：

（9a）这东西不结实，用用就坏。

（9b）*这东西不结实，砸砸就坏。

一般来说，"用"是正常的使用，而"砸"是非正常的使用，那么后者显然不是"主观积极"而是"消极"的。但如果是例（10），"砸"就是正常使用了，也就不具有"消极"意义了，句子也就可接受了。

（10）这锤子不结实，砸砸就坏。

正确表达

前述"典型错误"的原因在于句子表达的是"主观消极"意义，与动词重叠有语义冲突，因此正确表达如下：

我不小心碰了桌子。

她不情愿地吃了亏。

面包在车上被挤了。

社会经济生活被破坏。

54. 为什么不能说"我稍微动了"？

典型错误

＊我稍微动了。

＊他略略摆手。

＊他微微点头。

＊我稍稍挪了身子。

原因分析

稍微类副词，如"稍微""略微""略略""微微""稍稍"等对所修饰的谓词性成分有一定的要求，即在语义上要具有小量意义。不具有小量意义的谓词性成分不能受这些副词的修饰。如：

（1a）＊这边的稍微大。

（1b）这边的稍微大一点儿。

（1c）＊这边的稍微大不少。

同样，稍微类副词修饰动词性成分也有一样的要求。如：

（2a）＊你略微笑。

（2b）你略微笑一下。

（2c）你略微笑笑。

（2d）＊你略微大笑一下。

综上所述，稍微类副词对所修饰的谓词性成分有小量的语义要求，因此不表量或者表大量的谓词性成分不能受这类副词的修饰。

正确表达

前述"典型错误"的原因就在于稍微类副词修饰的动词性成分不具有小量意义，应增加小量意义的表达，可以使用动词重叠、"V 一下"等形式。正确表达如下：

> 我稍微动了动。
>
> 他略略摆摆手。
>
> 他微微点点头。
>
> 我稍稍挪了挪身子。

55. 为什么不能说"我给你介绍他"？

典型错误

> * 我给你介绍他。
>
> * 麻烦你帮我。
>
> * 请你再试吧！
>
> * 我来说这个问题。
>
> * 你好好想！

原因分析

委婉并非动词重叠的语法意义，而是一种语用功能，是其表示"动作小量"的语法意义的语用体现。但换一个角度来看，我们也认为委婉是动词重叠最重要也是最常见的一个语用功能。"动作小量"和委婉之间联系的桥梁是礼貌原则在语言中的隐性体现。

一般认为，"尊人"和"贬己"是汉文化表达礼貌的主要方式。在汉语中，"尊人"多为显性的手段，如敬称；而"贬己"在现代汉语中则逐渐更多地使用隐性手段，古代汉语中的谦称在现代汉语中大多消失了。以小量意义来表达的委婉语用意义，是隐性礼貌策略表达的一种方式，这和礼貌原则的天然要求——降低语势有关。

所谓"语势"，也就是发话者所说的话对受话者产生的影响，礼貌策略就是尽量避免让对方产生负面心理的消极影响。也就是说，在可能产生负面影响的言语行为中，出于礼貌需要，我们可以使用委婉的表达方式。这种可能产生负面影响的言语行为主要有两类：一类要求他人进行某一动作行为，如要求、建议、说明等；一类是请求他人允许自己进行某一动作行为，如请示、希冀、暗示等。

从表达上来说，委婉语气可以通过多种小量意义的表达来完成，在动词（动作量）、名词（数量）、形容词（程度量）等方面都可以有相应的表达。如：

（1）不好意思，您能帮我一个小忙吗？

（2）麻烦您，饭帮我多盛一点儿。

（3）我有点儿累了，我们休息一会儿吧。

（4）不好意思，我去趟卫生间，马上回来。

例（1）～（4）中，表示小量意义的"一个小忙""一点儿""有点儿""一会儿""趟""马上"都不同程度地具有委婉的语用意义，是一种隐性的礼貌表达。从句中我们可以看到，通过小量来表达委婉，实际上就是把要求别人做的事往小了说，以减少麻烦；把请求别人同意的事情往小了说，以获得别人的同意。

在通过动作量来表达委婉意义时，"V一下"比动词重叠式更为常见，这是因为"V一下"结构能够容纳的动词更多，而动词重叠式则对动词有较严格的语义要求。但从委婉意义上看，动词重叠式的语气没有"V一下"正式，委婉程度也就更深，语气更为缓和。

委婉并不是强制性的要求，一个句子没有使用委婉的表达，一般来说并不影响句子的意义，只是会带来强硬的语气。如：

（5a）你好好想！

（5b）你好好想想！

显然，例（5a）带有命令式的强硬的语气，而例（5b）则显得语气略为缓和。

但是，如果句子中有其他表示礼貌意义的成分，那么作为谓语成分，一般要使用小量意义，这样句子的语气才能统一。如：

（6a）*麻烦你帮我。

（6b）麻烦你帮帮我。/ 麻烦你帮我一下。

（7a）*请你再试吧。

（7b）请你再试试吧。/ 请你再试一下吧。

这两组句子中，"麻烦""请""吧"等词语已经表现出了一定的礼貌意义，那么谓语动词也要相应地使用礼貌策略，即通过小量表达委婉意义。

一个句子的影响度和需要的礼貌程度受到诸多因素的影响，很难一言以蔽之。如对例（7）来说，"再"意味着动作行为不止一次地进行，那么句子对听话人的影响度就会加深，如果不是身份等级相差较大的话，说话人应该倾向于使用礼貌策略。

（8a）*我给你介绍他。

（9a）我来说这个问题。

再如这两个句子，都表示说话人自身的动作行为，句中都没有使用礼貌策略，但是例（9a）的可接受度要比例（8a）高。这是因为对例（9a）来说，说话人进行该动作行为实际上是不需要征得听话人同意的，而"说"的动作对听话人回应的要求也不高。也就是说，例（9a）的影响度并不高，不使用礼貌策略也可以接受，当然，在语气上会比较生硬，不如例（9b）缓和。而例（8a）则不同，"给你"说明说话人就是在针对听话人进行动作行为，而"介绍"也要求听话人有一定的回应，也就是说例（8a）的影响度较高，倾向于使用礼貌策略。

（9b）我来说说这个问题。

而对例（8a）来说，如果在语义上取消对听话人的影响，那也就不需要使用礼貌策略了，如例（8b）。

（8b）我对他比较熟悉，到时候我来介绍他吧。

如果句子会对听话人产生一定的影响，但这一影响与谓语动词无关，那么谓语动词也无须使用礼貌策略。如：

（10）我们这样安排，到时候麻烦你来帮我，让小明去帮她。

这里，"帮"是已经确定的行为，句中只是在分配"帮"的人手和对象，也就是说"帮"并不对听话人产生影响度，也就不需要使用礼貌策略。

总之，一个句子的影响度要受到多种因素的制约，大到语境，小到句中的词语使用，都会影响到句子的影响度。因此，影响度的分类也要受到众多因素的影响，是一个原型范畴类别。同样，小量策略的使用，也要受到复杂的语义、语法乃至认知因素的影响。

正确表达

前述"典型错误"中，句子的可接受度不同。相比较来说，"我来说这个问题"的可接受度最高，使用小量意义来表达礼貌策略后，句子的语气会更加委婉、缓和。"你好好想"虽然也是可接受的句子，但表现出的是命令的语气，如果交际双方不具有身份等级差异，一般倾向于使用礼貌策略。而对于具有其他礼貌成分，已经表现出一定礼貌意义的句子来说，谓语动词也使用礼貌策略更为合适。

因此，前述"典型错误"的正确表达为：

我给你介绍介绍他。／我给你介绍一下他。

麻烦你帮帮我。／麻烦你帮下我。

请你再试试吧！／请你再试一下吧。

我来说说这个问题。／我来说一下这个问题。

你好好想想！／你好好想一下。

56. 为什么不能说 "老师看了我，说……" ？

典型错误

* 老师看了我，说……

* 他翻了书，指着书上的句子。

* 我在沙发上躺了，真舒服。

* 他捏了盒子，没有捏动。

* 他品了桌子上的茶，皱起了眉头。

原因分析

在已然的句子中，动词重叠一般表示的是对 "动势小量" 的描述，在具有对现场进行描述意义的句子中，一般要求使用动词重叠式。这主要是因为 "现场描述" 意义凸显动作行为的过程，即不是将动作行为作为一个整体事件去表述，而是将其作为过程来展开。

在这一类句子中，动词一般具有较强的动态性，所以以单音节动词居多。如：

（1a）他品了品桌子上的茶，皱起了眉头。

（1b）* 他品尝品尝桌子上的茶，皱起了眉头。

双音节的 "品尝" 在语义上动态性较弱，不适合以重叠的形式表达 "现场描述" 意义。

这一类句子在句义上表示对当下或已然的动作行为的描述，一般不能是对未然的动作行为的描述。如：

（2a）你明天看见他，左手指天，右手指地。

（2b）你明天看见他，左手指指天，右手指指地。

和例（2a）相比，例（2b）并不是增添了描述性，而只是增加了"重复小量"的意义。

因此，在表达"现场描述"意义时，"典型错误"中的例句都应使用动词重叠式。如：

（3）老师看了看我，说……

（4）他翻了翻书，指着书上的句子。

（5）我在沙发上躺了躺，真舒服。

（6）他捏了捏盒子，没有捏动。

（7）他品了品桌子上的茶，皱起了眉头。

这类句子大多表示的是先后发生的两个动作行为，这也是"现场描述"意义的典型形式，因为对动作行为的描述通常是不自足的，还需要有描述后结果。如：

（8）这个人个子很高。

（9）*这个人抬了抬手。

同样是"描述"意义，例（8）是自足的，不需要有后续句，而对动作行为描述的例（9）则显得不够自足，因为这一动作行为缺少结果，需要补出。如：

（10）这个人抬了抬手，比出一个"OK"的手势。

除了动词重叠外，其他量化表达形式也可以表达这一描述性意义。如：

（11）老师看了我一眼，说……

（12）他翻了几页书，指着书上的句子。

（13）我在沙发上躺了十分钟，真舒服。

（14）他捏了两下盒子，没有捏动。

（15）他品了一下桌子上的茶，皱起了眉头。

除了可以通过量化形式表达"现场描述"意义以外，这些句子其实即使不表达"现场描述"意义，也是不成立的。如：

（16）*老师看了我。

（17）*他翻了书。

（18）*我在沙发上躺了。

（19）*他捏了盒子。

（20）*他品了桌子上的茶。

这些句子不成立的主要原因是缺少完句的手段。我们说，汉语的最基本语法格式是"S＋V＋O"形式。但实际上，仅仅有"S＋V＋O"形式往往是不成句的。如：

（21a）*我看书。

（22a）*他吃饭。

这两个句子，总是要添加一些成分才能成句。如：

（21b）我看这本书。／我看完书了。／我看书看了一遍……

（22b）他吃饭了。／他去吃饭。／他想吃饭…………

我们说例（21a）、例（22a）这样的句子是抽象的句子，其要进入语境，才能实现为例（21b）、例（22b）这样具体的句子。从抽象的句子到具体的句子，可以通过添加完句成分来实现。

学界对完句手段的研究成果较为丰富，如贺阳（1994）认为，"完句成分"是一个不依赖语境或上下文支撑的句子通常必须具有的结构成分，他将完句成分归纳为语气、否定、情态、意愿、实体、趋向、情状、程度、数量等九种语法范畴。

句子是用来传递信息的，完句手段的使用实际上就是明确句子所传递的信息。如我们说例（21a）是抽象的句子，是因为单独的例（21a）不知道在传递什么信息，如果将其置于合适的语境中，那么即使不添加其他成分，其也可以实现完句的功能。如：

（23）A：谁看书？

　　　B：我看书！

因此，我们说完句的过程实际上就是明确句子所传递的信息的过程，比如明确句子的描述功能等。因此，"典型错误"中的句子也可以不使用量化的手段，而是用其他的完句手段。当然，这样的话就失去了其现场描述性。如：

（24）老师看见了我，说……

（25）他翻开了书，指着书上的句子。

（26）我在沙发上躺着，真舒服。

（27）他用吃奶的劲捏盒子都没有捏动。

（28）他品完了桌子上的茶，皱起了眉头。

由于这里的句子主要是表述先后的两个事件，因此对前一个事件来说，增加"结果"意义是比较通顺的。因此，除了例（27）以外，都是用增加"结果"意义来完句。例（27）由于后续事件没有完成预期结果，所以用其他手段来完句。

综上所述，我们可以将动词重叠看作一种表量的完句手段，在语义上侧重对动作行为的现场描述性表达。或者我们也可以说，在现场描述性表达的句子中，应该使用动词重叠式。

正确表达

前述"典型错误"的问题都在于句子没有进入具体的语境，缺少完句手段，从而需要一定的完句手段参与。动词重叠作为一种完句手段，可以使句子成立，当然，也可以使用其他的完句手段。正确表达如下：

老师看了看我，说……/ 老师看了我一眼，说……/ 老师看见了我，说……

他翻了翻书，指着书上的句子。/ 他翻了几页书，指着书上的句子。/ 他翻开了书，指着书上的句子。

我在沙发上躺了躺，真舒服。/ 我在沙发上躺了十分钟，真舒服。/ 我在沙发上躺着，真舒服。

他捏了捏盒子，没有捏动。/ 他捏了两下盒子，没有捏动。/ 他用吃奶的劲捏盒子都没有捏动。

他品了品桌子上的茶，皱起了眉头。/ 他品了一下桌子上的茶，皱起了眉头。/ 他品完了桌子上的茶，皱起了眉头。

57. 为什么不能说 "他说着拍了我的肩膀"？

典型错误

*他说着拍了我的肩膀。

*他看着我点头。

*他冲我摆了手。

*我活动了麻木的手臂。

*他荡了秋千。

原因分析

如前所述，抽象的结构在进入语境后成为具体的句子表达某一事件时，需要使用一定的完句手段，使表义完整。完句手段可以有语气、情态、数量、程度等多种表现，可以依据表义的需求选择不同的完句手段。

有些动词则在入句时对完句手段的选择有一定的倾向性，如 "摆手" 的动作一般要求有数量成分作为完句手段。因为 "摆手" 是一个瞬间动作，动作的过程性不明显。而在客观上，为了加强动作的过程性，"摆手" 一般不会只 "摆" 一下，而是有一定的短暂的重复，这正是动词重叠的基本意义。也就是说，"摆手" 这类动作行为在语义上表达的是动作的 "短时小量"，要求使用量化的完句手段。如：

（1a）*他冲我摆了手。

（1b）他冲我摆了摆手。

（1c）他冲我摆了下手。

（1d）他冲我摆了好几下手。

这类动词对量有一定的要求，主要是由自身语义所表示的客观实际情况带来的，即这类动词的语义在客观上带有"短暂反复"的意义，如"摆手"一般不会只"摆"一下，"活动手臂"一般也不会只"活动"一下。当然，客观上并非一定如此，只是说这类瞬间动作有短暂重复的倾向，倾向于有量上的限定。

也就是说，自身就带有"动作小量"意义的动作行为，在完句上，倾向于有量化的表达。尤其是当句子具有现场描述性的时候，即当句子凸显动作行为的过程的时候。如：

（2）他说着拍了拍我的肩膀。

（3）他看着我点了一下头。

（4）我活动活动麻木的手臂。

（5）他荡了几下秋千。

显然，对动作行为的量化凸显的是对其过程的描述，而不是将其作为一个整体事件来表述。可以和如下句子进行比较：

（6）别用力拍我的肩膀，疼。

（7）你点头就表示你同意了。

（8）活动手臂可以用这样的方式。

（9）他喜欢荡秋千。

综上所述，在表达瞬间的动作行为、有短暂反复倾向的动词入句时，如果句子凸显动作行为的过程，即具有描述性意义时，其完句手段倾向于使用表量成分，而动词重叠式可以作为其入句手段。

正确表达

前述"典型错误"的问题都在于句中缺少表量的完句手段，可以使用动词重叠或其他表量手段完句。正确表达为：

他说着拍了一下我的肩膀。／他说着拍了拍我的肩膀。

他看着我点了下头。／他看着我点了点头。

他冲我摆了下手。／他冲我摆了摆手。

我活动了一下麻木的手臂。／我活动活动麻木的手臂。

他荡了一下秋千。／他荡了荡秋千。

58. 为什么不能说"这个玩具修理了还能用"?

典型错误

*这个玩具修理了还能用。

*房间打扫了就可以住人了。

*掉地上没关系，洗了接着吃。

*是新的，就是有点儿脏，擦了就行了。

原因分析

这一组句子在表意上有共同之处，其均表示一个事物存在不尽如人意的缺陷，但说话人认为经过处理之后可以正常使用。在这里，说话人为了强调这一事物仍可正常使用，因此要凸显处理方式的简便、容易。在表述上，常常通过小量的形式来凸显这一点。如：

（1a）这个玩具修理修理还能用。

（1b）这个玩具修理一下还能用

（2a）房间打扫打扫就可以住人了。

（2b）房间打扫一下就可以住人了。

从语气上看，虽然言外之力较弱，但这类句子仍带有祈使的意味，主要句旨是让听话人相信话题关涉的事物是仍可正常使用的。因此，动词重叠在这里主要表现的是委婉的语用意义。

这类句子常见的句法格式是"……就……"，其中"就"通常要求之前的句子成分有小量的表达。如：

（3）吃点儿就饱了。

（4）学 5 分钟就睡着了。

"……就……"格式在表义上更为丰富，由于"就"对之前的成分有小量表达的要求，所以动词重叠式也经常出现在这一格式中，充任前置成分。如：

（5）这么贵的猫，买不起，你摸摸就得了。

（6）没时间了，我们看看就走吧。

"典型错误"中的句子，我们也可以不使用"小量"意义，但是这样就会失去相应的意义。如：

（7）掉地上没关系，洗干净了接着吃。

（8）是新的，就是有点儿脏，擦干净就行了。

这两个例子用结果补语强调了动作的"结果"意义，使相应成分更适合表达连续事件中的前置事件。但相应地，句子也就失去了委婉地表达"这一事物仍可正常使用"的意义。这两个句子更带有"事实如此""不容置疑"的语气，尤其是例（8），甚至带有不耐烦的语气。

正确表达

如前所述，"典型错误"中的句子之所以不成立，是因为在表意中要求小量表达，因此应该使用"VV""V一下"等小量表达形式。或者也可增加"结果"意义，使之更适合表达连续事件中的前置事件。但相应地，句子会失去委婉语气，变得生硬。

修改如下：

这个玩具修理修理还能用。／这个玩具修理好了还能用。

房间打扫打扫就可以住人了。／房间打扫干净就可以住人了。

掉地上没关系，洗洗接着吃。／掉地上没关系，洗干净接着吃。

是新的，就是有点儿脏，擦擦就行了。／是新的，就是有点儿脏，擦干净就行了。

59. 为什么不能说 "他每天就是浇一下花、散一下步"?

典型错误

*他每天就是浇一下花、散一下步。

*退休以后，逗一下猫，遛一下狗，享受生活。

*周末哪儿也不想去，在家玩一下手机就挺好。

*我下午就在朋友家看了一下电视，没做别的。

原因分析

"V 一下"虽然不是动词重叠式，但是在语义和语用等方面都和动词重叠式相近，在大部分语境中都可以相互换用，胡孝斌（1997）就认为两者"无论在意义还是用法上都有很多细微而又复杂的差别"。

"V 一下"的语义来源是表示动作次数的"V 一下"，因此在语义中保留了"一次动作"的特点，"一"是最小的数字，所以"一下"引申表示小量；而"VV"的来源一般认为是"V 一 V"，虽然也有不同意见，但无论怎样，在象似性上"VV"表示的是动作行为的持续和反复，因此在语义上也保留着这样的特点。可以说"一次动作"和"反复动作"是"V 一下"和"VV"在语义上的本质差异。在语义上凸显"持续""反复"意义的动作行为，只能使用"VV"式表达，反之，不具有"持续""反复"意义的一次性动作行为，只能使用"V 一下"进行表达。

在表示"轻松""闲适"意义时，"VV"所表示的量具有大量的特征，强调的是动作行为对时间的占有。这样的动作行为必须具有"持续""反复"的意义，只能使用"VV"式，而不能使用"V 一下"式。如：

（1a）*他每天就是浇一下花、散一下步。

（1b）他每天就是浇浇花、散散步。

（2a）*周末哪儿也不想去，在家玩一下手机就挺好。

（2b）周末哪儿也不想去，在家玩玩手机就挺好。

这类语境所表达的语义都是在特定一段较长时间内，主要在从事某一或某几个动作行为，表现这一个或几个动作行为对时间的较长占用，而这样的动作行为一般是普遍性的、生活化的，从而具有这段时间内比较"轻松""闲适"的意义。因此，这里的动作行为具有较长时间持续的意义，有大量的语义特征，只能使用"VV"式。

这里需要注意的是，表示"轻松""闲适"意义的句子有两个特点：一是动作行为一般是普遍性的、生活化的，二是动作行为在语义上具有大量特征。因此，有些形式相近的句子，但并非表示"轻松""闲适"意义的，是可以使用"V一下"式的。如：

（3）店里没客人的时候，我喜欢研究一下数独。

（4）我哪儿也没去，就是在朋友家坐了一下。

这里，例（3）中的动词所表示的动作行为并非普遍性的、生活化的，而是具有特殊性，因此全句表现的也并非是"轻松""闲适"的意义，而是强调个人的喜好和研究精神；例（4）中"坐"的动作行为不具有"大量"意义，而是表示小量，强调的是"短时"意义。因此，这两个句子都不是表示"轻松""闲适"意义的，可以使用"V一下"式。

正确表达

前述"典型错误"的问题都在于句子表达的是"轻松""闲适"意义，句中的动作行为具有大量的语义特征，因此不能使用"V一下"式，而只能使用动词重叠式。正确表达为：

他每天就是浇浇花、散散步。

退休以后，逗逗猫，遛遛狗，享受生活。

周末哪儿也不想去，在家玩玩手机就挺好。

我下午就在朋友家看了看电视，没做别的。

60. 为什么不能说"他每天去外面玩玩"？

典型错误

*他每天去外面玩玩。

*退休以后，每天遛遛狗，享受生活。

*周末的时候，我喜欢听听音乐。

*我今天下午在办公室喝喝茶。

原因分析

王还（1963）认为，以"一次完整动作作为一个单位"的动词重叠式"表示常发生的动作，有轻松悠闲的意味，或表示通过这个动作，很容易地就把时间打发掉了"。

一般认为，动词重叠在表达这种"轻松""闲适"意义时，需要多项并举，单一的动词重叠式并不能表达这种意义。如：

（1a）*退休以后，每天遛遛狗，享受生活。

（1b）退休以后，每天逗逗猫、遛遛狗，享受生活。

（2a）*周末的时候，我喜欢听听音乐。

（2b）周末的时候，我喜欢听听音乐、看看小说。

正如王还（1963）所说，动词重叠在表达"轻松""闲适"意义时，其基本的语义是"通过这个动作，很容易地就把时间打发掉了"，引申表示"轻松""闲适"。所以我们认为，这里的关键在于"动作行为占用大量的时间"。

显然，越是多项并举的动作行为，越可以占用时间，而且实际上，多项并举的可以是相同的动作行为。如：

（3）他每天就是这边逛逛、那边逛逛，没什么正经事。

　　受汉语表达习惯的影响，即使是相同的动作行为，一般也会换用不同的动词。如：

　　（4）你不要总是这里看看、那里瞅瞅，无所事事的样子。

　　实际上，多项动作行为并列，本身就带有一定的"轻松""闲适"意义，即使不使用动词重叠式也是如此。如：

　　（5）还能干什么，喝茶、抽烟、侃大山，一天就过去了。

　　多项动作行为更能表达对时间的占用，所以即使不具有大量的语义色彩，即不使用动词重叠，也同样会具有"轻松""闲适"的意义。

　　而从另一个角度看，动词重叠的这一意义多出现在惯常语境中，如句中有"每天""总是"等表达。"惯常"同样可以强调句子的"轻松""闲适"意义，因为"惯常"就意味着长期地重复，增强了"大量"意义，强调了对时间的占用。

　　可见，对占用时间的强调，是动词重叠表达"轻松""闲适"意义的核心，"惯常""多项"的要求就是为了加强这一核心意义。

　　在上一个问题中，我们认为表示"轻松""闲适"意义的句子有两个特点：一是动作行为一般是普遍性的、生活化的，二是动作行为在语义上具有大量特征。显然，后者就是强调对时间的占用。实际上，语境中越是能够凸显这两个方面，句子就越容易表示"轻松""闲适"意义。

　　（6a）*每天，我喜欢听听音乐。

　　（6b）？周末的时候，我喜欢听听音乐

　　（6c）休息的时候，我喜欢听听音乐。

　　（6d）周末的时候，我就是喜欢听听音乐，一听就是一天。

　　这组例子里，从例（6a）～（6d），句子的可接受度越来越高，就是因为"周末""休息的时候"更能强调"轻松""闲适"的意义，而"一听就是一天"则强调了对时间的占用。

　　再如：

　　（7a）*我今天下午在办公室喝喝茶。

　　（7b）我今天下午开完会就在办公室喝了喝茶，什么也没做。

　　"开完会""就""什么也没做"等词语凸显了"轻松""闲适"的意义和对时

间的占用，相比较例（6a）句而言，例（6b）句可接受度更高。

正确表达

前述"典型错误"的问题都在于句子表达的是"轻松""闲适"意义，句子一方面要凸显动作行为的"轻松""闲适"意义，另一方面要表达动作行为对时间的占用，这通常通过"惯常""多项"等方式完成，也可以使用其他的方式。当然，也可以不使用动词重叠式，使句子失去"轻松"意义，而成为客观陈述。

正确表达为：

他每天去外面玩。/ 他每天去这里玩玩、那里逛逛。

退休以后，每天遛狗，享受生活。/ 退休以后，每天逗逗猫、遛遛狗，享受生活。

周末的时候，我喜欢听音乐。/ 周末的时候，我就是喜欢听听音乐，一听就是一天。

我今天下午在办公室喝茶。/ 我今天下午开完会就在办公室喝了喝茶，什么也没做。

61. 为什么不能说"我看明天有没有课"？

典型错误

* 我看明天有没有课。

* 我想明天行不行。

* 我研究怎么操作。

* 我看看明天有课。

* 我想想明天行。

* 我们商量商量吃。

原因分析

一般来说，光杆谓词性成分是不能充任动词重叠式的宾语的。如：

（1）* 我们商量商量吃。

（2）* 你问问累。

（3）* 你算算吃亏。

只有一些个别的动词，其要求受事宾语是谓词性的，对该受事表现出较强的支配性，这时可以允许光杆谓词性成分充任宾语。如：

（4）我们要采取举措刺激刺激消费。

（5）面对这种局面，得加强加强领导了。

显然，这里的宾语虽然是谓词性的，但动作性不强，带有名词化的倾向。

而即使是复杂的谓词性成分，其充任动词重叠式的宾语也要受到较大的限制。如：

（6）* 我们得讨论讨论种在田里。

（7）* 你算算吃了一个大亏。

（8）*我们商量商量在食堂吃小炒。

不过相对而言，复杂的谓词性成分充任动词重叠式的宾语的例子还是有一些的。如：

（9）在家没事，练习练习做饭。

（10）我也想学学开车。

（11）？你再等等打铃。

一般来说，只有当谓词性成分是疑问形式时，其才能比较自由地充任动词重叠式的宾语。如：

（12）我们商量商量吃什么。

（13）你算算是不是吃了一个亏。

（14）我们得讨论讨论怎么种。

我们也可以看到，是否能够允许谓词性成分以非疑问形式直接充任动词重叠式的宾语，主要和动词的意义有关，如"学""练""教"这类动词，在意义上就要求以动作行为作为内容，因此带谓词性成分做内容宾语就比较自由。如"学学弹钢琴""练练走钢丝""教教唱歌"等。而如"等"就没有这样的语义特点，因此例（11）的可接受度不如例（9）和例（10）。

（15）A：你想学什么？

　　　B：我想学弹钢琴。／我想学弹钢琴的技能。

（16）A：你们讨论什么？

　　　B：*我们讨论吃火锅。／我们讨论吃火锅的问题。

由这两个例句可见，"学"是可以直接以动作行为作为内容宾语的，而"讨论"不行。

（17a）我在这儿看看排球队练球。

（17b）我在这儿看看排球队练不练球。

（18a）*我看看明天要练球。

（18b）我看看明天要不要练球。

例（17a）和例（18a）的"看"显然不是一个意思，例（17a）中的"看"是"观看（使视线接触人或物）"的意思，可以直接将动作行为作为对象宾语，而例（18a）中的"看"则是"观察并加以判断"的意思，不能直接将动作行为作为对象宾语。而在例（17b）和例（18b）中，"看"都是"观察并加以判断"的意思。

可以发现，当宾语是疑问形式的复杂谓词性成分时，作为谓语中心语的动词重叠式都表现出了较强的"尝试"意义，整个句子表达的是"通过尝试来确定一个疑问或问题"。如：

（19a）我考虑把任务交给她。

（19b）我考虑考虑把任务交给谁。

（19c）我考虑考虑，看把任务交给谁。

例（19a）就是一个对事实的陈述，而例（19b）要表达的意思则是需要"通过一番考虑"来确定"把任务交给谁"这个问题，即和例（19c）要表达的意思一致，而例（19c）正是动词重叠式表达"尝试"意义的强势语境。

我们认为，这一结构可以看作一个构式，由"尝试"和"目的"两部分构成。即这一构式中的宾语是目的宾语，而目的宾语和动词的关系是比较松散的。如：

（20a）我尝尝，看咸不咸。

（20b）我尝尝咸不咸。

从语义上看，这个构式是要通过一种动作行为明确一个疑问或问题，那么这个动作行为就不应是瞬时的、一次性的，而应该是反复的、持续的，因此适合用动词重叠式来表现。由于动词重叠之后具有了"尝试"意义，因此在语义上适配这一语境。有些动词自身不能够带谓词性宾语，只有重叠之后进入这一构式才能带谓词性宾语。如：

（21）你来评评谁有理！

（22）我掂掂哪个重。

如果失去了"尝试"意义，就不能形成这一构式。如：

（23a）你掂一下哪个重。

（23b）*你掂两下哪个重。

（23c）你掂两下，看哪个重。

可见，表示"尝试"意义的"V一下"也可以进入该构式，但是表示具体动量而不表示尝试的"V两下"则不能进入该构式，只能用分句的形式表达目的。

动词重叠式不能和进行体同现，因此这一构式在表达进行的语法意义时，不使用动词重叠式。如：

（24a）我正在想明天行不行。

（24b）＊我想明天行不行。

（25a）我观察蚂蚁怎么搬家呢。

（25b）＊我观察蚂蚁怎么搬家。

（26a）我在辨认这个字是不是"龙"呢。

（26b）＊我辨认这个字是不是"龙"。

有些动词的原形式也能构成"V＋疑问形式"的格式，这主要与动词的意义有关。如：

（27a）我们比谁个子高。

（28a）你猜这是什么。

"比"和"猜"的对象都要求是一个问题，非疑问形式反而不能进入该格式。如：

（27b）＊我们比个子高。

（28b）＊你猜这是书。

综上所述，动词重叠式在带谓词性成分做宾语时，存在一定的限制。最为普遍的结构是"动词重叠＋疑问形式的复杂谓词性结构"。这一结构也可以看作一个构式，由"尝试"和"目的"两部分构成，意思是"通过尝试来确定一个疑问或问题"。这里动词重叠的"尝试"意义和宾语的"疑问"意义是搭配的，因此除了动词重叠外，表示"尝试"意义的"V一下"也可以进入这一构式。

动词重叠及相关格式不能和进行体同现，因此当这一构式需要表达"进行"的语法意义时，不能使用动词重叠及相关格式。

除了"动词重叠＋疑问形式的复杂谓词性结构"以外，也有少量的"动词重叠＋简单谓词性结构"和"原形动词＋疑问形式"，这主要与动词的意义有关。一般来说，疑问形式的不确定语义和"尝试"语义是最为适配的。

正确表达

所以，上述"典型错误"的原因就在于应该使用"动词重叠＋疑问形式的复杂谓词性结构"。修改如下：

我看看明天有没有课。

我想想明天行不行。

我研究研究怎么操作。

我看看明天有没有课。

我想想明天行不行。

我们商量商量吃什么。

第九部分　动词重叠的教学

62. 动词重叠式在对外汉语教学中讲什么？

62.1 现有教学大纲中的动词重叠

在教育部和国家语委 2021 年发布的《国际中文教育中文水平等级标准》（以下简称《等级标准》）中，动词重叠与相关格式出现的主要语法点有三处。

动词重叠出现在二级语法点中，包括"AA""A 一 A""A 了 A""ABAB"四种形式。分别举例如下：

（1）我能用用你的手机吗？

（2）你想一想这个字的意思。

（3）他看了看我，没说话。

（4）请介绍绍你的朋友。

表示次数的"V 一下"出现在二级语法点中，举例为"打一下"；表示"小量"意义的"V 一下"也同样出现在二级语法点中，语法点为"动词＋动量补语"，举例为：

（5）我们休息一下。

在四级语法点中出现了动词重叠在"把"字句中的情况，限定格式为：主语＋把＋宾语＋动词（＋一／了）＋动词。举例如下：

（6）同学们再把试卷检查检查。

（7）你把地扫扫，我把桌子擦一擦。

（8）他把冬天的衣服晒了晒，收在箱子里。

在同一语法点的"主语＋把＋宾语＋动词＋动量补语／时量补语"格式中，没有出现"V一下"的用例。

此外，在其他语法点的例句中，也有一些使用动词重叠与相关格式的情况，涉及5个例句、4个语法点。

（9）你的词典借我用用，行吗？（语法点：用"好吗、可以吗、行吗、怎么样"提问）

（10）他才起床，让我们等一下。（语法点：时间副词）

（11）经理叫他介绍一下中国市场情况。（语法点：兼语句）

（12）据说这个药效果很好，你不妨试一试。（语法点：不妨）

（13）关于这个问题，咱们不妨听一听别人的建议。（语法点：不妨）

从以上内容来看，在《等级标准》中，动词重叠与相关格式主要展现的是未然语境中的"委婉"意义和已然语境中的"描述性"意义。在未然语境中，所有用例均为祈使语境；在已然语境中，所有用例均为两个动作先后发生的连谓句或顺承复句。这两种情况也分别是动词重叠出现在未然和已然语境中的典型情况。

此外，从形式上看，《等级标准》中缺少离合词的重叠式，即"AAB（VVO）"式。从意义上看，没有涉及纯粹的"小量"意义、"尝试"意义和"轻松闲适"意义。

因为《等级标准》中未对语法内容进行阐述，仅以举例的方式展示，因此不能了解对动词重叠语法点细节上的教学要求，如否定形式、各形式间的差异等。

62.2 现有教材中的动词重叠

我们发现，无论是《等级标准》还是教材，表示小量的"V一下"都不作为单独的语法点呈现，而是作为"动词＋数量补语"的引申意义。该格式一般都晚于动词重叠出现，且一般不做解释。这里我们主要考察教材中的动词重叠的情况。

62.2.1《实用速成汉语》

该教材是面向欧美学生的初中级教材，动词重叠作为语法点出现在第三册中，展现的是"AA""A 一 A""ABAB""AAB"这四种重叠形式。在注释中强调了单音节动词、双音节动词以及离合词在重叠形式上的差异。

在对语法点的阐释和举例中，对动词重叠的各意义类型展示得较为全面，涉及了多种意义。如：

（14）关于这件事，我们该马上谈（一）谈。（祈使语境）

（15）我要请邻居帮帮忙，可是他不愿意，我不知道怎么办。（意愿语境）

（16）没事的时候，我喜欢看看报纸、听听音乐。（惯常语境）

教材中没有设置相应的练习。

62.2.2《发展汉语》

动词重叠式作为语法点，首次出现在《发展汉语 初级综合（Ⅰ）》中，介绍了单音节动词的重叠形式"AA"和双音节动词的重叠形式"ABAB"。

在语法点的阐释中，教材强调了单双音节动词的重叠形式差异，并认为"动词重叠式表示动作时间短或表示轻松、随便，有时也表示尝试"。相应的例句为：

（17）我可以试试这件衣服吗？

（18）我能用用你的词典吗？

（19）你身体不好，休息休息吧。

我们发现，对应的教学例句虽然体现了单双音节动词在重叠形式上的差异，但是所有例句均为祈使语境，没有语法点阐述中说明的"轻松随便"的意义，也没有"尝试"的意义；另外，对祈使语境中动词重叠主要表达的"委婉"意义，也没有涉及。不过在相应的课文中，出现了动词重叠的"轻松随便"的意义。如：

（20）看看邮箱、发发邮件、聊聊天儿，就九点了。

练习中所涉及的动词重叠，也主要是祈使语境和"轻松随便"的意义。如：

（21）你可以试试这个工作。

（22）周末我一般看看书、听听音乐、吃吃东西、收拾收拾房间。

可以看到，教材中对"尝试"意义的例句和练习没有涉及，在形式上也没有单独强调"AAB"式，尽管它在课文中已经出现了。另外，在语法点阐述中也没有涉及"A 一 A""A 了 A"等形式，但在后续的课文中也相继出现了，而没有单独设置语法点。也就是教材默认"AAB"就是"AA"的带宾形式,"A 了A"就是"AA"的完成体,而不作为单独的语法点进行阐述。

62.2.3《博雅汉语》

动词重叠式第一次出现是在《博雅汉语·初级起步篇(Ⅰ)》中,涉及"AA""ABAB""AAB"三种形式,该语法点被阐述为"动词重叠式,表示轻松、随便的意味"。所用例句为:

(23)她有时候和朋友一起逛逛商店。

(24)周末我在家洗洗衣服、看看电视、买买东西、做做作业、睡睡懒觉。

(25)跳跳舞、唱唱歌、逛逛商店,都很有意思。

教材例句和语法点阐述内容保持了一致,所涉及的例句都表示"轻松""随便"的意味。从课后练习上看,也是在表现动词重叠式的"轻松""随便"的意味,但句子的可接受度值得商榷。如:

(26)? 晚上我在宿舍看看书。

(27)? 周末我在家睡睡懒觉。

这一练习的形式是根据一个动宾结构如"睡懒觉"进行扩展,转换为动词重叠式再添加时间、处所、施事构造完整的句子,其中例(26)是示例。但这种单项且缺少对占有时间进行强调的句子,可接受度是不高的。

教材后续课文中出现了"A 了A""A 一 A"等形式,同样没有作为单独的语法点进行阐述。

62.2.4《汉语教程》

动词重叠式出现在《汉语教程 第一册(下)》中,涉及"AA""A 一A""ABAB""A 了A""AB 了AB"五种重叠形式。在语法点阐述中,强调了单音节动词的重叠形式是"AA"或者"A 一 A"式;双音节动词的重叠形式是"ABAB"式,并特别强调了没有"AB 一 AB"式。在语法意义的表述上,动词重叠表示"动作时间段、尝试、轻微等意义",并认为"语气显得轻松、随便,一般用于口语"。而当动词所表示的动作已经发生或完成时,相应的重叠形式是"A 了A""AB 了AB"。

此外,教材还明确了一些进入动词重叠式的限制条件,如不表示动作的动词不能重叠、表示正在进行的动作不能重叠等。

所使用的例句为：

（28）你看看这本词典合适不合适？

（29）你听听这个句子是什么意思。

（30）我试试这件衣服，可以吗？

在相关的练习中，也是以祈使句为主。如：

（31）我试试可以吗？

同时练习中还有一些改错题，使用了错误的动词重叠用法。如：

（32）*你试试的这件衣服怎么样？

（33）*我觉得写写汉字很难。

（34）*我去商店买买一件衣服。

总的来说，《汉语教程》对动词重叠式的展示较为完整，练习也比较全面，但也存在一些问题。如所有的例句都是祈使语境的句子，缺少对其他意义的展现，这与语法点阐述内容不符。另外"AB 了 AB"形式是否正确，也值得怀疑。最后，改错练习中的错误和语法点阐述内容不一致，对应不上。

62.2.5《汉语精读教程》

动词重叠在《汉语精读教程》中出现在第 19 课，介绍了动词重叠的三种形式："AA"式、"ABAB"式和离合词的重叠形式"AAB"式。除了点明三种形式对应的基式动词以外，教材对语法点的阐述为"动词重叠后表示动作的时间缩短、动作的程度减轻"。并用对比法进行了展示。如：

（35a）下课了，休息休息吧。

（35b）现在已经 12:00 了，他休息了。

（36a）睡觉前，我喜欢看看杂志、听听音乐。

（36b）我每天下午 3:00 到 5:00 看书。

此外还有两个例句：

（37）他们吃了午饭以后都休息休息、睡睡觉。

（38）下午上班的时候很困，总想喝喝茶、聊聊天儿。

教材中的相关练习主要为使用动词重叠式造句。

从中可以看到，教材中对语法点的讲解和例句都是以"轻松""随便"的意义为主，解释为"时间短、程度轻"，没有对其他用法进行讲解。

62.3 HSK 考试中的动词重叠

我们考察了孔子学院总部 / 国家汉办编制的《HSK 真题集》一至六级中出现的动词重叠式。

一级真题中没有出现动词重叠式。

二级真题在听力部分出现了动词重叠式。如：

（39）A：我们要了几个菜了？

　　　　B：我看看，现在是七个。

这里的"看看"在语义上更接近话语表义，且考题考查的内容也与之无关。

三级真题中出现的动词重叠式较多，在听力和阅读部分都有所体现，举例如下：

（40）我们去别的地方看看吧。

（41）遇到问题的时候应该自己多想想办法。

（42）昨天下班经过那家新开的店，进去看了看，觉得不错，就买了。

（43）有时候，我会看看新闻或者体育比赛。

真题中出现动词重叠的语境以祈使语境为主，也有部分出现在已然语境和惯常语境中。

四级真题中出现的动词重叠式也较多，举例如下：

（44）昨天我在报纸上看见一家杂志社在招聘高级翻译，你要不要去试一试？

（45）你乒乓球打得真不错，有时间能教教我吗？

（46）你把网址发给我，我也去看看。

（47）一家人一起出去散散步，是一件很幸福的事情。

四级真题中的动词重叠式基本涵盖了动词重叠的各种形式，在语义表现上仍以祈使语境中的表义为主。

五级、六级真题中的动词重叠式进一步丰富，在表义上出现了不少描述性的用法，进入重叠式的动词也相对比较丰富。

（48）团长打断了女孩儿，摇摇头说："你没有这个天分。"

（49）女儿点点头，表示同意。

（50）他想为儿子把把关，看儿子能不能吃电影这碗饭。

62.4 动词重叠意义的教学内容

第一，将表达短暂重复的"动势小量"意义作为动词重叠式的基本意义，即"轻微义"。这里要明确的是"轻微"意义是以动作的时短、量小为核心的，这既可以让学生更好地了解"轻微"的表义特征，以便更好地运用这一语法点；也可以使学生更好地理解动词重叠的制约条件，即动词要在动作的时间和次数上具有语义特征表现。如：

（51）他摆了摆手。

（52）他想了想。

前者的"轻微义"主要表现在动作次数上，而后者则主要表现在动作时间上。

第二，将"委婉义"作为动词重叠式的最常见意义。众多学者都表达过祈使句是动词重叠式出现的主要句式的观点，而动词重叠式在祈使句中所体现的意义主要是"委婉义"。

从本质上来看，委婉并非动词重叠的语法意义，而是一种语用功能，是其表示"动势小量"的语法意义的语用体现。但换一个角度来看，我们也认为委婉是动词重叠最重要，也是最常见的一个语用功能，从语用功能角度入手，能够更好地解决动词重叠"怎么用""什么时候用"等问题。因此，把委婉的功能讲解清楚，对外国学生学习动词重叠的语法点有着重要的意义。

"动势小量"和"委婉"之间联系的桥梁是礼貌原则在语言中的隐性体现。正如单宝顺、齐沪扬（2014）所认为的，小量策略是汉语中最重要的一种隐性礼貌表达方式。而委婉本质上就是一种语用上的礼貌表达。

礼貌表达策略和交际中言语行为的影响有关，只有产生影响的言语行为才需要使用礼貌表达策略来表达不同的语势和色彩意义。这种影响并不局限于发话者对听话者产生的影响，只要该言语行为产生影响，无论是对发话者、受话者还是第三方，都具有影响度。我们可以将具有影响度的言语行为大致分为两类：一类是需要使用"尊人"礼貌表达策略的言语行为，如"要求""建议""说明"等，如"你最好亲自去看看"；另一类则是需要使用"贬己"礼貌表达策略的言语行为，如"请示""炫耀""希冀"等，如"我也想去看看"。

我们将动词重叠表达委婉语气的语用意义和礼貌原则的隐性表达相联系，也是将其作为功能性语法项目来展示。在这一语用意义下，学习者对功能的掌握要比对意义的掌握更为重要。而且，动词重叠的这一语用意义也是其最普遍的使用规则，是应该优先习得的。

但从另一个角度来看，委婉和影响度关系密切，而影响后者的因素众多，需要学习者在大量的交际实践或项目式操练中慢慢掌握。

第三，"尝试义"可以和"委婉义"一起出现，因为"尝试义"出现的大多数语境和"委婉义"是一致的。李人鉴（1964）、朱景松（1998）等都认为"尝试义"并不是动词重叠所表达的意义，而是整个语句的意义。如邵敬敏、吴吟（2009）所说，"尝试"意义不是动词重叠的语法意义，如一些求知性的动词，出现在祈使句中，必然会带有"尝试"意义，而与重叠与否无关，语境会显示说话者有意识地突出的某些信息。可见，"尝试义"和"委婉义"一样，都主要出现在祈使句语境中，两者具有一致性。从意义上看，祈使句是发话者要求受话者从事某一动作行为的言语行为，而动词重叠在句中的作用就是将要求从事某一动作行为变成尝试进行某一动作行为，这显然是一种委婉。

"尝试"意义的另一个问题是，我们不能说明为什么应该使用"尝试"意义，即无法解释动词重叠使用的原因。如：

（53）我想听听你的意见。

我们可以理解这里的"听听"带有"尝试"意义，但是我们无法解释为什么要在这里使用"尝试"意义。而如果使用委婉语用意义则可以解释，例（53）在言语行为上的实质是要求受话者表达意见，因此带有影响度，出于礼貌原则而使用委婉表达方式。

因此，"尝试义"的实质可以看作动词重叠的委婉语用意义。

但换一个角度来看，"尝试义"又确实是动词重叠表现出的重要意义之一，在语义上不能进入重叠形式的动词，在赋予"尝试义"之后可以进行重叠。如"病""丢""梦"等，只有在表示"尝试义"时才能重叠。在国际中文教育中，明确"尝试义"可以让学生更快地了解和使用动词重叠式，也可以迅速掌握"VV 看"这一结构。

此外，明确动词重叠式的"尝试"意义，可以更好地说明"动词重叠 + 疑问形式谓词性宾语"构式的意义，即"通过尝试来明确某一问题"，如"尝尝咸不咸"。

第四，将表示"轻松""随便"的意义单独强调出来，即将"轻松义"单独列出。对于"轻松义"，学界同样存在争议。如王还（1963）、刘月华（1983）认为动词重叠具有"轻松义"，而李珊（1993）、戴耀晶（1997）则认为这是"在具体语句中引申得出的"。但同样，在国际中文教育中，明确"轻松义"可以让学生更快地了解和使用动词重叠式。之所以将"轻松义"单独列出，是因为"轻松义"有其出现的典型语境，即"惯常"和"多项"。"惯常"是指动词重叠式的"轻松义"一般出现在"惯常"时态中，这与"轻微义"多出现在已然时态，"委婉义""尝试义"多出现在未然时态相比，具有独特性；"多项"是指动词重叠式表达"轻松义"时，一般需要两项以上的动作行为并列才可以，否则成句程度较低。如：

（54a）周末的时候，我喜欢听听歌、看看书。
（54b）* 周末的时候，我喜欢听听歌。

只有一项动作行为的例（54b）可接受度较低。因此，动词重叠在表示"轻松义"时具有特殊性，应该在语法点中单独展示。

62.5 动词重叠用法的教学内容

第一，动词重叠式在语法上主要是做谓语，且较少直接做谓语，一般是以复杂形式做谓语。所谓的复杂形式做谓语主要有三种形式：一是前面带有状语成分，二是后面带有宾语成分，三是处于连谓或兼语结构之中。

动词重叠式直接做谓语时，具有口语风格，在口语中较为常见，但在书面语中较少。如"你想想"的可接受度就高于"你斟酌斟酌"。据李珊（2003）统计，动词重叠式直接做谓语的比例只占 5% 左右。

初级阶段，学生接触到的汉语以口语为主，可以强调动词重叠式在语法上主要做谓语，并可以特别强调动词重叠式不能做主语、宾语、定语、状语等句法成分，从北京语言大学 HSK 动态作文语料库中学生的偏误来看，句法位置的偏误比例是较高的。在中、高级阶段，可以在语体风格上限定动词重叠式的语法功能。

虽然动词重叠并非绝对不能做谓语以外的其他句法成分，但所受到的限制都比较大，通常无须在早期教学中体现。

第二，将祈使句和意愿句作为动词重叠出现的主要语境，动词重叠式在表达"小量"意义的基础上引申表示"委婉"和"礼貌"。

祈使句和意愿句在自然语言中也是动词重叠出现的主要语境，因此在教学中也应将其作为主要内容。在这类语境中，动词重叠式主要表现的是"委婉义"。我们要明确，"委婉义"的内涵是降低言语行为的影响度，是一种隐性的礼貌表达，语气多表现得较为客气。因此在明显不具有"礼貌"意义、带有命令等生硬语气的句子中，不使用动词重叠式。如：

（55a）我就要看电视！

（55b）我想看看电视。

显然，两句的语气是不同的。

第三，将"轻松""随便"的意义和惯常语境建立联系，强调动词重叠式的"轻松义"表现的是惯常的带有休闲性的动作行为。在语义上，不具有"轻松""随便"意义的词语或语境，一般不能使用动词重叠式的"轻松义"。如：

（56a）周末的时候，我喜欢听听歌、看看书。

（56b）*周末的时候，我喜欢欣赏欣赏音乐、浏览浏览书籍。

"欣赏"和"浏览"都是可以重叠的动词，但是在例（56b）中并不成立，主要原因就是"欣赏"和"浏览"具有一定的书面语色彩，而书面语具有"郑重""严肃"的语义语用特征，和"轻松""随便"的意义冲突。

第四，动词重叠式在现场语境中具有描述性，表示"轻微义"，这也是"A 了 A"式的主要用法。描述性的用法不出现在未然语境中，因此描述性的"轻微义"和"委婉义"可以看成是对立的。

"描述"具有现场性，出现的语境可以是已然的，也可以是当下的，强调的是描述一个动作行为，而不是表述某一个事件，因此能够进入其中的大多是表示动作行为的动词，具有较强的动作性。从结构上看，"描述"常常出现在连续的动作行为中，作为前一个动作行为。

（57）他摸（了）摸她的手，有点儿凉。

（58）*那天，我和妹妹在家玩玩玩具。

显然，例（58）并不是描述一个动作行为，而是叙述一个事件，因此不能使用动词重叠式。根据我们在北京语言大学 HSK 动态作文语料库中对动词重叠式使用偏误的检索，这类偏误比例也是较高的。

在解释这类偏误现象时，很多研究者将其解释为句中的动作行为不应表达"小量"意义（不具有"轻微义"），因此不能使用动词重叠式。这一解释看似正确，但实际上是一种循环论证，学生并不能理解为什么这里不能表达"小量"意义。我们把"轻微义"和"描述""现场"等关键词联系起来，更便于学生对能否使用动词重叠式进行判断。

第五，将"动词重叠式+疑问形式谓词性宾语"作为固定格式进行教学，强调宾语的小句性质，即不能是名词性宾语。明确该格式的意义是"通过某一动作行为的尝试来确定某一问题"。如：

（59a）我找找这本书还有没有。

（59b）*我找这本书还有没有。

（59c）*我找找这本书还有。

虽然有例外的存在，但例外主要是受动词语义的影响，在学习该动词时可以单独进行教学。这里将该结构作为构式，进行整体教学，更能有效避免偏误。

62.6 动词重叠制约因素的教学建议

动词重叠式在使用上的制约因素较多，除了通常的语义条件、语用条件等方面的制约外，句型句式、句子人称、动词的构词方式等都会对动词重叠式产生制约。显然，我们无法将如此复杂的制约因素全部纳入国际中文教育之中。因此，我们选择主要的、覆盖面较广的制约因素作为教学内容。

一、语义制约因素。

适合在初级阶段进行教学的语义制约因素是动词重叠的"小量"意义。一般认为，动词重叠表示的是动作的"小量"意义，因此在句中有表示"大量"意义的词语时，动词重叠入句要受到较大的限制。如：

（60）有点儿累了，我们稍微坐坐吧！

（61）*我们拼命地拍拍门。

（62）*我一整天都看看电视、听听音乐。

（63）*他总是不停地说说他的想法。

这里，有表示"大量"意义词语的句子，都不能接受动词重叠式的进入。

二、语法制约因素。

在语法上，动词重叠式受到的制约也比较多，如前面提到的充任句法成分的限制，再如"把"字句中的限制等。在初级阶段，适合作为教学内容的语法制约因素主要是宾语限制和补语限制。

宾语限制主要指数量宾语限制和疑问宾语限制，即动词重叠式的宾语不能为数量短语，也不能为疑问成分。

实际上，动词重叠式并不必然排斥数量宾语，而是排斥无定宾语。孙朝奋（1994）、李宇明（1998）等都明确指出，动词重叠式的宾语应该是无定无指的，或者是有指有定的，而不能是有指无定的。但对于初级阶段的教学而言，将宾语限制表述为数量宾语更为清晰。如：

（64a）咱们讨论讨论这个问题。

（64b）*咱们讨论讨论两个问题。

宾语为数量短语"两个问题"时，谓语动词不能是动词重叠式。

疑问成分其实和无定成分一样，都具有未知性。动词重叠式的宾语排斥未知成分，也排斥疑问宾语。如：

（65）*你想尝尝什么？

当然，这里的疑问宾语指的是名词性的，或者说，动词重叠式中，不能针对宾语进行提问。而疑问形式的谓词性宾语，反而是和动词重叠式的意义适配的。

补语限制指动词重叠式一般不能再带补语成分。如：

（66）＊你把身上的粉笔灰拍拍掉。

三、语用制约因素。

动词重叠式受到的语用制约也比较多，如"AA"的口语性、"A 一 A"的正式性等。显然，这些教学内容并非都能够在初级阶段进行教学，在中、高级阶段逐步实施更为合适。

我们认为需要在初级阶段进行教学的是语用制约因素"主观积极性"。

动词重叠具有主观积极性，最简单的阐释是说话者主观上倾向于该动作行为的发生。主观积极性可以通过词汇、句法、语用等不同层面表现出来，也就是说，动词重叠入句并不需要词汇、句法、语用等层面都具有主观积极性，不具有主观积极性的词语，可以通过句法、语用上主观积极性的强化，进入动词重叠；反之，主观积极性越强的词语，对句法、语用的要求就越低。

（67a）你得多批评批评他。

（67b）＊你不能批评批评他。

（67c）＊你怎么可以批评批评他。

虽然"批评"带有消极色彩，但很明显，例（67a）的"批评"是说话人主观期待发生的，具有主观积极性；而例（67b）、例（67c）则相反，是主观消极的，因此不能使用动词重叠式。

62.7 小结

从《等级标准》、教材和 HSK 三个方面看，动词重叠式作为语法点一般出现在初级阶段的中期左右，主要涉及的形式包括"AA""A 一 A""ABAB""A 了 A""AAB"五种，其中"AA"和"ABAB"是基础形式，是学生接触最早和最多的动词重叠式。

在形式的差异性上，"AA"和"ABAB"的差异在于基式动词单双音节的差异，而其他形式的差异性则在教材中大多不被特别强调，多将"A 一 A"看作"AA"的等同形式，"A 了 A"看作"AA"的完成体形式，"AAB"看作"AA"

的带宾形式。但除了模糊了不同形式的差异和独特性之外，这样处理还有一个问题，就是"A一A"和"A了A"是单音节动词独有的重叠形式，而带宾式则是单双音节动词所共有的形式，但我们只看到过"AAB（VVO）"式，从来没有看到过对"ABABO"式的描述和讲解。

在语义阐释上，大多会首先强调动词重叠的基本语法意义，即"小量"意义，使用诸如"时间短"等方式进行描述，并引申出"轻松""随便"的意义。有些语法阐述中会包含"尝试"意义，但在课文、例句和练习中都几乎没有涉及"尝试"意义的句子。

从出现的句子来看，祈使语境是动词重叠式出现得最多的语境，但这和"小量""轻松""随便"等语义上的阐述有什么关系，并没有很好的说明，也没有出现将委婉作为动词重叠语义之一的语法点阐述。这是目前动词重叠式教学中出现的最大问题，即教师、教材的讲解与实际操练使用的句子在某种程度上是不一致的。

考虑到动词重叠作为对外汉语教学初级阶段的语法点，且动词重叠在表义、使用上都比较复杂，我们认为在动词重叠式的对外汉语教学中，可以从以下几个方面入手。

一、形式上。

1."AA"和"ABAB"作为动词重叠最基础的两个形式，明确其差异为基式是单音节动词还是双音节动词。

2."A一A"和"AA"在初级阶段可以基本认定为表义相同的格式，强调双音节动词不具有"AB一AB"形式。

3."AAB"式需要单独强调，尽管我们默认动词重叠"VV"式的带宾形式为"VVO"，但需要特别强调应注意离合式动词在进入重叠形式时，应该表现出"离"的一面。

4."A了A"式作为已然语境中的动词重叠式，而不是作为动词重叠的已然（完成）形式，至少不能完全作为动词重叠的已然（完成）形式。

5."V一下"式在初级阶段可以视为和"AA""ABAB"相同的表义格式，"V"不受动词单双音节的影响。

二、意义上。

1.将表达短暂重复的"小量"意义作为动词重叠式的基本意义。

2.将"委婉"意义作为动词重叠式的最常见意义。

3.将"轻松""随便"的意义单独强调出来。

4."尝试"意义可以作为附加意义,因为"尝试"意义出现的大多数语境和"委婉"意义是一致的。"动词重叠式＋疑问形式谓词性宾语"这一构式可以作为"尝试"意义的典型句式进行教学。

三、用法上。

1.将祈使句和意愿句作为动词重叠出现的主要语境,动词重叠式在表达"小量"意义的基础上引申表示"委婉"和"礼貌"。

2.将"轻松""随便"的意义和惯常语境建立联系,并强调"V一下"不具有这一用法。

3.强调"A了A"在已然语境中的"小量"意义和描述性。

四、制约因素上。

1.语义制约:将"主观积极"意义作为动词重叠式的基本制约条件,强调动词重叠式的"短暂重复"意义的主观性,并以此和"V一下"相区别。

2.语法制约:在否定限制、带补语、带状语、带无定宾语、充任定语、疑问形式、"把"字句等方面的制约和限制。

3.语用制约:如"AA"的口语性、"A一A"的正式性、"V一下"的强结果性等。

显然,这些教学内容并非都放在初级阶段,尤其是制约因素的教学,放在中、高级阶段逐步实施更为合适。

63. 动词重叠式的教学如何导入?

导入是语法教学的一个重点,是指学习新知识、处理新材料之前,教师所采用的促进新知理解的语言或行为。在对外汉语教学过程中,一个新的语法点需要经过导入的环节，这样以旧知引出新知，可以减少学生对于新的语法点的陌生感，强化理解。同时，良好的导入还可以活跃课堂气氛，提高学生的注意力和学习兴趣，对语法教学起到非常重要的作用。

一、短时反复的"小量"基本语法意义可以通过歌曲导入，并利用比较法引导。

教师准备好歌曲《幸福拍手歌》的视频，在导入环节播放并让学生学唱，这首歌曲在国外的传唱度很高，学生会很容易掌握。

通过视频影像和歌词内容，让学生在歌词"拍拍手"等处和相应的视频动作建立联系。

板书"拍拍手"，让学生做相应的动作。

板书"拍手"，让学生做相应的动作，体会"拍手"与"拍拍手"的动作差异。

提问："拍拍手"是拍两次吗？三次行不行？通过提问明确动词重叠式表示的是一个短时反复的模糊的小量。

继续通过歌曲，让学生掌握"跺跺脚""拍拍肩"的用法和意义。

至此，引入动词重叠式的教学。

二、动词重叠"委婉"意义的教学导入适合使用情景法和纠错法。

对"委婉"意义的表达来说，语境起着重要的影响，因此教师应该根据动词重叠表达"委婉"意义的特点，挖掘、创设易于理解的语境，引发学生的思考，使学生身临其境地感悟动词重叠的意义和深层色彩，进而进入新知学习。

"委婉"意义的表达主要出现在带有"祈使"意义的语境中，主要出现在具有要求或请求意味的句子中，因此教学上的导入可以设置具有要求或请求意味的语境，要求学生完成相应的句子。而在没有预知要使用动词重叠式的前提下，学生所表达的句子很可能是错误的，教师可以利用学生的错误，通过纠错法引出动词重叠的教学。

教师：（做捧书状）你们看，老师拿了很多书，书太多了，老师需要你们的帮助，那老师应该说什么？

这一语境的创设是希望学生说出对应"can you help me"的中文句子，如果学生思维比较发散，可以借助英文的表达将其拉回。

在没有使用动词重叠式的认知前提下，学生可能的回答是"你们能帮我吗"。此时可以借此纠正学生的错误，引出动词重叠"委婉"意义的教学。

动词重叠"委婉"意义的表达主要出现在表示请求、建议、意愿的句子中，前一语境是表示请求的语境，我们也可以设置关于建议或意愿的语境。表示建议的语境如：

教师：老师下班回家，觉得自己心情很不好，老师应该怎么办？你有没有什么好的建议？

初级阶段的学生，一般会回答"听音乐""看电视""看书""睡觉"等建议。如：

学生：老师，你可以听音乐。

同样，可以通过纠错引出动词重叠"委婉"意义的教学。

表示意愿的语境如：

教师：最近老师觉得自己身体不太好，老师想……（做锻炼身体状）。

总之，动词重叠的"委婉"意义是语境带来的，那么较好的导入方式就是情景法。而对学生可能会发生的错误，则使用纠错法进行引导，最终引出动词重叠的教学。

三、表达"轻松""随便"意义的动词重叠教学可以使用多媒体展示的方式导入。

表达"轻松""随便"意义的动词重叠一般出现在惯常语境中，且常常多项并举，因此可以通过多媒体展示的方式，以视频或者多个图片进行展示，引导学生完成相应句子的表达。

多媒体展示是一种直观性较强的导入方式，可以使学生获得丰富的感性认识，从而激发学生的兴趣、引发学生思考，有效地导入教学。但缺点是制作、搜集、整理多媒体展示材料有一定的难度，备课工作量较大。

通过多媒体展示在办公室喝茶的图片、在办公室聊天儿的图片。明确图片的内容"喝茶"和"聊天儿"。

教师：我觉得他的工作很轻松，我们看看，他每天都做什么。

如果有相应的视频，效果会更好。

展示老人退休生活的视频。

教师：退休了，不用工作了，他每天的生活很舒服，对吧？我们看他每天都做什么。

在视频、图片不容易搜集和制作的情况下，也可以通过提问的方式导入。

教师：如果你退休了，你每天想做什么？

学生可能会回答"旅游""做饭""锻炼身体""逛街""看电影"等，教师可以从中选择两项。

教师：要是老师退休了，老师每天会……。我们可以怎么说？

可以通过以上方式，引出表达"轻松""随便"意义的动词重叠表达。如果学生表达上出现错误，可以利用纠错法引导。

四、"A了A"在已然语境中的"小量"意义可以通过行为演示法导入。

行为演示法是教师通过自身的肢体动作等进行演示，以丰富学生的感性认识，形象直观地导入知识点。这一方式能使学生的注意力集中在教师的演示上，从而强化记忆。

教师：（上课之后，教师拍了拍桌子，说"现在开始上课"）刚才，老师做了什么？

目标语句是"老师拍了拍桌子，说'现在开始上课'"。学生在缺少基本知识的前提下，不会一次性说出完整的句子，教师可以通过提问进行引导，如（重复拍桌子的动作）"老师刚才做了什么""老师刚才又说了什么"。

五、"动词重叠式＋疑问形式谓词性宾语"构式所表现的语境义较为复杂，如果可以，最好用视频等多媒体方式进行展示，也可以用提问法和演示法导入。如：

教师：（故意失手摔落手机，然后拿起手机反复查看）老师为什么反复看手机？

目标语句是"老师看看手机摔坏了没有"，如果学生不能一次性说出完整句子，教师可以分步提示，如继续反复查看手机，通过提问"老师在做什么""那老师为什么要看手机""老师想看什么呢"来引出目标语句。

　　以上是动词重叠式几种意义的教学引导方式，当然，这里只是举例性质的，教师应针对各个语法点的特点、本班学生的特点、自身的个性特点等，采用灵活、恰当的导入方式，使教学效果达到理想状态。

64. 动词重叠式的教学如何讲练？

　　新的语法点导入、展示后，就需要对其进行讲解和操练。讲解主要是对语法点的形式、意义和功能进行解释；操练则是在学生对所学语法点已有初步理解的基础上，让学生通过练习最终掌握所要学习的语法点。

　　在讲解和操练关系上，我们认为应该是讲练结合、精讲多练的模式。

　　讲练结合，是指在教学中，教师的讲解与学生的练习相结合。在课堂教学中，主要讲解最基础的知识，并在课堂上把讲解的内容及时地落实到学生的操练中，让学生在实际操练中通过不断地试错巩固所学知识。

　　在讲练的比例分配上，精讲多练是学界公认的一条原则，是 20 世纪 60 年代初由北京语言学院教师在大量教学实践中总结出的一条对外汉语课堂教学原则。而随着教学研究的深入，不同的学者也赋予了其不同的内涵。但总的来说，"精"意味着"少而有效"，"多"意味着一定的数量以及不同的角度和层次。

　　一、表示"短时反复小量"的基本意义。

　　形式："AA""AAB""ABAB""A 一 A""A 了 A"。

　　意义：表示动作短时反复的"小量"意义，是动词重叠式的基本语法意义。强调进入这些结构的动词一般要具有可以短时内进行反复动作的意义。

　　理解基本意义时，可以以短语为载体，而不一定入句，因为入句之后动词重叠往往表示的是引申意义。

　　动作性较强的语法点，适合用演示法进行讲解。教师可以做出动作行为的演示，并突出其短时、反复的特点，让学生进行表述。如：

　　拍：拍拍手、拍拍肩、拍拍头、拍拍桌子。

　　敲：敲敲门、敲敲墙、敲敲窗户、敲敲桌子、敲敲头。

看：看看外面、看看走廊、看看某人、看看桌子。

想：想想这个问题、想想怎么办。

思考：思考思考这个问题。

在演示中，要突出短时、反复的动作行为特点，如"拍""敲"这类动作没有问题，可以直接演示，如"看""想""思考"这类动作则要注意，可以适当夸张一点儿，以突出短时、反复的特点。如演示"看"的动作，不能只看向一个地方，而应该有夸张的头部摆动动作，表示看向多个方向；演示"想"的动作，可以单手托腮做思考状，并通过换手托腮来表现"想"的反复性，同时可以配合语言"怎么办呢？""这么办，还是那么办？"。

总之，教师的演示要能够明确表现语法点的特点，也就是短时、反复的特点。

二、在祈使语境下引申表示"委婉"意义

在讲解动词重叠的"委婉"意义时，重点在于让学生了解和掌握使用的语境，让学生了解在祈使语境中使用动词重叠带来的语气上的变化。因此可以使用情景法来设置语境，并通过对比法来讲解语气上的差异。

1. 表示请求。

形式：

我能……吗？

我想……，可以吗？

意义：在表示对对方有所请求的句子里，使用动词重叠可以使语气变得委婉，更为礼貌。讲解的关键是说清楚请求语境，即请求对方允许。语气的差异可以通过对比进行阐述，如：

（1）我要试这件衣服。

（2）您好，我能试试这件衣服吗？

教师使用不同的语气表达这两个句子，让学生了解两者的差异。

操练时可以使用情景法，通过恰当的语境让学生了解动词重叠与"请求""委婉"关键词的关系。如：

（3）我在商场看见一件很漂亮的衣服，我很喜欢，我会对服务员说什么？（试试）

（4）我觉得她手里的书很好看，我也想看，我应该怎么说？（看看）

（5）这只小狗真可爱，我想……（做摸的动作）。我应该怎么说？（摸摸）

（6）这个小孩子想看电视，他要怎么和妈妈说？（看看）

在设置语境的过程中，要体现出一个重点，即说话人要进行的动作行为是要得到听话人允许的，越是这样的动作行为，越倾向于使用动词重叠式来表达"委婉"意义。比如小孩子看电视需要征得妈妈的允许。因此，情境设置的核心就是一个需要征得他人同意的动作行为。

2. 表示要求、建议。

形式：

你能……吗？

你可以……

你应该……

你得……

请你 / 您……，可以吗？

意义：在对别人提出要求或建议时，使用动词重叠可以使语气变得缓和、委婉，更为礼貌。可以和请求类的语境建立联系，其实无论是要求还是请求，核心都是"希望对方能够做某事"，"请求"其实就是"希望对方能够允许"。因此，我们同样可以使用情境法来进行讲解和操练。如：

（7）这个问题老师不告诉你们答案，老师想让你们一起讨论，老师应该说什么？（讨论讨论）

（8）（写一个难一点儿的汉字）这个字你们认识吗？不认识，那怎么办？（查查 / 问问）

（9）我们去春游，他说想去西湖，她说想去西溪，我们只能去一个地方呀！怎么办？（商量商量）

（10）妈妈觉得你的房间太乱了，她会和你说什么？（收拾收拾 / 整理整理）

（11）老师知道一个很好笑的笑话，你们想不想听？想听呀，那你们应该说什么？（说说 / 讲讲）

（12）你的朋友失恋了，你对他有什么建议？

请求、建议是"希望对方做某事"，因此设置情境的核心就是有一个困难，然后给出如何解决的建议。

三、动词重叠出现在意愿语境中，可以使用图片法进行讲解。

动词重叠出现在意愿语境中，其实表达的也是一种"委婉"意义，多带有自谦的语义色彩，同时具有"尝试"的意义。"意愿"是说话人的主观行为，可以通过图片等形式直观地表现出来。当然，如果是多媒体视频可能效果更好，但制作成本较高。

如图片展示，部分图片上为不同的人物形象，人物头上带有表示"想"的泡泡状对话框，部分图片上为人物不同的行为或者相关事物。

明确语法形式：

我想……

我可以……

我要……

我应该……

我得……

可以使用如上的图片，直接表达说话人的主观意愿，直接表达意义不明确的，可以搭配情景法，设置语境。图片中对意愿的表述尽量使用图或简要的文字，不宜过长。如：

（13）（北京烤鸭的图片）你们吃过吗？老师吃过，很好吃！你们想……（尝尝）

（14）（旗袍的图片）漂亮吗？嗯，你穿一定很漂亮！不过，你不知道大小怎么样。所以，你想……（试试）

（15）（电影海报）这个电影很好看！你们想看吗？（看看）

（16）（街边长椅图片）你和朋友去逛街，逛了很长时间，你觉得很累，你会对朋友说什么？（休息休息）

（17）（聊天儿的图片）你的朋友从别的城市来看你，你们会做什么？（聊聊天儿）

（18）你想去西湖玩，但是不知道怎么去，你会怎么办？（查查／问问……）

意愿语境中的动词重叠其实在表义上具有一定复杂性，有的倾向于尝试，有的带有请求、建议的意味，还有的带有自谦的色彩，没有必要对刚接触动词重叠的学生做过于细致的区分，但这一语境的核心是动作行为的主观积极性，即一定是说话人主观上希望发生的动作行为，这是要强调出来的。

四、惯常语境中，动词重叠的"轻松""随便"意义。

典型的表示"轻松""随便"意义的动词重叠，出现的语句有三个特征：一是惯常性语境，二是多项动作行为并举，三是有休闲时间。对于刚接触这一意义的学生，应该强调这三个语句特征。

形式：（usualness）leisure time，V_1V_1，V_2V_2……

意义：多项动词重叠形式并举，表示在某一经常性的时间里，做某些轻松、随意的事情。

动词重叠的这一用法所涉及的因素比较多，我们可以综合运用多种讲练方式，如通过情景法、图片法、行为演示法等设置和提示情境，通过补充法、纠错法、对比法等完善语句，通过卡片法、替换法等创造、表达语句。如：

（19）你们知道中国人吃完晚饭以后喜欢做什么吗？（可以根据学生的回答进一步提示或补充）

目标语句：中国人吃完晚饭以后喜欢散散步、聊聊天儿。

（20）（唱歌的图片和跳舞的图片）她喜欢做什么？（问题中没有提示时间，学生可能会遗漏时间的表达，需要进一步纠错补充）

目标语句：课余时间（或其他时间），她喜欢唱唱歌、跳跳舞。

（21）（老人浇花的图片和老人喝茶的图片）他在家做什么？（同样没有提示时间，需要根据"老人"来判断时间）

目标语句：退休以后，他在家浇浇花、喝喝茶。

（22）（准备卡片，卡片上提示时间，如"没有课的时候""周末""放假的时候""刚来中国的时候""下课以后""晚饭以后"等，让学生抽取）××时间，你做什么？

动词重叠表达"轻松""随便"的意义，要注意凸显语句的三个特点，当然，实际上，三个特点可以合并为一个，即语句要表达动作行为对较长时间的消磨和占用，但这一意义初级阶段的学生较难理解，可以先分解成三个特征，待中、高级阶段再慢慢训练、理解。

五、已然语境或当下语境中表达"小量"意义，具有描述性的动词重叠。

其实无论是已然语境还是当下语境，都是已然的，但前者会带有"完成"意义，要求使用"V 了 V"式，而后者可以使用"VV"式。这种具有现场性的语句，可以通过教师的行为演示法来进行讲解和操练。

形式：V（了）V，do sth.。

意义：这里的动词重叠具有描述性，意义是描述一个短时小量动作的发生，之后再进行另一个动作行为。如：

（23）（拿起一张纸）这是他的作业，（看作业）字写得很漂亮！——老师刚才做了什么？

目标语句：老师看了看他的作业，说"字写得很漂亮"。

（24）（走到门外，敲门）我可以进来吗？——老师刚才做了什么？

目标语句：老师敲了敲门，说"我可以进来吗"。

（25）她说教室很热，问老师能不能打开窗户。（老师点点头，走过去打开窗户）——老师刚才做了什么？

目标语句：老师点了点头，打开了窗户。

（26）老师说"下课"以后，老师会做什么？（如学生不能回答，可以继续用动作、语言等进行演示）

目标语句：老师整理整理书，走出教室。/ 老师挥挥手，说"同学们再见"。/ 老师挥了挥手，走出了教室……

六、"动词重叠式 + 疑问形式谓词性宾语"作为构式进行教学。

明确构式的形式：VV + question。

明确构式的意义：通过 V 的尝试确定 question。

（27）（做出张望的动作）×× 同学来了吗？——老师想要做什么？

目标语句：老师看看 ×× 同学来了没有。

（28）（问一个前排同学）×× 同学今天来了吗？（示意该同学观察整个教室）

目标语句：我看看 ×× 同学来了没有。

（29）（视学生程度给出一个高级别词语）这个词是什么意思？（学生回答"不知道"，示意学生查手机 / 词典等）——那你可以……

目标语句：我查查这个词是什么意思。

（30）如果周末我们去秋游，你们想去哪儿？（学生会有不同意见，或者直

接给出不同的选项）你想去这里，他想去那里，可是我们只能去一个地方，我们去哪儿呢？（示意或者提示同学们进行商量）

　　目标语句：我们商量商量周末去哪儿。

　　动词重叠式的使用具有较多的限制因素，因此在初级阶段的教学中，教师最好能够把控课堂，在使用语境上做好限制，让学生理解并掌握动词重叠所使用的语境，以及不同语境下动词重叠表现出的不同意义。在初期教学中，课堂上尽量避免学生发生偏误，可以通过课下的作业和练习，发现较为集中的偏误再在课堂上集中解决。

　　以上以几种动词重叠式表达的典型意义为例，对课堂讲练进行了探讨，但仍然是举例性质的。首先，动词重叠式所表达的意义并不是截然分开的，而是可能多种形式出现在同一语句之中，只是凸显程度不同。其次，为了方便教学，我们选用的语境、形式以及意义的解释都是典型性的，没有考虑到的方面还很多。最后，讲解和操练要具有针对性，学生程度的不同、使用的教材不同、教师的教学经验等都会影响讲练的进行。总之，合适的才是最好的。

　　总的来说，我们在讲练的过程中，以预测的学生典型偏误为依据，突出教学内容，将动词重叠式的意义和语境做了分类。在讲解上，尽量以例句情境取代理论阐释，在意义的讲解上尽可能指明重点，其余的放在操练中让学生慢慢体悟。动词重叠的意义较多，我们以分类为依据，进行分散讲解，以即时的操练作为巩固和强化手段，降低了语法知识的密度，以让学生及时消化理解。在操练过程中，我们尽量遵循从易到难的原则，从严格限制语境，到设计较为开放的问题，强调多内容、多方面、多层次的讲练。

65.动词重叠式的练习如何设计?

练习是对外汉语教学中的重要环节,和操练不同,这里的练习指的是课堂讲练结束之后的,以强化、巩固学生对知识的掌握为目的的练习。有人说,语言不是"教"会的,而是"练"会的。练习是语言习得的主要途径,具有不可或缺和不可替代的关键地位。

练习一般可以分为三类:机械练习、有意义的练习和交际练习。一般来说,三种练习依次进行,可以达到熟能生巧、交际使用的目的。

65.1 机械练习

机械练习指模仿、重复、替换、扩展等练习项目,目的是在简单情景中加深学生对语法点的理解,并通过高频的反复练习说出正确的句子。

1.重复练习

读词语:

看看、听听、试试、问问、玩玩、休息休息、商量商量、跳跳舞、唱唱歌、点点头、写一写、读一读、念一念、翻一翻

读句子:

(1)我能用用你的手机吗?

(2)你想一想这个字的意思。

(3)他看了看我,没说话。

(4)请介绍介绍你的女朋友。

(5)同学们再把试卷检查检查。

(6)你把地扫扫,我把桌子擦一擦。

(7)他把冬天的衣服晒了晒,收在箱子里。

(8)我看看明天有没有课。

(9)你想想我们一会儿去哪儿玩。

读对话：

（课文里的相应对话，略）

2. 替换练习

单项替换：

（10）A：我<u>试试</u>可以吗？

 B：可以。

（看看、听听、用用、玩玩、穿穿）

多项替换：

（11）

周末		看看书	玩玩手机
下课以后	我一般	唱唱歌	跳跳舞
晚上		聊聊天儿	打打牌
没课的时候		逛逛街	看看电影

（12）

他	抱了抱她	说："我爱你！"
	点点头	离开了教室
	敲了敲门	走了进来
	看了看她	问："你是谁？"

（13）

我	看看	明天有没有课
	想想	下午去哪儿玩
你	试试	这件衣服合不合适
	尝尝	这个菜味道怎么样
我们	商量商量	周末做什么
	讨论讨论	怎么完成小组作业

3. 扩展练习

词语扩展：

读—读读—读读这本书

看— ___ — _____

想— ___ — _____

参观— _____ — _____

句子扩展：

（14）他 _____ ，向我走了过来。

（15）你 _____ ，我手里拿的是什么东西。

（16）平时，他喜欢在家看看书，_____ 。

（17）我有点儿不舒服，我想回宿舍 _____ 。

（18）我不认识这个字，我 _____ 这个字怎么读。

65.2 有意义的练习

有意义的练习如改错、变换、翻译、复述、造句、回答问题等。

1. 改错

（19）我每天晚上写写作业。

（20）请问问西湖怎么走？

（21）毕业以后，我要当当老师。

（22）我想想明天有课。

2. 复述

复述主要是复述课文相关的内容，可以采用分角色等方式，教师可以逐渐增加复述的难度。如：黑板上给出关键句子，让学生复述课文；擦掉部分句子，保留关键词，让学生复述课文；展现和课文相关的图片，让学生复述课文；让学生使用给定的词语和语法复述课文。

3. 造句、回答问题

使用动词重叠式回答问题：

（23）你的朋友找不到手机了，很着急，你会和朋友说什么？

　　　目标语句：别着急，再好好找找。

（24）你的朋友不认识这个字，你也不认识，怎么办？

目标语句：我们去问问老师。/ 我们可以查查字典。

（25）你的朋友想出去租房子，但是不知道租房信息，你有什么建议？

目标语句：让朋友上网查查信息。

（26）你的朋友问你平时有什么爱好，你会怎么回答？

目标语句：我平时喜欢看看电影、上上网。

（27）你在查字典，想知道"饺"字怎么写。你的朋友问你在做什么，你怎么回答？

目标语句：我查查"饺"字怎么写。

65.3 交际练习

交际练习指在模拟的或者真实的交际场景中练习使用学习到的语法点。如："调查一下你的同学周末喜欢做什么。""你和朋友去商场买衣服，编写一段对话。""你和朋友一起商量周末的计划，编写一段对话。"

对于练习的实施，并不是只要按照教材上的练习让学生做就可以了。一方面，教师需要根据学生的具体特点及学生对学习内容的掌握情况，补充一些具有针对性的练习；另一方面，教师可以发挥主观能动性，对于练习的方式、内容等做适当的调整、改造和扩展。

66."V一下"式的教学内容有哪些?

在没有其他说明的情况下,我们所涉及的"V一下"仅指引申表示小量的"V一下₂",而不指表示具体数量的"V一下₁"。在本书第九部分的"62.动词重叠式在对外汉语教学中讲什么?"中,我们考察了动词重叠式的教学内容,其中也涉及了"V一下"式。在教育部和国家语委2021年发布的《等级标准》中,"V一下"式出现在二级语法点中,语法点为"动词+动量补语",在该语法点中,举了两个例句。

(1)我去过一次。

(2)我们休息一下。

此外,就是在时间副词和兼语句的语法点中,作为例句出现。

(3)他才起床,让我们等一下。(语法点:时间副词)

(4)经理叫他介绍一下中国市场情况。(语法点:兼语句)

因为《等级标准》中未对语法内容进行阐述,仅以举例的方式呈现,因此无法了解该语法点的具体释义。但从举例来看,"动词+动量补语"应该同时表现出了具体义和引申义两个意思,后者正是通过"V一下"的例句,即例(2)来表达的。

从教材来看,我们考察了《成功之路》《新实用汉语课本》《发展汉语》《汉语教程》《博雅汉语》《HSK标准教程》等。在这些教材中,"V一下"式均出现在初级阶段,大多为零起点学生在第一个学期需要掌握的语法点,其中《成功之路》和《HSK标准教程》出现在第二个学期的语法点中。和动词重叠式相比较,有的出现在动词重叠式之前,有的出现在动词重叠式之后,但后者占大多数。

从出现的句子上来看,这些教材中出现的"V一下"式主要是表示委婉语气的,大多出现在表示意愿、建议、请求等语气的句子中。如:

(5)马丁:这个星期太累了,我想在宿舍看看电视,休息一下。(《成功

之路》)

（6）丁立波：我问一下。请问，您是我们学院的老师吗？（《新实用汉语课本》)

（7）马丁：我也觉得很累，我们休息一下吧。（《发展汉语》)

（8）秘书：我先介绍一下，这位是王教授。（《汉语教程》)

（9）大卫：我来介绍一下，她叫玛丽，他叫李军。（《博雅汉语》)

（10）我看一下，不是，是送牛奶的。（《HSK 标准教程》)

在语法点的相关阐释中，各教材都没有明确"V 一下$_1$"和"V 一下$_2$"的区别，而是将二者视为同一结构的两种意义。这在对外汉语教材中也无可厚非，即不严格区分同形和多义的现象。但对于"V 一下"来说，有必要强调"V 一下$_1$"的"可计量"意义，即存在"V 两下""V 三下"等结构；同时，也要强调"V 一下$_2$"的"不可计量"意义，即只存在"V 一下"，不存在其他的数量表达。

在语法点的释义中，大部分教材将"V 一下"的意义释为"短时""尝试"，部分教材指出了"V 一下"有缓和语气的作用。此外，只有部分教材将"V 一下"式和动词重叠式关联起来，但都认为两者是相当的，即没有指出两者的差别。

我们认为，在初次接触"V 一下"式和动词重叠式时，将两者大致等同的做法是合理的，因为两者在使用上一致性较强，而两者的差异性则主要是由于动词重叠式的语义要求，这对于初次接触的学生来说，是暂时不需要掌握的。但在后期教学的开展过程中，必须涉及两者的差异。

前期将"V 一下"式和动词重叠式关联并大致等同，也便于在后面的教学中将两者放在一起开展如"意愿义""尝试义""委婉义"的教学，不能带不定指宾语的教学等。在面对离合动词时，也可以将"AAB"式和"A 一下 B"式做统一的说明。另一方面，将两者关联起来，也便于在后面的教学中进行两者差异的比较。

在进行"轻松义"的教学中，我们要明确"V 一下"式是不能进入这一意义中的。我们要明确，这一意义的基础是动作行为的经常性进行或者长时间进行，因此实际上具有"大量"的意义表达，而"V 一下"是不能表达"大量"意义的。如：

（11a）周末的时候，我喜欢听听歌、看看书。

（11b）*周末的时候，我喜欢听一下歌、看一下书。

在进行"现场描述义"的教学中，我们要明确双音节动词是没有"AB了AB"式的，因此双音节动词在和"了"搭配表示"完成"意义时，只能使用"V了一下"式。如：

（12a）他简单地浏览了一下后面的内容，把书放回了原处。

（12b）*他简单地浏览了浏览后面的内容，把书放回了原处。

在"现场描述义"中，如果没有明确的过去时间的表达，而是指当下的时间时，"V了V"和"VV"两种形式通常可以互换，但此时只能使用"V了一下"式，而不能使用"V一下"式。如：

（13a）他摸（了）摸她的手，有点儿凉。

（13b）他摸了一下她的手，有点儿凉。

（13c）*他摸一下她的手，有点儿凉。

"V一下"式和动词重叠式都表示"短时"意义，但动词重叠式表示的是动作行为的持续或反复进行，而"V一下"式则没有这一要求。这种意义上的差异对初级阶段的学生来说可能比较难以理解，但是我们可以先明确趋向动词是不能进入动词重叠式的，而可以进入"V一下"式。因为趋向动词是初级阶段较常进入祈使等语境却又不能进入动词重叠式的动词类别。如：

（14a）请你去一下。/你能过来一下吗？

（14b）*请你去去。/*你能过来过来吗？

以上就是初级阶段"V一下"式的教学内容。总的来说，"V一下"式的教学应该与动词重叠式的教学关联起来，在承认两者大体上具有一致性的基础上，在教学活动的开展过程中进一步辨析两者的差异。主要包括"轻松义"的有无、在现场描述句中的表现差异，以及能够进入重叠式的动词的差异三个方面。

67. 动词重叠与相关格式如何进行教学顺序编排？

在现有的对外汉语教学相关的语法大纲中，动词重叠与相关格式都是作为初级阶段的语法知识点来展示的，并没有进行细致地区分。这也导致在各套教材中，动词重叠式及"V 一下"式，各自作为一个语法知识点出现，而较少将不同形式、不同意义的动词重叠与相关格式分别编排。如动词重叠式的语法知识点讲解在大多数教材中都是一课完成，即使在后续课文中出现的动词重叠式在表义或形式上和前面语法知识点讲解中存在差异，也不会作为新的语法知识点再次进行讲解。这当然与不同阶段的教材往往出自不同的编者有关，因为动词重叠与相关格式在教材中往往为初级阶段的语法点，因此其他级别教材的编者不会考虑该语法知识点的编排。但另一方面的原因则是初级阶段教材的编写者追求每课编排不同的语法知识点，而忽视了动词重叠与相关格式的内部异质性。

动词重叠式的多样性和表意的复杂性决定了动词重叠式不应该也不可能在一个语法知识点中完成讲解，考虑到初级阶段的学情、学力，加上"V 一下"式，应在不少于 4 个语法知识点中讲解动词重叠式。

第一个语法知识点：

形式上：动词重叠的基础形式是"VV"式，其单音节动词的重叠形式是"AA"式，双音节动词重叠的形式是"ABAB"式。

语法功能上：1.动词重叠主要的语法功能是做谓语，一般不能做定语、状语、补语等修饰性成分；2.可以带宾语，构成"VVO"式。

语义、语用功能上：1.动词重叠式的基本语义是"短时反复"，如"跺跺脚""拍拍肩"；2.动词重叠式常常用于祈使等对听话人有一定要求、请求或建议的句子，表示委婉、礼貌的语气；3.除了祈使句以外，动词重叠式还常常用于表示说话人的想法、意愿的句子，带有"尝试"的意味。

这里要注意将动词重叠式的基本语义和使用语境分开，"短时反复"是其基本语义，但进入具体句子时，其表现出来的是语用功能，即将"什么意思"和"怎么用"作为不同层面来阐述。

制约因素上：1.动词重叠式不能被否定，没有"不VV""没VV""别VV"等形式；2.不能针对动词重叠式的宾语进行提问，即没有"VV + Wh"的形式。

在现有教材的语法知识点中，对动词重叠式的讲解往往是从正面进行的，即试图阐述清楚动词重叠是什么，而常常忽略必要的反面阐述，即动词重叠不能是什么。在学习动词重叠式之前，学生已经掌握了汉语中基本的主谓宾句子及相关的否定句和疑问句。因此，我们要站在学生的角度，从正反两个方面去讲解语法知识点，详略得当。如动词带宾语是已知的语法知识点，那么动词重叠式作为动词的一种变化形式，能带宾语就不需要刻意强调；而动词能够受否定副词修饰、能够针对宾语进行提问，但动词重叠式不能，这就需要在教学中予以强调。

语法知识点的讲解要立足于学生已有的知识，因此在使用不同教材时，可能讲授的内容也有所差别。如在大多数教材中，动词重叠的教学是在定语、状语之后的，但是否在补语教学之后，不同教材会有所差别。如果已经进行了补语教学，那应该强调动词重叠式不能再带补语（"看"除外），即没有"VVC"式；如果动词重叠式的教学在先，最好能够在补语教学中提及。

实际上，这一语法知识点的内容过多，可以考虑分成两个语法知识点，比如将语义、语用功能的2和3分开。这里之所以将其作为一个语法知识点，是因为大多数教材都将这两点作为基础的语法知识点，而且"尝试"和"委婉"两种意义也彼此存在纠缠，在语义上很难截然分开（如"我能尝尝吗"），在学习顺序上也难分先后，所以这里作为一个语法知识点中的内容出现。

第二个语法知识点：

形式上：1."A一A"式，在形式上明确了双音节动词重叠式之间不能有"一"，即不存在"AB一AB"式；2."AAB"式，即强调离合动词在进入重叠式时，应该表现出"离"的一面。

语义、语用功能上：1.将"A一A"作为"AA"的正式体，即在使用上差别不大，但在语气上，前者更为正式，而后者更为口语化；2.动词重叠式在惯常语境中表示"轻松""随便"的意义。

制约因素上：在表示"轻松""随意"的意义上，动词重叠式一般不能以单项形式出现，而常常是多项并举的形式。

动词重叠式在惯常语境中表示"轻松""随便"的意义，这与"委婉"意义的差异较大，更适合分为两个语法知识点，这样更便于学生理解和掌握。

第三个语法知识点：

形式上：1."A了A"式，强调双音节动词不存在此类重叠形式，即不存在"AB了AB"式；2.与此同时，强调动词重叠式后不能带"了"，即不存在"VV了"式。

语义、语用功能上："A了A"式作为已然语境中的动词重叠式，具有"现场描述"意义，强调其是在描述动作行为的过程，而不仅仅是表达完成了某一动作行为。

在这一语法知识点的讲解中，重在强调"已然"的语境和"描述"的意义，在形式上可以先限制在"A了A，do sth."上，如："他敲了敲门，说'我可以进来吗'。"

第四个语法知识点主要讲解动词重叠式的主观性和"V一下"式，前者重在梳理归纳前面的三个语法知识点，归纳动词重叠式的主观性特征，以便学生更好地掌握；后者重点阐述"V一下"式和动词重叠式的异同，这在本书第九部分的"65.动词重叠式的练习如何设计"中已有论述，此不赘言。

总之，动词重叠式内部是异质的，其在形式上具有多样性，在使用上具有复杂性，虽然在大纲中作为一个语法点出现，但在实际教学中，分开为宜。而已然、未然、惯常三个语境恰好大致上提供了动词重叠式不同表达功能的分界，主观性和短时反复的"动势小量"意义则大致体现了其相关的制约因素。这既将动词重叠式的不同表现分开表述，又能使之表现出一致性，具有统一的观照。

当然，这里所涉及的内容并不是动词重叠与相关格式的全部，在其后阶段的教学中，尤其是中、高级阶段的教学中，对关涉的动词重叠与相关格式的教学内容仍需展开阐述。如在反问句和条件句中，动词重叠是可以受到否定副词限制的，这显然要在学习到反问句和条件句时才能进行讲解，虽然这最终仍可归为"主观动势小量"的制约之中。

68. 动词重叠与相关格式适合进行语块教学吗？

Becker（1975）最早从语言学角度对"语块"的概念进行了界定，认为"语块"是指以整体形式直接进入语言交际的，不可切分的，作为记忆、储存、输出和使用的固定或半固定的语言结构。其后，中外的学者均从不同领域、不同角度对语块进行了界定，尽管存在细节上的争议，但总的来说，一般认为语块是介于语素和句子之间的，具有预制性的单位。但实际上，大于句子的单位，也同样可以认为是语块，如中国人在学习英语时，面对"How are you?"的表述，往往第一反应是回答"Fine, thank you! And you?"，这就已经超出了"句子"的范围。

其实，从汉语本体来看，我们的研究中始终具有和语块类似的单位，如关联词语、框式结构等。从对外汉语教学来看，语块也是我们教学大纲的内容。如在《等级标准》的"语法等级大纲"中，就有一些"固定表达"的内容，如"从……起""越……越……""不 A 不 B""有的是""……× 是 ×，就是 / 不过……""× 什么（啊）"等等。因此，我们可以说，不管有没有认识到，实际上我们的语块教学是始终存在的。

以语块教学相关的理论为指导，我们可以在教学中扩大固定表达的范围，将一些半固定的结构纳入其中，以更大程度上使用语块来进行教学。这对动词重叠与相关格式的教学有启发意义。

一、动词重叠与相关格式存在词汇化或者类词汇化的情况。

这类结构主要包括"VV""A 一 A""A 了 A""V 一下""VV 看""V 一下看""AAB""A 一下 B"等。

对于"VV"式来说，其自身就是一类较为固化的结构，"V"和"V"之间结合紧密，其中双音节动词组成的"ABAB"式中间不能插入其他成分，而单音节动词重叠后形成的"AA"式也只有"了"和"一"可以插入其中，构成"A了A"和"A一A"两种形式。

对这一类结构来说，可以将一些自身表示轻微动作的词语嵌入其中，组成语块。如"晃一晃""拍一拍""挥挥（手）""摇摇（头）""指了指""伸了伸"等。对于这些动词来说，由于其自身语义的要求，在使用上更多是进入动词重叠式的，因此将其作为语块，整体上进行学习更为合适。

对于"V一下"式来说，其来源是表示动量的"V一下₁"，但是对"V一下₁"来说，"V"和"一下₁"的结合还不是十分紧密。如：

（1）摸一下 / 摸两下 / 摸几下

（2）摸了这块布料一下。

（3）一下怎么能摸出来，多摸几下。

但是，对于"V一下"来说，不存在以上三种变换形式，因此结合得更为紧密，是类词汇化的结构。

对"V一下"来说，可以将一些不能进入动词重叠式的动词嵌入其中，组成语块，如"来一下""进来一下""上去一下""买一下""同意一下"等。

如前文所述，"VV看""V一下看"等结构中的"看"已经虚化为话语标记了，在意义上期待尝试的结果，也属于类词汇化的结构。

对这类结构来说，自身具有较强"尝试义"的动词，适合嵌入其中，作为语块整体展示。如"试试看""想想看""尝一下看""摸一下看"等。

"AAB"和"A一下B"两种形式是离合动词的重叠及相关格式，离合动词在进入重叠及相关格式时，展现出的一般是"离"的一面，因此作为语块做整体展示更为合适，如"散散步""跑跑步""见一下面""帮一下忙"等。

二、动词重叠与相关格式的典型语义、语用功能可以通过框架式语块展示。

动词重叠与相关格式所表示的意义与其使用语境有关，而语境对于初级阶段的外国学生来说，是较难理解的。因此，将语境适当地固化为框架式语块，可以帮助学生更好地理解动词重叠与相关格式。如"能……吗""你可以……""请你……，可以吗""我想……，可以吗""对不起，我得……""你想……吗""让他……吧""咱们……吧""（usualness）leisure time，V_1V_1，V_2V_2……""V 了 V，do sth." 等。

以上框架式语块中，其主要的谓语动词要使用动词重叠或相关格式。这些语块也较好地展现了动词重叠与相关格式所出现的典型语境。

三、"动词重叠式＋疑问形式谓词性宾语"适合作为构式进行语块教学。

如前所述，"动词重叠式＋疑问形式谓词性宾语"可以看作一个构式，虽然有例外的存在，但将其作为一个构式更符合大多数情况的实际，也便于学习者掌握该语法结构，避免出现偏误。

语块教学符合语言交际的特点，也符合语言学习者的习得规律，能够帮助学习者更快地获得目的语语感，是一种值得提倡的教学方法。但是在语块教学中，也要注意分析其合理性。如我们在北京语言大学 HSK 动态作文语料库中检索发现，"看（一）看""想（一）想"出现的偏误比较多。我们在和外国学生的交谈中得知，不少学生是将"我看（一）看""我想（一）想"作为语块来习得的。如当外国学生不能马上回答某个问题时，会习惯性地说"我想（一）想"。这样的习得方式，可能会造成偏误。如：

（4）*我开始想一想，虽然我不及格自己要去的大学，但再一次努力做事的话，肯定会好，会快乐的。

这样看，我们在进行语块教学的时候，要注意语言成分组合成语块的合理性，辨析其特殊性，一方面让学生能够快速掌握，进而产生语感，一方面也要避免给学生带来过度泛化而产生偏误。

69. 动词重叠与相关格式如何设计慕课视频?

"慕课"即"MOOC"或"MOOCs"，意为"Massive Open Online Courses"，即大型开放式网络课程。慕课是 2008 年由加拿大学者提出的，随着互联网的飞速发展，慕课这种高效、便捷、新式的课堂教学模式越来越受到学习者的欢迎，也引发了慕课平台建设的热潮。目前使用较广、影响较大的慕课平台有国内的中国大学 MOOC、学堂在线、好大学在线、华文慕课，国外的 edX、Coursera、Udacity、FutureLearn、OpenupEd 等。由于美国的三大平台都是在 2012 年建成的，因此《纽约时报》也将 2012 年定义为"慕课元年"。

而随着全世界"汉语热"的不断升温，为满足世界各地汉语学习者的需求，对外汉语教学相关慕课也在不断建设之中。目前在国内外各大慕课平台上，已经有数十门对外汉语相关课程上线，涉及语言、商务、文化等多个方面。中外语言交流合作中心也打造了专门的对外汉语数字化云服务平台——中文联盟，并于 2020 年 3 月正式上线，这其中就包括了慕课服务。

慕课视频课程的制作是慕课的重要组成部分。一般来说，与传统课程 45 分钟一节课不同，慕课课程的时间长度比较灵活，从几分钟到几十分钟都有可能。而从慕课课程的现状来看，以"微视频"的方式进行课程制作是较为常见的，即"微课"（微型视频课程）的形式。

微课一般要求时长为 5～8 分钟，最长也要在 10 分钟以内完成一个知识点的讲解，并以微视频的形式呈现出来，其并不是传统课程教学片段的截取，而是自身就是一个完整的教学环节。微课短小的形式能够满足学习者利用"碎片化"时间来进行学习的要求，这也是互联网学习的特点之一。动词重叠与相关格式作为汉语语法知识点，同样适用于此种形式；但从另一方面看，动词重叠与相关格式内部是异质的，表现形式多样，使用语境复杂，因此不能通过一次微课解决所有问题。根据认知超负荷理论，微课的一个重要要求就是减少不必要的外部认知负荷，将学习内容所要求的认知负荷量和注意力集中时间控制在学习者能够承受的范围内，这就要求一次微课必须紧密地围绕一个主题来完成。我们认为，鉴于微课视频的时间限制，每个视频以一个形式、一个意义、一个语境为宜。

郑艳群、袁萍（2019）认为，对于语法教学的结构和过程，学界主要认为包括四个构件，即 I（introduction）表示"导入"、E（explanation）表示"讲解"、P（practice）表示"练习、操练"、S（summary）表示"总结、归纳"。那么作为语法教学的微课，通常也包含这样四个教学环节，即 I—E—P—S，但在实际教学活动中，各个环节的界限可能并不是十分清晰的，尤其是 E 和 P 这两个环节。

1. 导入

关于课程的导入，我们在本书第九部分的"62.动词重叠式在对外汉语教学中讲什么？"中已有相应的阐述。在微课视频中，要注意导入的开门见山，紧扣主题，注意时长的控制。如在使用《幸福拍手歌》作为导入材料时，应注意截取的时长。

微课视频主要是单向输出的教学，因此在涉及互动环节时要注意把握尺度，不能选择需要学习者过多参与的互动形式。如在展示"拍拍手"时，只能由教师带领，而不能由学生展示。

微课的优势在于多媒体的使用，因此我们要充分利用各种多媒体材料。如在设置情景时，不能由教师通过口头语言展示，而应该通过视频、动画等方式呈现。如设置请求帮助的情景时，可以通过视频、GIF 动图等方式呈现。如一张 GIF 动图（一位老师手里捧着很多书，走向教室），可以借此引出"你能帮帮我吗""你能帮我拿一下吗"等语句。

在导入环节，需要精准地抓住语法点的特征进行展示，要能够快速地抓住学习者的眼球。从时长上看，导入环节占比一般不应超过 15%。

因此，在导入环节中，我们要清楚微课视频的优缺点，注意扬长避短。如游戏、实物、听写、故事、笑话、阅读、卡片配对、话题讨论等方式，或者受时长限制，或者受互动限制，不适合在微课视频中作为导入方式；而多媒体导入，包括视频、歌曲、动画、图片等则更适合作为微课视频的导入方式。

2. 讲解—操练

讲解一般采用先演绎再归纳的方式。在导入的基础上，通过设置情境，向学习者抛出问题，激发学习者的学习兴趣，并进行演绎归纳。在演绎过程中，应注意使用贴近学习者日常的、简单而易理解的例句，例句要典型，能够反映语法点的特点，从易到难进行演绎，演绎过程中注意教师用语的简洁。

在讲解的过程中，要注意形式化的展示方式，注意结合语块理论，如展示"VV"式以及"你能……吗""请你……，可以吗""咱们……吧"等语块，并通过多媒体手段展现出相关句子，如通过真人对话、场景模拟等。之后再将其归纳为祈使（要求、请求、建议）语境，进而完成讲解。

精讲多练是对外汉语课堂的重要原则，实际上，讲解的环节也是融合着操练的，教师纯语言的单向讲解仍是越凝练越好。因此，讲解实际上是一种"讲练结合"的形式，在时长上可占比 50% 左右，如果是纯讲解的环节，那么占比要大幅度降低。

3. 练习

这里的"练习"指的是"讲解"之后的熟练性和巩固性练习。这里既要包括嵌入式的机械练习，如重复、替换、扩展、选择等，也要包括模拟真实交际场景的交际性练习。前者容易展示，而后者由于微课课堂缺少互动，因此对于如何巧妙地展示需要更多思考。

当然，交际性练习主要还是通过运用视频创设情境的手段来完成，真人实拍其实是较好的模拟手段，其情境真实、创设简单、要素可控。如拍摄如下视频并进行练习：

（1）视频中甲在找东西，乙走了过来。

乙：你怎么了？

甲：我的手机找不到了。

乙：别着急，＿＿＿＿＿＿＿。

视频暂停，教师提问："他应该说什么？"

（2）视频中，顾客在逛商场，看到一件衣服，拿起来在身上比量。这时，服务员走了过来。

顾客：你好，＿＿＿＿＿＿。

视频暂停，教师提问："她要说什么？"

在练习环节，要注意练习方式的丰富性和难度的递增性，机械练习和交际性练习都要具备，练习例句的数量也要有一定的保证，句子内容要尽量贴近学生生活。

由于这里的练习环节是在讲练之后的巩固性练习，因此在时长上占比 30% 较为合适。

4. 总结

在总结环节，主要有两个任务：一是总结本课的知识点，这基本上是讲解环节中归纳部分的复现；二是要回顾课程的导入环节，做到首尾呼应。总结环节虽然较为简短，但不可或缺，也不可简单用"我们今天学习了……"这样的句子一笔带过，而是要有一定总结深度。

从一堂完整的课程来看，总结环节还应包括作业。但对于慕课来说，作业并不必须在微课视频中出现，而可以以其他形式出现在慕课中。但在总结环节中，最好能够提醒一下学生，或对作业进行简要说明，或提出要求。

一个微课视频在时间上是比较简短的，但是内容要集中，制作也要耗费大量的时间。除了教学环节完整、知识讲解透彻外，作为以视频为载体的资源，还要求视频中出现的图像、文字等清晰、美观，排版合理，远近景切换流畅，视觉效果生动活泼等。此外，还要求准确地添加字幕。由于动词重叠与相关格式为初级阶段的语法知识，在《等级标准》中为二级语法点，所以在视频中出现的文字，如例句等，并不需要标注拼音，但字幕最好是中英文对照的（或学习者母语文字）的。

教学交互指学习者与远程教育的多种资源之间的相互交流和作用。对于远程网络教育来说，互动性是最被关注的。而随着科学技术的进步，远程网络教育的互动性正在逐步提升。对于一次完整的慕课教学来说，师生与平台、学习者与教学内容、学习者与学习者、学习者与教学者之间的互动都是不可缺少的。

因此，微课视频只是一次完整慕课教学的一部分。一次完整的慕课教学，除了观看微课视频以外，还需要学习者在慕课平台上完成相应的作业和考试，并且在课程讨论区中，与教师和其他学习者进行互动交流等。

70. 动词重叠与相关格式的翻转课堂如何进行？

翻转课堂起源于美国，是随着"互联网＋教育"和慕课的发展而兴起的一种新的教育形态，也称为"反转课堂"或"颠倒课堂"，译自"Flipped Classroom"或"Inverted Classroom"。这一教学模式主要围绕在线自主学习和班级课堂学习两个环境展开，前者是学习者通过在线学习进行知识输入储备的过程，后者是在信息技术引领下，学习者转回课堂，完成知识再造、内化和输出的过程。整个教学过程将传统的"课上授课，课下内化"变为"课下授课，课上内化"，因此被称为"翻转课堂"。

翻转课堂的优势是实现了教、学、练时间的重新分配，将学习者知识学习的过程放在课下，不再占用课堂时间，课堂时间全部用于教学者教和学习者练两个活动。这样，在教学过程中解决了教学者讲解、操练相互侵占时长，导致教学时间内无法完成教学目的的问题，使学习者对语言知识进行操练的时间加长，更好地体现了对外汉语教学中精讲多练的原则。

而翻转课堂的不足之处则是学习者对知识的学习是在课下时间完成的，这对教学者来说，增加了不可控因素，更多地要依赖学习者的学习主动性。因此，课堂教学中，要能够体现并检验学习者的自学效果，以督促学习者自觉地完成知识学习。

翻转课堂的教学模式包括在线自主学习和班级课堂学习两个环境，前者一般是通过微课视频或慕课的形式完成，这在本书第九部分的"69.动词重叠及相关格式如何设计慕课视频？"中已有阐述，此不赘言。这里，我们主要讨论动词重叠与相关格式在翻转课堂中的班级课堂学习环境的教学。

沈庶英（2019）将翻转课堂的教学模式分为"三步十环节"，即包括"聚心、放手、收口"三大步骤和"进入教学、自学反馈、探究引导、任务单讨论、微项目讨论、实践汇报、互动点评、课堂反思、本课总结、布置任务"十个课堂组织环节构成。这十个环节囊括了一个翻转课堂教学的各个环节，可以作为翻转课堂教学的参照。当然，这并不是说一个完整的翻转课堂教学必须包含这十个环节，教学者需要根据不同的教学内容做出相应的取舍。以下，我们从这十个环节来探讨动词重叠与相关格式在翻转课堂中的班级课堂学习环境的教学，其中部分环节与沈庶英（2019）存在差异。

1. 进入教学

进入教学环节的主要目的是让学生做好上课的各项准备，集中注意力，进入学习情境。一般通过简单的点名、问候、询问学习情况等方式完成。这与常规教学活动的进入教学环节没有什么差异。

2. 自学反馈

这是教师了解学生在课下自学的情况的环节，这一环节主要是对微课视频或慕课内容的重复，如可以利用微课视频中的练习、慕课中的课后测试等内容，检验学生的掌握程度。

此外，还需要设计"换汤不换药"式的、难度相当的练习，以检验学生的学习效果，了解学生知识的掌握程度和困惑所在。

3. 探究引导

严格来讲，探究引导是一种方式，而不仅仅是一个环节。沈庶英（2019）也认为："此环节不是一次完成，而是穿插于课堂教学始终。"

作为一个环节，探究引导要针对反馈环节中了解到学生学习的不足和困惑，做进一步的引导，通过演绎—归纳的方式，让学生探究问题的答案。如学生对"短时""反复"的"小量"意义把握不准，可以通过让学生做"摆摆手""摇摇头"的动作来加深理解，并用夸张的动作表示出其"短时""反复"的意义。"动一下手是摆摆手吗？""转一下头是摇摇头吗？""摆摆手可以一直摆下去吗？""摇摇头可以一直摇下去吗？"通过对夸张动作的解读，让学生自己归纳并内化"短时""反复"的意义。

再如学生在探究祈使语境中的"委婉"意义时，我们可以强调祈使的本质就是希望对方发出某一动作行为。如"你得去看看医生""我们一起商量商量吧"是直接要求或邀请对方进行"看""商量"的动作行为；"我想看看你的手机""我能试试吗"是希望对方发出"同意"的动作行为……通过演绎，让学生归纳出委婉就是因为说话人的话语影响到了听话人，所以需要降低语势的表达方式。

探究引导不仅仅是一个环节，更是一种教学方式，如在后面 7、8、9 三个环节中，仍然要使用探究引导的方式。

4. 任务单讨论

任务单实际上就是学习者需要完成的学习目标。对单一的语法点教学来说，学习目标是比较简单的，无非是理解和使用，完全可以通过自学反馈来完成这一环节。但完整的课程教学涉及课文的听、说、读、写等各个方面，完全通过自学反馈来了解学生的自学情况就显得有所不足。通过任务单讨论这一环节，可以更明确学生的体会、收获及困惑。

5. 微项目展示

这里的"微项目"指的是短小的任务型交际项目，可以分解课文的内容，也可以利用慕课中短小的视频，将总的学习目标拆分成各个微项目。如"求助""购物""建议""商量""请求"等。学生通过微项目来展示自己的学习成果。

6. 实践汇报

在课下的在线自主学习环节中，教师可以布置一些实践任务，如一次真实的购物体验等。实践汇报环节就是学生根据自己的实践经历，向全班同学汇报、展示自己的实践成果。汇报可以通过表演、讲故事、写作文等多种方式进行，要体现对本课知识的综合运用。

7. 互动点评

以从生生互动到师生互动的形式对每组的实践汇报成果进行点评，重在评价学生是否完成了本课的教学目标。

8. 课堂反思

针对评价进行反思，对原有的实践方案进行提升设计，介绍自己的改进计划，阐述自己新的实践方案。

9. 本课总结

引导学生通过探究的方式归纳并总结本课的知识，如果时间充裕，可以通过思维导图等形式展现。

10. 新课布置

布置下一阶段的学习任务，发放新任务单，阐明学习要求和建议。

在翻转课堂的教学环节中，教师要始终作为教学的主导，掌控着课堂教学的进行，引导学生去发现问题、探究问题、解决问题。而学生则是学习的主体，教师只能引导学生，而不能代替学生，即让学生主动去发现和探索，而不是直接从教师这里获取答案。

翻转课堂可以与慕课教学相互补充，形成线上线下混合式教学模式。这种新型的教学模式可以有效弥补慕课教学的不足，使虚拟的网络学习与面对面地师生交流融合起来，拉近语言学习与语言运用之间的距离。

71.如何进行动词重叠的教案设计?

动词重叠式在意义和用法上都比较复杂,和其他语法点存在诸多的交叉关系,同时也涉及不同水平等级的汉语学习者,因此这里无法一一具现动词重叠的所有意义和用法,仅对其基础的意义和用法进行展示。

另外,语法教学一般是综合课教学的一部分,因此动词重叠式的教学设计还应与生词、课文等相结合,我们这里仅展示语法教学部分,不涉及生词与课文等环节。

一、教学内容。

学习语法点:动词重叠。

二、教学目标。

1.掌握动词重叠的形式:AA、ABAB、AAB。

2.掌握动词重叠的基本语法意义:"动势小量",短暂地重复或持续。

3.掌握动词重叠的基本语用功能:用于对他人产生语言影响度时舒缓语气,即表达委婉语气。

4.掌握动词重叠的主要语法功能:做谓语。

5.掌握动词重叠的主要制约因素:语义上的可重复、可持续性,不能受"一直"等词语的修饰,不能受否定副词修饰,不能针对宾语进行提问。

三、教学重点。

1.动词重叠的形式。

2.动词重叠的基本语法意义与语法功能。

3.动词重叠的委婉语用功能。

4.动词重叠的主要制约因素。

四、教学环节。

组织教学→检查复习、预习情况→导入→讲练→总结→练习→作业。

五、教具。

1. 常规教具。

2. 多媒体（视频、图片、PPT）。

3. 彩色粉笔。

4. 激光笔。

六、教学步骤。

动词重叠式的教学步骤见表 71-1。

表 71-1　动词重叠式的教学步骤

教学内容	教学行为	教学说明
组织教学	问候，点名（和每名学生有目光交流）	传递上课信息，集中学生注意力
检查复习、预习情况	听写生词，学生复述课文，教师讲评	检验前一次课的掌握情况及本次课的预习情况
导入新课	同学们，我们来听一首歌，这首歌中国人都会唱，这个音乐你们应该也听过，听的时候注意一下，歌里让我们做什么（播放视频《幸福拍手歌》）	学生们熟悉的歌曲更能引起学生的兴趣，让学生带着问题欣赏音乐
动词重叠式的基本意义："短时小量"	◆我们来回答刚才的问题：歌里让我们做什么？（无论学生回答对错，多问几个学生） ◆展示视频截图，和学生一起明确"拍拍手""跺跺脚""拍拍肩"三个动作，并板书 ◆再次播放视频，并让学生一边观看视频，一边跟随视频的指令做相应的动作 ◆让三名左右的同学站在教室前面，根据教师展示的截图（或语音）做出相应的动作，其他同学观察这几名同学的动作是否正确 ◆根据板书总结动词重叠的形式 板书：VV 提问："拍拍手""跺跺脚""拍拍肩"和"拍手""跺脚""拍肩"有什么区别？（学生可能会回答"拍手"是拍一下，"拍拍手"是拍两下） ◆展示截图，教师做动作。如展示"拍手"时，教师快速拍三下手，然后询问学生自己的动作是否正确；教师不停地拍手，然后询问学生自己的动作是否正确 ◆明确动词重叠式表示的是一个短时反复的模糊的小量	将"拍拍手"等动作和相应的视频画面建立联系 让学生体会到动词重叠不能是一次性的瞬间动作

续表

教学内容	教学行为	教学说明
动词重叠式的基本意义："短时小量"	◆随机点学生，按照歌曲"如果感到幸福你就……"的指示来做动作。教师演示两组后，可以让学生来唱歌指示 ◆设置语境：刚才有人问了老师一个很难的问题，嗯——怎么回答呢？（做思考状，如手托腮、手扶额等，并通过换手来表现"想"的反复性） 提问："这个问题有点儿难，老师得……" 目标语句：老师得想想 / 老师得想想这个问题 ◆ "想"，我们用更正式、更书面的词来说，是什么呢？（依据学生程度选择合适的双音节动词） 给出词语"思考"。 提问：刚才的句子，我们用这个词，可以怎么说？ 目标语句：老师得思考思考 / 老师得思考思考这个问题 ◆继续刚才的板书，将"VV"明确为单音节的"AA"和双音节的"ABAB" 板书：VV—AA、ABAB	注意让高水平的学生引导水平较低的学生完成 初级阶段的学生，没必要理解"反复"和"持续"的差别，也不好表述，教师可以归为一种情况。这里用动作表现出了"想"的"反复"意义，其他类似的动词也可以这样表现。如"看"可以做出"打量""左顾右盼"这样的动作来表现"反复"意义
"短时小量"意义的操练	教师可以做出动作行为的演示，并突出其短时、反复的特点，让学生进行表述。 拍：拍拍手、拍拍肩、拍拍头、拍拍桌子 敲：敲敲门、敲敲墙、敲敲窗户、敲敲桌子、敲敲头 看：看看外面、看看走廊、看看某人、看看桌子	这里主要让学生体会动词重叠的"短时小量"意义，重在重叠的结构，没有必要给出句子格式。在演示中，要突出短时、反复的动作行为特点
离合动词的重叠形式"AAB"	◆继续用演示法操练 "吃完晚饭，我喜欢……"（做散步状） 目标语句：散散步 （1）学生可能回答"走走"，这也是正确的，可以进一步通过动作和语言提示："我这样随便地走，有一个词，怎么说？" （2）学生可能回答"散步散步"，则正好提供了典型偏误的例子。 明确离合动词的重叠形式。 板书：AAB ◆语境设置："周末，我喜欢去这个商场看看，去那个商场看看。那周末，我喜欢做什么？" 目标语句：逛逛街 ◆语境设置："我想让我的身体更健康，所以我每天晚上都……"（做跑步的动作） 目标语句：跑跑步	将离合动词的重叠形式说成"ABAB"，是刚接触动词重叠的学生必然会出现的偏误。这里可以视情况讲解，如笔者喜欢将离合动词和"VO"式建立联系，那么这里就可以将"AAB"式和"VVO"式建立联系

教学内容	教学行为	教学说明
动词重叠的委婉功能	◆动词重叠的基本意义是"短时小量",在使用中常常表示祈使语气的弱,起到舒缓语气的作用。在祈使句中使用动词重叠,会显得更"礼貌"。 板书:often mood / more polite 或者说,在希望别人做某事或者希望别人允许自己做某事时,一般要使用动词重叠式 板书:(1)ask sb. to do sth. 　　　(2)ask sb. to allow me to do sth. ◆语境设置:展示图片(一位教师手里捧着很多书,头上有汗) "你们看,老师拿了很多书。现在,老师需要你帮忙,老师应该怎么说?"(可以给出提示:Can you help me?) 目标语句:你能帮帮我吗? 板书:你能帮帮我吗? "能不能说:'你能帮我拿拿书吗?'" "不能。为什么?" (通过已有的板书引导学生注意动词重叠的基本意义:"短时"和"反复") 提问:"'拿'能不能反复?"(做捧书状,左右摇摆,示意无论左摇右摆,都是一样的"拿"的动作) 在板书上画线强调,动词重叠要表示"反复"意义 板书:×你能帮我拿拿吗? ◆"老师说'你能帮帮我吗?',你应该怎么回答?" (这里的主要目的是引出错误句:"我可以帮帮你。") "这里不用动词重叠,我们说'我可以帮你'就行了。为什么呢?" 通过板书的引导告诉学生,这里既不是 ask sb. to do sth.,也不是 ask sb. to allow me to do sth.。所以不需要使用动词重叠式,提醒学生注意使用条件 ◆语境设置:"他的手机找不到了,我觉得他的手机可能在他的书包里,我应该对他说什么?" 目标语句:你可以 / 应该看看你的书包 板书:你可以 / 应该看看你的书包 指出这是一个建议,符合(1)ask sb. to do sth.	这里将委婉功能的动词重叠式的使用语境概括在"希望别人做某事"和"希望别人允许自己做某事"两种情况中,这也是动词重叠的委婉功能使用的典型语境 "拿很多书"仅仅通过演示法很难全面展示,因此借助图片更好 这里将"你能 VV 吗?"作为一个语块进行教学 提示学生不能忘记动词重叠的基本语义,也是动词重叠的语义制约因素 既要告诉学生什么时候用,又要告诉学生什么时候不用 将"你可以 / 应该 VV"作为一个语块

教学内容	教学行为	教学说明
动词重叠的委婉功能	◆语境设置："如果老师问了一个问题，有点儿难，老师让你回答，你会说什么？" 目标语句：让我想想 板书：让我想想 指出这是一个请求，符合（2）ask sb. to allow me to do sth. ◆语境设置："可是，这个问题很难，老师问'你想好了吗？'，但你还是没想好。你应该说什么？" 目标语句：让我再想想 "能不能说'让我一直想想'？" "不能。为什么呢？" 通过之前的板书，引导学生注意动词重叠的"短时"特征，而"一直"和"短时"是矛盾的，所以"一直"不能修饰动词重叠式 板书：× 让我一直想想	将"让我（们）/他（们）VV"作为一个语块
动词重叠委婉功能的操练	◆语境设置："如果你有一只小猫，你要出去旅游，你希望你的中国朋友可以帮忙照顾它，你应该对你的中国朋友说什么？" 目标语句：你能帮我照顾照顾小猫吗？ 在完成每个目标语句后，都带领学生齐读 ◆语境设置："妈妈觉得你的房间太乱了。她会和你说什么？" 目标语句：你能整理整理房间吗？ ◆语境设置："你的电脑坏了，你知道你的朋友会修电脑，你应该说什么？" 目标语句：你能帮我修修电脑吗？ ◆语境设置："我的后背不舒服，我想请我的同屋帮我……（做拍打后背的动作），我应该怎么说？" 目标语句：你能帮我拍拍后背吗？ ◆语境设置："老师知道一个很好笑的笑话，你们想不想听？想听呀，那你们应该说什么？" 目标语句：老师，你能说说 / 讲讲这个笑话吗？ ◆语境设置："你在房间很无聊，想和同屋聊天儿，你应该说什么？" 目标语句：你能和我聊聊天儿吗？ ◆语境设置："老师下班回家，觉得自己心情很不好，老师应该怎么办？你有没有什么好的建议？" 目标语句：你可以听听音乐 / 你应该看看书 / 你可以看看电视…… 目标语句：略 ◆语境设置："你的朋友失恋了，你对他有什么建议？"	这里主要针对前面提到的三个语块进行操练，由于只是举例性质，所以无法表现所有的语块形式。在具体教学中，对语块的选择可以结合课文中的实际情况。如比较常见的"我们 VV 吧"这里就没有涉及 此处的两个问题都是开放式的，学生按照语块给出相应的建议即可

续表

教学内容	教学行为	教学说明
动词重叠委婉功能的操练	目标语句：略 "老师觉得，他应该多认识认识新朋友。" ◆语境设置："我们班去春游，他说想去西湖，她说想去西溪，我们只能去一个地方呀！怎么办？" 目标语句：让我们商量商量 ◆语境设置："他问你一个汉字，可是你也不认识，你会怎么办？" 目标语句：让我们问问老师／让我们查查字典 ◆语境设置："你和你的朋友一起来找老师，老师不认识你的朋友，问你：'这是谁？'你应该说什么？" 目标语句：让我介绍介绍，他是…… ◆语境设置："你的朋友昨天没来上课，所以他想看你的笔记，可是你的笔记很多，不知道哪个是昨天的，你会说什么？" 目标语句：让我找找昨天的笔记	在设置语境后，学生回答问题有所迟疑时，教师可以用板书的内容提示学生应该使用哪一个语块来回答 目标语句中的动词重叠要包括"AA""ABAB""AAB"等形式
动词重叠式的制约因素	◆语境设置："你在学习，可是你的同屋在聊天儿，你想让他们停止，你要说什么？" 这里希望引出典型的偏误句"你别聊聊天儿" 强调动词重叠式不能受否定副词的修饰 板书：×不／没／别＋VV ◆语境设置："刚才你们让老师讲讲笑话是吗？可是现在我们要上课了，所以不行。老师应该说什么？" 目标语句：老师不讲笑话 通过板书强调不能说："老师不讲讲笑话。" ◆语境设置："昨天他心情不好，我让他听听音乐。今天我问他怎么样？他说……"（做摇头状，示意没听音乐） 目标语句：他没听音乐 通过板书强调不能说："他没听听音乐。" ◆语境设置："你们让老师讲讲笑话，如果你们想知道是什么笑话，应该怎么问？" 这里希望引出典型的偏误句"老师讲讲什么笑话" 强调动词重叠式不能针对宾语提问 板书：×VV＋Wh ◆语境设置："你让你的朋友听听歌，他不知道是哪一首歌，应该怎么问？" 目标语句：我应该听哪一首歌？ 通过板书强调不能说："我应该听听哪一首歌？" ◆语境设置："他失恋了，老师觉得他应该认识认识新朋友，他想问老师'谁'，应该怎么问？" 目标语句：我应该认识谁？ 通过板书强调不能说："我应该认识认识谁。"	这里的语境设置大多和之前的操练有所呼应，更便于学生通过、比较感知到动词重叠式所受到的制约 可以通过彩色粉笔画线、激光笔指示、手敲黑板相应部位等方式强调板书。让学生在板书和错误之间建立联系，明白错误所在

教学内容	教学行为	教学说明
总结知识点	结合板书，总结知识点： 1. 动词重叠的形式：VV—AA、ABAB、AAB 2. 动词重叠的基本意义是表示"短时""反复" 3. 用在祈使语气的句子中，使语气委婉、礼貌 　主要出现的语境是： （1）ask sb. to do sth. （2）ask sb. to allow me to do sth. 　主要出现的构式是： （1）Can you...（你能 VV 吗？） （2）You should...（你可以 / 应该 VV） （3）Let me / us...（让我 / 我们 VV） 4. 受到的制约是： （1）动词要具有"反复"意义 （2）不能受"一直"等与"短时"意义矛盾的词语修饰 （3）不受否定副词修饰 （4）不能针对宾语进行提问	结合板书回顾、总结知识点，注意语言简洁，言简意赅 典型的句子可以让学生齐读
完成练习	略 这里主要指完成教材上的相应练习，如无教材，可参见本书第九部分的"65.动词重叠式的练习如何设计？"的相关内容	
布置作业	1. 完成教材的配套作业 2. 向三名同学询问他们在学习、生活中遇到的困难，并给出建议。做好文字记录，下次课上汇报	如《成功之路》等教材是有相应的"作业页"（worksheet）的 视学生程度完成交际任务作业

七、板书设计。

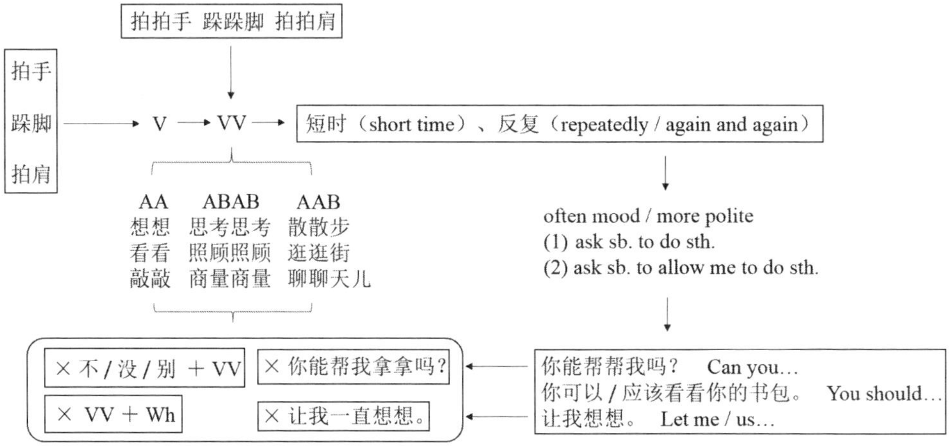

图 72-1 动词重叠式教学的板书设计

如前所述，这一教案设计只是举例设计，主要涉及动词重叠式的第一个知识点（不包括"尝试"意义），且没有依据教材。在实际教学中，应根据相应教材内容进行设计，这里可供参考，以抛砖引玉。

参考文献

常敬宇（1983）谈动词的重叠，载王振昆、谢文庆、刘振铎编《语言学资料选编 上册》，北京：中央广播电视大学出版社。

陈光（2000）现代汉语双音动词和双音形容词的特别重叠式，载中国语文杂志社编《语法研究和探索（九）》，北京：商务印书馆。

陈立民（2005）论动词重叠的语法意义，《中国语文》第 2 期。

陈平（1988）论现代汉语时间系统的三元结构，《中国语文》第 6 期。

陈前瑞（2001a）动词重叠的情状特征及其体的地位，《语言教学与研究》第 4 期。

陈前瑞（2001b）汉语反复体的考察，载中国语文杂志社编《语法研究和探索（十一）》，北京：商务印书馆。

陈前瑞（2003）《汉语体貌系统研究》，华中师范大学博士学位论文。

陈颖、陈一（2014）"VV 看"的再考察，《语文教学通讯·D 刊》（学术刊）第 8 期。

储泽祥（1994）交融中的 VVA 叠动动结式，载陈恩泉主编《汉语双方言（三）》，香港：汉学出版社。

储泽祥（2000）单音动词的叠结现象，载中国语文杂志社编《语法研究和探索（九）》，北京：商务印书馆。

崔懋知（2015）《现代汉语单音节动词重叠研究》，上海：学林出版社。

崔山佳（2003）近代汉语中的"VVA"和"V 一 VA"，《语言研究》第 4 期。

崔应贤（2011）《汉语动词重叠的历史考察》，北京：光明日报出版社。

戴浩一（1988）时间顺序和汉语的语序，黄河译，《国外语言学》第 1 期。

戴雪梅（1989）论现代汉语动词重叠的形式，《北京师范学院学报》（社会科学版）第 3 期。

戴雪梅（2000）论动词重叠的语法意义及其表达功能，《首都师范大学学报》（社会科学版）S3 期。

戴耀晶（1997）《现代汉语时体系统研究》，杭州：浙江教育出版社。

邓川林（2021）动词重叠的使用模式与表义机制研究，《汉语学习》第 3 期。

邓梦林（2020）现代汉语动词重叠研究述评，《湖南人文科技学院学报》第 2 期。

范方莲（1964）试论所谓"动词重叠"，《中国语文》第 4 期。

方梅（2000）自然口语中弱化连词的话语标记功能，《中国语文》第 5 期。

方英（2020）《基于语料库的现代汉语单音节动词重叠 VV 构式语义限制的实证研究》，上海外国语大学博士学位论文。

福井启子（2004）《"'少量'意义表达"的礼貌功能——从"politeness"角度看现代汉语礼貌语言》，吉林大学硕士学位论文。

甘智林（2004）"V＋一下₂"格式的语法意义，《湖南文理学院学报》（社会科学版）第 5 期。

甘智林（2005）非自主动词也可以进入"V＋一下₂"格式，《汉语学报》第 2 期。

高名凯（1948）《汉语语法论》，上海：开明书店。

龚继华（1981）谈谈动词和形容词的重叠，《天津师院学报》第 1 期。

龚千炎（1995）《汉语的时相时制时态》，北京：商务印书馆。

顾嘉祖、王静（2004）语言既是任意的　又是非任意的——试论语言符号任意性与象似性的互补关系，《外语与外语教学》第 6 期。

郭锐（1993）汉语动词的过程结构，《中国语文》第 6 期。

国家对外汉语教学领导小组办公室汉语水平考试部（1996）《汉语水平等级标准与语法等级大纲》，北京：高等教育出版社。

何融（1962）略论汉语动词的重迭法，《中山大学学报》（社会科学）第 1 期。

何伟、张嘉越（2020）汉语动词重叠式之系统功能视角研究，《汉语学习》第 2 期。

何艳辉（2006）论动词重叠的形式，《平原大学学报》第 2 期。

贺卫国（2006）动词重叠能否与数量补语同现，《汉语学报》第 2 期。

贺阳（1994）汉语完句成分试探，《语言教学与研究》第 4 期。

胡孝斌（1997）试论动词重叠"VV"式与动词"V一下"式的差异，《汉语学习》第 2 期。

胡孝斌（2008）语法化和词汇化的共同作用——谈 VV 的句法性质，《语言教学与研究》第 4 期。

华玉明（2002）汉语重叠理据（二）——重叠的制约因素，《邵阳学院学报》第 S1 期。

华紫武、任丹丹（2007）动词的间隔重叠式"V 了 V"结构的多层面分析，《宿州学院学报》第 1 期。

黄绮（2019）汉语动词重叠的认知研究，《湖北经济学院学报》（人文社会科学版）第 6 期。

蒋湘平（2012）对"V一下₂"格式的语用考察，《汉语学习》第 4 期。

蒋湘平（2015）"VV"和"V一下"的语义及句法差异，《汉语学习》第 4 期。

蒋湘平（2021）从事件角度看"可重叠动词原型范畴"，《湖南科技学院学报》第 6 期。

匡腊英、杨怀源（2016）摹状重叠与非摹状重叠——试论动词重叠的功能类别，《重庆三峡学院学报》第 2 期。

黎锦熙（1924）《新著国语文法》，上海：商务印书馆。

黎锦熙、刘世儒（1957）《汉语语法十八课》，北京：商务印书馆。

黎锦熙、刘世儒（1962）《汉语语法教材》，北京：商务印书馆。

李秉震（2020）疫情带给汉语国际教育事业的新思考和新机遇，《语言教学与研究》第 4 期。

李冬梅（2019）汉语动词重叠句的及物性分析，《语文学刊》第 3 期。

李晋霞（1999）动词 AABB 重叠式探讨，《河南师范大学学报》（哲学社会科学版）第 3 期。

李婧（2016）《现代汉语多层补语研究》，上海师范大学硕士学位论文。

李敬国（1996）现代汉语不能重叠的动词的考察,《兰州学刊》第 5 期。

李人鉴（1964）关于动词重叠,《中国语文》第 4 期。

李如龙（1996）《动词的体》前言,载张双庆主编《中国东南部方言比较研究丛书　第二辑:动词的体》,香港:香港中文大学中国文化研究所吴多泰中国语文研究中心。

李珊（1993）双音动词重叠式 ABAB 功能初探,《语文研究》第 3 期。

李珊（2003）《动词重叠式研究》,北京:语文出版社。

李卫芳（2019）VP 的有界性及其体意义贡献——从动词重叠和动词结果补语成分的体地位谈起,《语言教学与研究》第 2 期。

李文浩（2007）动词重叠式的源流,《汉语学报》第 4 期。

李文浩（2009）"动$_叠$＋补"结构及其相关问题的历史考察,《汉语学习》第 1 期。

李文浩（2010）与"动$_叠$＋补"组合相关的若干类型学参项,《汉语学习》第 4 期。

李宇凤（2016a）动词重叠 VV 式的已然表达问题,《电子科技大学学报》（社科版）第 1 期。

李宇凤（2016b）祈使与陈述:动词重叠的差异表现,《语言教学与研究》第 6 期。

李宇明（1985）说"VP 看",《汉语学习》第 6 期。

李宇明（1996）论词语重叠的意义,《世界汉语教学》第 1 期。

李宇明（1998）动词重叠的若干句法问题,《中国语文》第 2 期。

李宇明（2000）《汉语量范畴研究》,武汉:华中师范大学出版社。

李宇明（2009）汉语复叠类型综述,载汪国胜、谢晓明主编《汉语重叠问题》,武汉:华中师范大学出版社。

李允玉（2001）"VV""V 一下""V 一会儿"格式与动词的选用,《上海师范大学学报》（哲学社会科学版）第 3 期。

李运龙（1993）语义、结构、语境影响和制约着动词的重叠,《湖北大学学报》（哲学社会科学版）第 2 期。

刘大为（1979）试论双音节的重叠,《上海师范大学学报》第 1 期。

刘红曦（2000）动词重叠的制约因素,《重庆教育学院学报》第 2 期。

刘珣（2000）《对外汉语教育学引论》,北京:北京语言文化大学出版社。

刘月华（1983）动词重叠的表达功能及可重叠动词的范围,《中国语文》第 1 期。

刘月华（1984）动量词"下"与动词重叠比较,《汉语学习》第 1 期。

刘月华（1986）对话中"说""想""看"的一种特殊用法,《中国语文》第 3 期。

卢福波、吴莹（2005）请求句中"V""V 一下"与"VV"的语用差异,《语言教学与研究》第 4 期。

陆佳玮（2017）《现代汉语"VV 看"构式研究》,华东师范大学硕士学位论文。

陆俭明（1959）现代汉语中一个新的语助词"看",《中国语文》10 月号。

陆俭明（1986）现代汉语里动词作谓语问题浅议,载张志公主编《语文论集（二）》,北京:外语教学与研究出版社。

陆俭明（1990）90 年代现代汉语语法研究的发展趋势,《语文研究》第 4 期。

陆俭明（2014）汉语国际教育专业的定位问题，《语言教学与研究》第 2 期。

陆志韦（1975）《汉语的构词法》（修订本），北京：中华书局。

路崴崴（2013）《"V 一下"结构研究》，吉林大学硕士学位论文。

吕必松（2005）《语言教育与对外汉语教学》，北京：外语教学与研究出版社。

吕叔湘（1942）《中国文法要略》，上海：商务印书馆。

吕叔湘（1980）《现代汉语八百词》，北京：商务印书馆。

吕叔湘（1983）《吕叔湘语文论集》，北京：商务印书馆。

毛修敬（1985）动词重叠的语法性质　语法意义和造句功能，《语文研究》第 2 期。

潘国英（2007）论汉语动词重叠的主观性表达，《修辞学习》第 1 期。

潘国英（2015）《汉语动词重叠的历史研究》，北京：中国社会科学出版社。

彭国躍（1999）中国語に敬語が少ないのはなぜ？，《言語》第 11 期。

彭小川（2003）论"精讲活练"，《语言教学与研究》第 1 期。

钱乃荣（2000）现代汉语的反复体，《语言教学与研究》第 4 期。

阮桂君（2005）宁波话语助词"看"，《华中科技大学学报》（社会科学版）第 6 期。

单宝顺（2011）《现代汉语处所宾语研究》，北京：中国社会科学出版社。

单宝顺（2013）"V 一下"的语用意义，《作家》第 6 期。

单宝顺、齐沪扬（2014）从"小量"意义看汉语中"礼貌原则"的隐性表达，《汉语学习》第
　　5 期。

单宝顺、肖玲（2009）"一下"与礼貌原则，《辽东学院学报》（社会科学版）第 2 期。

邵敬敏、吴吟（2009）动词重叠的核心意义、派生意义和格式意义，载汪国胜、谢晓明主编
　　《汉语重叠问题》，武汉：华中师范大学出版社。

沈家煊（1993）句法的象似性问题，《外语教学与研究》第 1 期。

沈庶英（2019）翻转课堂"三步十环节"班级教学模式构建探索——以商务汉语翻转学习为
　　例，《语言教学与研究》第 6 期。

石毓智（1996）试论汉语的句法重叠，《语言研究》第 2 期。

石毓智（2003）《现代汉语语法系统的建立——动补结构的产生及其影响》，北京：北京语言
　　大学出版社。

史有为（1997）《汉语如是观》，北京：北京语言文化大学出版社。

隋娜、胡建华（2016）动词重叠的句法，《当代语言学》第 3 期。

隋娜、胡建华（2022）汉语动词 ABAB 与 AABB 式重叠的句法，《世界汉语教学》第 1 期。

孙朝奋（1994）汉语数量词在话语中的功能，载戴浩一、薛凤生主编《功能主义与汉语语
　　法》，北京：北京语言学院出版社。

孙宜志（2006）动词 AABB 复叠式的语法意义及动词的特点，《语言教学与研究》第 1 期。

太田辰夫（1987）《中国语历史文法》，北京：北京大学出版社。

汤敬安、石毓智（2021）现代汉语的尝试构式，《外国语》（上海外国语大学学报）第 3 期。

汤廷池（1979）《国语语法研究论集》，台北：台湾学生书局。

田源、徐杰（2017）"V＋看＋S"的两个结构类型与间接疑问标句词"看"，《语言研究》第 1 期。

王还（1963）动词重叠，《中国语文》第 1 期。

王惠萍（2005）《对顾曰国先生礼貌准则的批评性研究》，安徽大学硕士学位论文。

王建军（1988）动词重叠与语义、结构及语境的关系，《徐州师范学院学报》第 3 期。

王建军（1989）与动词重叠式 AABB 相关的两个问题，《徐州师范学院学报》第 1 期。

王建军、周梦云（2018）汉语重叠现象的演进趋势、生成历程及发展动因，《语文研究》第 4 期。

王力（1943）《中国现代语法》，上海：商务印书馆。

王力（1944）《中国语法理论　上册》，上海：商务印书馆。

王力（1945）《中国语法理论　下册》，上海：商务印书馆。

王茂林（2007）留学生动词重叠式使用情况浅析，《语言教学与研究》第 4 期。

王姝（2016）现代汉语动词重叠式何以会表量减，《语言教学与研究》第 5 期。

王希杰、华玉明（1991）论双音节动词的重叠性及其语用制约性，《中国语文》第 6 期。

王贤钏、张积家（2009）形容词、动词重叠对语义认知的影响，《语言教学与研究》第 4 期。

王永娜（2010）汉语表短时体的动词重叠的韵律机制和语体动因，《汉语学习》第 4 期。

魏红（2009）汉语重叠动词带宾语的特点及制约机制，载徐杰、姚双云主编《动词与宾语问题研究》，武汉：华中师范大学出版社。

吴福祥（1995）尝试态助词"看"的历史考察，《语言研究》第 2 期。

吴福祥（2005）汉语语法化研究的当前课题，《语言科学》第 2 期。

相原茂（1984）数量补语"一下"，沙野译，《汉语学习》第 4 期。

谢新卫（2002）浅谈动词重叠所表示的语法意义，《语言与翻译》第 4 期。

谢瑛（1998）新时期汉语语法 AABB 重叠式刍议，《汉语学习》第 1 期。

邢福义（1997）汉语语法结构的兼容性和趋简性，《世界汉语教学》第 3 期。

邢福义（2000）说"V一V"，《中国语文》第 5 期。

邢红兵（2000）汉语词语重叠结构统计分析，《语言教学与研究》第 1 期。

熊仲儒（2016）动词重叠的句法分析，《世界汉语教学》第 2 期。

徐连祥（2002）动词重叠式 VV 与 V一V 的语用差别，《中国语文》第 2 期。

徐正考（1990）单音节动词重叠形式探源，《吉林大学社会科学学报》第 3 期。

徐正考（1996）双音节动词重叠形式探源，《烟台师范学院学报》（哲学社会科学版）第 3 期。

徐子亮、吴仁甫（2005）《实用对外汉语教学法》，北京：北京大学出版社。

薛荷仙、钟书能、陈紫玥（2022）汉语动词重叠构式研究，《中国外语》第 4 期。

杨惠元（2007）《课堂教学理论与实践》，北京：北京语言大学出版社。

杨平（2003）动词重叠式的基本意义，《语言教学与研究》第 5 期。

杨杏红（2008）《多层补语研究初探》，上海师范大学硕士学位论文。

叶步青（2009）汉语动词重叠的语义研究，载汪国胜、谢晓明主编《汉语重叠问题》，武汉：华中师范大学出版社。

于江（2001）动词重叠研究概述，《汉语学习》第 1 期。

余伟（2016）"VV 看"是一种词语模，《唐山师范学院学报》第 6 期。

苑晓鹤（2017）动词重叠"VV"式句法语义研究述评，《齐齐哈尔大学学报》（哲学社会科学版）第 10 期。

曾祥喜（2020）"把 + N + vv（双音节）"构式及构式压制，《吉林大学社会科学学报》第 5 期。

张爱民、杜鹃（2005）动词重叠与句类的语用制约，《徐州师范大学学报》第 1 期。

张宝胜（2002）《语法修辞问题探索》，开封：河南大学出版社。

张赪（2016）动词重叠式的现实性句法特征演变，《清华大学学报》（哲学社会科学版）第 3 期。

张静（1979）论汉语动词的重迭形式，《郑州大学学报》（哲学社会科学版）第 3 期。

张敏（1997）从类型学和认知语法的角度看汉语重叠现象，《国外语言学》第 2 期。

张敏（1998）《认知语言学与汉语名词短语》，北京：中国社会科学出版社。

张寿康（1957）略论汉语构词法，《中国语文》第 6 期。

张旺熹（2001）"把"字句的位移图式，《语言教学与研究》第 3 期。

张先亮（1994）试论重叠式动词的语法功能，《语言研究》第 1 期。

张先亮（1997）动词重叠研究中的几个问题，《浙江师大学报》第 6 期。

张晓涛（2005a）动词重叠的形式及相关问题研究，《齐齐哈尔大学学报》（哲学社会科学版）第 1 期。

张晓涛（2005b）动词重叠的语义条件考察，《学术交流》第 7 期。

张晓涛、刘富华（2008）语境中动词重叠的考察，《学术交流》第 10 期。

张谊生（1997）"把 + N + Vv"祈使句的成句因素，《汉语学习》第 1 期。

张谊生（2000）现代汉语 AABB 复叠式的内部差异，载中国语文杂志社编《语法研究和探索（九）》，北京：商务印书馆。

张翼（2016）"VV 看"构式的还原研究，《语言学研究》第 2 期。

赵新（1993）动词重叠在使用中的制约因素，《语言研究》第 2 期。

赵新（1994）动词重叠在使用中的制约因素，《语言教学与研究》第 3 期。

赵新法（2016）"V 一 V"和"VV"的比较，《语文学刊》第 2 期。

赵元任（1979）《汉语口语语法》，北京：商务印书馆。

赵元任（1980）《中国话的文法》，丁邦新译，香港：中文大学出版社。

郑良伟（1988）时体、动量和动词重叠，《世界汉语教学》第 2 期。

郑艳群（2013）汉语网络学习的数字环境与生态环境体系设计，《汉语学习》第 2 期。

郑艳群、袁萍（2019）"应然"与"实然"：初级汉语语法教学结构和过程研究，《语言教学与研究》第 1 期。

周红（2005）汉语象似性研究述评，《滨州学院学报》第 4 期。

周永惠（2000）关于动词 AABB 重叠式，《四川师范大学学报》（社会科学版）第 5 期。

朱德熙（1982）《语法讲义》，北京：商务印书馆。

朱景松（1998）动词重叠式的语法意义，《中国语文》第 5 期。

朱丽萍（2007）《"V＋一下"格式研究》，上海师范大学硕士学位论文。

朱文丽（2017）《满语动词式范畴研究》，黑龙江大学硕士学位论文。

左思民（1997）现代汉语的"体"概念，《上海师范大学学报》（哲学社会科学版）第 2 期。

Becker, J. D. (1975). The phrasal lexicon. In R. Schank, & B. L. Nash-Webber (Eds.), *Theoretical Issues in Natural Language Processing* (pp. 60-63). Cambridge: Bolt Beranek & Newman.

Bergmann, J., & Sams, A. (2012). *Flip your classroom: Reach Every Student in Every Class Every Day*. Washington: International Society For Technology in Education.

Brown, P., & Levinson, S. C. (1987). *Politeness: Some Universals in Language Usage*. Cambridge: Cambridge University Press.

Goldberg, A. E. (1995). *Constructions: A Construction Grammar Approach to Argument Structure*. Chicago: The University of Chicago Press.

Hiraga, M. K. (1994). Diagrams and metaphors: Iconic aspects in language. *Journal of pragmatics, 22*(1), 5-21.

Lakoff, R. (1973). The logic of politeness: Or, minding your p's and q's. In C. Corum, T. Cedric Smith-Stark, & A. Weiser (Eds.), *Papers from the 9th Regional Meeting of the Chicago Linguistic Society* (pp.292-305). Chicago: Chicago Linguistic Society.

Leech, G. (1983). *Principles of Pragmatics*. London: Longman.

Moon, R. (1998). *Fixed Expressions and Idioms in English: A Corpus-based Approach*. Oxford: Clarendon Press.

Nattinger, J. R., & DeCarrico, J. S. (1992). *Lexical Phrases and Language Teaching*. Oxford: Oxford University Press.

Sapir, E. (1921). *Language: An Introduction to the Study of Speech*. New York: Harcourt, Brace and Company.

Sapir, E. (1964). *Culture, Language and Personality*. Berkeley & Los Angeles: University of California Press.

Tai, J. H.-Y. (1993). Iconicity: Motivations in Chinese grammar. In M. Eid, & G. Iverson (Eds.), *Principles and Prediction: The Analysis of Natural Language* (pp. 153-174). Amsterdam: John Benjamins.

Wray, A. (2002). *Formulaic Language and the Lexicon*. Cambridge: Cambridge University Press.

后　记

　　第一次接触对外汉语教学，我还在读大学本科。当时是与其他同学一起，辅导一个韩国学生考 HSK。一转眼，已经差不多 20 年了。这 20 年中，一直在与对外汉语教学打交道。如今，作为汉语国际教育硕士（国际中文教育硕士）导师，也在指导学生如何从事对外汉语教学。在这教学与指导教学的过程中，其实对很多问题是有一些自己的想法的。但我们都知道，和科研类的文章相比，纯教学类的论文在学界的认可度往往是偏低的。加之我懒散的性子和繁忙的工作，这想法一直没有付诸笔端。

　　感谢齐沪扬教授，选择我加入国家社科基金重大项目"对外汉语教学语法大纲研制和教学参考语法书系（多卷本）"的研究工作，成为书系作者之一，让我有机会把一些想法撰写成文。然而时间紧、任务重，平日里工作又略为繁忙，很多想法只是有所闪念便提笔而就，缺少细致、周全的思考，见笑于方家，还望批评指正。

　　动词重叠与相关格式的教学是一个既简单又复杂的问题。说它简单，是因为先贤研究成果众多、研究角度各异；说它复杂，是因为很难向外国学生说清楚什么时候用、什么时候不用。从系统上，我们的确很难说清楚动词重叠与相关格式的使用条件和制约因素，但好在本书的体例是问题式的，把与之相关的大问题分解成一个个小问题，这就给了我们各个击破的可能。可能从理论上、从系统上看，我们仍然难以说清；但在每一个小问题上，我们试图提供一个具体可行的解释。这也符合本书为对外汉语教学服务的宗旨。

　　感谢齐沪扬教授给予我撰书的鼓励，感谢主编邵洪亮老师及书系组各位老师对我的支持和帮助，感谢北京语言大学出版社提供付梓的机会。希望本书能够为对外汉语教学工作者提供参考，对对外汉语教学及相关研究起到积极作用。

单宝顺

2023 年 6 月 25 日